普通高等教育"十三五"规划教材

统计分析系列

统　计　学

——在经济管理中的应用

姚寿福　杜德权　主　编

袁春梅　张志伟　赵志红　副主编

电子工业出版社

Publishing House of Electronics Industry

北京·BEIJING

内 容 简 介

本书根据经济管理类专业的特点，贯彻"学以致用"的原则，侧重于统计思维的培养和社会经济问题中统计方法的应用，培养学生运用基本统计方法解决实际经济管理问题的能力，不涉及较深的数学知识。为帮助学生更好地理解各章的理论知识，本书还编写了很多真实案例加以说明。

本书内容包括绪论、统计数据的搜集和整理、总量指标与相对指标、平均指标与变异指标、抽样估计与假设检验、相关分析与回归分析、时间序列分析、统计指数。每章后附有二维码，扫描可阅读趣味小资料。本书的附录中还给出了常用统计表。为方便教学，本书免费提供电子课件、习题参考答案，读者可登录华信教育资源网 www.hxedu.com.cn 下载使用。

本书可作为高等院校经济学类、工商管理类专业，以及职业技术学院财经类专业的教学用书，也可作为人文、社会科学等专业学生的教材或参考书，还可作为从事经济管理、企业管理工作以及科研工作的有关人员的参考书。

图书在版编目（CIP）数据

统计学：在经济管理中的应用 / 姚寿福，杜德权主编. —北京：电子工业出版社，2020.3

ISBN 978-7-121-35839-5

Ⅰ. ①统… Ⅱ. ①姚…②杜… Ⅲ. ①统计学-高等学校-教材 Ⅳ. ①C8

中国版本图书馆 CIP 数据核字（2018）第 296070 号

责任编辑：秦淑灵

印　　刷：北京天宇星印刷厂
装　　订：北京天宇星印刷厂
出版发行：电子工业出版社
　　　　　北京市海淀区万寿路 173 信箱　邮编：100036
开　　本：787×1092　1/16　印张：15.75　字数：403 千字
版　　次：2020 年 3 月第 1 版
印　　次：2025 年 2 月第 8 次印刷
定　　价：45.00 元

凡所购买电子工业出版社图书有缺损问题，请向购买书店调换。若书店售缺，请与本社发行部联系，联系及邮购电话：（010）88254888，88258888。

质量投诉请发邮件至 zlts@phei.com.cn，盗版侵权举报请发邮件至 dbqq@phei.com.cn。

本书咨询联系方式：qinshl@phei.com.cn。

前　言

这个星球未来的主人会是什么样的？这完全取决于今后拥有数据的人。控制数据的人，不仅控制了未来，也控制了生命的未来，因为数据会是未来世界上最宝贵的资产。

——尤瓦尔·赫拉利（《人类简史》作者）

网络信息技术的飞速发展催生了以几何级数增加的数据量，同时也丰富了数据类型，使我们进入了大数据时代。数字地球、智慧城市、电子商务、互联网金融、社交网络、云计算技术等得到了广泛应用，它们渗透到人们生活的每一个角落，影响着我们每一个人。大数据时代的到来虽然解决了信息匮乏问题，但又带来了信息泛滥问题，这使人们面对海量、复杂的信息时难以快速、有效地甄别出有用的内容。因此，如何有效应对大数据带来的挑战、使数据的价值得到有效的开发与利用，已成为当今世界各行各业最为关心的、企业界和学术界全力探索的问题之一。

数据是一座资源宝藏，是一种资产。大数据已经成为一种战略性资源，成为重塑国家竞争优势的新机遇，因此在很多国家都引起了高度重视，比如，美国已形成"数据就是石油"的新理念。数据本身并没有价值，它的价值在于隐藏在其深处的有用知识。如何拨开数据的面纱，发现这些隐而不见的有用知识，使数据成为提升企业和国家竞争力的重要资源，已成为各国政府当今的重要任务。大数据开发与应用已上升为国家战略，很多国家都制订了大数据研究与开发计划。目前，大数据在教育、医疗、汽车、交通、材料、传媒、金融、商业和服务等行业都得到了较好的应用，并彰显出巨大的能量。大数据在给企业运营、政府管理和媒体传播等创造有效机制的同时，也将给人们的生活、工作与决策、思维等带来颠覆性的变革。因此，在大数据时代，统计学显得尤为重要，统计学专业也成为本科的热门专业，这些都验证了英国科幻小说作家 H.G.威尔斯的预言：统计思维总有一天会像读写能力一样，成为一个有效率公民的必备能力。

在现实生活中，统计无处不在，统计无处不有，统计无处不用。特别是在大数据时代，我们面对的是繁杂的海量数据，虽然统计数字不会说谎，但别有用心者却可以利用数字达到说谎的目的。因此，学习统计知识、获得数据分析能力、掌握数据分析方法、借用"统计慧眼"识别真假数据，就显得非常重要，这也应该成为每个人的必修课。在大数据时代，统计学是读懂、听懂和看懂事情真相的基础，数据挖掘与统计分析已成为现代人必不可少的技能，因为统计学是人们把握不确定世界的基本规律，把客观数据转化为有用信息和知识的一把钥匙，有助于人们以更加智慧的方法进行各种决策。正如美国著名统计学家C.R.劳在《统计与真理：怎样运用偶然性》一书中所说："对统计学的一知半解常常造成不必要的上当受骗，对统计学的一概排斥往往造成不必要的愚昧无知。"

统计学是一门关于数据搜集、整理、显示、分析和解释的方法论学科。对经济管理类专业学生来说，在日常学习和今后的工作中，都会涉及很多社会经济方面的数据和一些大数据分析，因此，经济统计学一直是经济管理类本科专业的核心课程和必修学科之一。但在高校中，对于统计学课程开设的必要性和重要性，学校和师生都存在着认识不足的问题，这种现象需要引起高度重视。由于统计学与数学，特别是概率和数理统计理论的关系密切，抽象性较强，因此有些学生感到统计学难学，教师也感到统计学教学效果不太理想。如何提高经济管理类本科专业的统计学教学效果，提高学生应用统计学的理论知识与方法解决实际经济问题的能力，是许多统计学教师一直在思考的问题。从数据处理流程来看，大数据处理与统计学是相通的，都包括搜集、预处理、分析、显示和解释数据。我们认为，在大数据时代，强调统计学教学的必要性和重要性尤为重要。

统计学是一门方法论学科，在长期的发展过程中形成了很多各具特色的统计思维，如平均思维、变异思维、概率思维、推断思维、检验思维、普遍联系思维、相关思维、动态思维等，这些统计思维对处理不确定现象、分析数据和解释数据都曾经产生过巨大的影响，因此成为统计学的核心内容。在大数据时代，由于数据的复杂性和混杂性，统计学人还需要建立新的思维模式。只有培养和提高统计思维能力，才能更好地学习统计学，发挥统计学的应用价值。

统计学的学科性质决定了其理论和方法应用的广泛性，使之成为认识社会与自然的有力武器，并推动了人类社会的发展。可以毫不夸张地说，统计改变了世界，统计改变了生活，统计改变了人的思想。正如我国当代著名学者马寅初所说："学者不能离开统计而究学，实业家不能离开统计而执业，政治家不能离开统计而施政。"

统计学是公认的"社会科学的女王"。已故著名经济学家保罗·萨缪尔森在其经典教科书《经济学》中特别提到："在许多与经济学有关的学科中，统计学是特别重要的。"据统计，在诺贝尔经济学奖的获奖者中，三分之二以上获奖者的研究成果与统计和定量分析有关。经济管理类专业课程的学习过程中所涉及的现象基本都具有随机性、不确定性的特点，因此，学好统计学、用好统计方法对经济管理类本科专业的学习具有特别重要的意义。从学科性质方面来看，统计学是一门关于一切学问的学问，当代著名统计学家 C.R.劳在《统计与真理：怎样运用偶然性》一书中说："与其说统计学是通过搜集、整理数据来引出答案的一组规则，不如说它是一种思考或推理的方法。"因此，在统计学的教学过程中，应以培养学生的统计思维能力为重点，并结合经济管理类专业所涉及的实质性学科的具体研究对象来选择和应用统计方法。在大数据时代，统计学的教与学不应要求死记有关概念、定理和计算公式，而应加强基础性原理与知识的教学，突出统计学理论与方法的应用性，建立起大数据统计思维。学习统计学是为了应用和解决实际问题，因此，对教师来说，教好统计学的标志是教会学生运用统计思维思考问题和选择合适的统计方法解决实际社会经济问题。对学生来说，学好统计学的标志是虽然记不住公式，但能够在统计思想的引导下，选择合适或最优的统计方法，或者通过创新统计方法有效地解决实际问题。

为了帮助学生学好、用好统计知识，培养统计思维，我们编写了本教材。我们根据经济管理类专业的特点，努力贯彻"学以致用"的原则，在保证统计学知识结构比较完整的前提下，尽量精简比较繁琐的数学推导方面的内容，对推断统计学的内容也进行了适当的选择。因此，本教材注重实用，并不需要很深的数学知识，大部分内容只需要中学的数学知识。为了帮助学生更好地理解各章的理论知识，编者除应用举例外，还编写了很多真实案例加以说明。本书虽然是专门为学习经济管理类专业的学生编写的，但也是一本介绍统计学基本原理、基本方法及其在经济管理领域的基本应用的教科书，因此，本书对学习统计学课程、应用统计学知识的其他人士也有重要的参考价值。

参加本书编写的有杜德权（负责第二章、第六章的编写工作）、袁春梅（负责第三章的编写工作）、赵志红（负责第七章的编写工作）、张志伟（负责第八章的编写工作）和姚寿福（负责第一章、第四章、第五章的编写工作）。姚寿福负责全书的设计、修改和定稿工作。

本书是"四川省教育厅精品课"建设的成果之一，也是在各位编写者多年的教学基础上编写的。在本书编写过程中，我们对经济管理类专业的特点、知识学习的连续性、继承性及教学时长等方面进行了综合考虑，在体系设计和内容安排上做了一些调整，使教材能更好地满足经济管理类专业的教学要求。

首先，经济管理类专业的统计学教学目的是，使学生掌握基本的统计原理、形成基本的统计思想、学会基本的统计分析方法，培养学生运用基本统计方法解决实际经济管理问题的能力。因此，本书侧重于统计思维的培养和社会经济问题中统计方法的应用，而未涉及较深的数学知识。

其次，由于经济管理类本科生一般都要学习"概率论与数理统计"这门先修的数学课程和"计量经济学"等课程，因此，本书把抽样调查、参数估计、假设检验和方差分析放在一章中进行介绍，以避免课程内容重复。对相关与回归分析也只介绍了一元线性回归模型的参数估计、统计检验和基本应用，而未涉及多元线性回归模型的知识，目的就是使同学们能够更好地形成基本的回归分析思维。

尽管我们一直努力编写一本高质量的教材，但由于水平有限，书中难免存在疏漏或错误之处，在此恳请同行和读者不吝赐教，以便我们今后加以改进和完善，反馈请发邮件至364515068@qq.com。

姚寿福

2020 年 3 月于西华大学

目　　录

第一章 绪 论

统计学基本上是一门"寄生"的学科,它依靠研究其他领域的工作而生存。这不是对统计学的轻视,而是因为对很多"寄主"来说,如果没有"寄生虫"就会死,正如对有的动物来说,如果没有寄生虫就不能消化食物一样。因此,人类奋斗的很多领域,如果没有统计学,虽然不会死亡,但一定会变得很弱。

——伦纳德·吉米·萨维奇(Leonard Jimmie Savage,1917—1971 年,美国著名统计学家)

第一节 统计学的概念

统计是人们认识客观世界的一种活动。远古时代人类的结绳记事可以说是统计的萌芽。我国最早的统计工作可追溯到夏朝。据《尚书》记载,当时的统治者为了治理国家,曾进行过人口和土地统计,并出现了"九州"地理区划、"九山九水"治理方案和"上中下三等九级"贡赋标准。据史书记载,早在周朝就已经有了作为治国八法之一的"官计"制度,包括乡的定期报表制度,用核算的方法管理国家,要求各级官吏每到年终都要编制核算报告,在统计方法上还应用了专门调查、统计图示及账册,这表明当时的人们已经知道并运用了统计分组、平均数、相对数等近代统计方法。在埃及,建造金字塔时也曾为征集所需财物和劳力而对全国人口、劳动力和财力情况进行过调查。这些都是人类早期的统计活动。伴随着社会的发展,统计也在不断发展,在现代市场经济社会背景下,统计在企业管理、资源与市场、政府服务等方面发挥着不可替代的作用。

"统计"一词是记述国家和社会状况的数量关系的总称。目前的"统计"一词有三方面的含义:统计工作、统计资料和统计学。统计工作,又称统计实践,是人们采用各种科学的统计方法,搜集、整理、分析和提供关于客观现象的数字资料工作的总称,由统计调查、统计整理与统计分析三个过程构成。统计资料(数据、信息)是进行统计分析及统计预测的材料,指的是通过统计工作所获得的各种数字资料以及利用这些数字资料所编制的统计图表,如政府统计部门公布的统计年鉴等。

统计学的定义有多个版本,如统计学是关于统计数据的搜集、整理、显示、分析和推论的科学,目的在于帮助人们做出更智慧的决策;统计学是一门关于大量数据资料的搜集、整理、描述和分析的科学,目的在于探索客观现象内在的数量规律性;统计学是人们在面对不确定的客观现象时，通过搜集、整理、描述和分析客观现象的数据资料，以获得合理判断和科学结论的科学方法，等等。综合各种解释，本书将统计学定义为：统计学是研究如何搜集、整理、描述和分析反映客观现象总体数量的数据，以便得出对客观现象的正确认识的方法论科学。统计学具有数量性、总体性、变异性和社会性等特点。从统计方法的构成角度，统计学分为描述统计学和推断统计学，描述统计学是统计学的基础和统计研究工作的前提，推断统计学则是现代统计学的核心和统计工作的关键。从统计方法的研究和应用角度，统计学可分为理论统计学和应用统计学。

统计工作、统计数据、统计学三者之间既相互区别又紧密联系。统计工作是基础，统计数据是统计工作的成果，统计学与统计工作的关系是理论与实践的关系，理论源于实践又高于实践，反过来又指导实践。

第二节　统计学的研究对象、理论基础和方法

一、统计学的研究对象

统计工作与一般的调查研究不同，其研究的对象是客观现象总体的数量，必须相应地采用一套特有的调查与分析方法。一般的调查研究通过对现象总体的研究，来认识现象发展的特征和规律的具体表现。而统计学是对统计实践的总结与理论概括，用以提高统计工作的科学性和效率。统计学的研究对象是客观现象总体的数量特征、数量关系及其反映出来的发展变化的规律性。值得一提的是，统计在社会经济与管理中的应用十分广泛，且面对的现象具有社会、经济、心理等方面的复杂性，因此，在用统计学研究社会经济与管理问题时，还要结合相应的社会经济与管理学科的有关理论与方法，提出统计工作应遵循的原则，设置科学的指标体系，设置严谨的工作程序，按部就班地搜集资料，对资料进行加工整理并形成指标，以便于系统地反映社会经济与管理现象的状况和发展规律。由于本书是面向经济管理类专业学生的统计学教科书，因此，本书内容的构成倾向于"社会经济"，这一特点尤其表现在示例方面。

二、统计学的理论基础

哲学，包括马克思主义哲学，都为人们提供了关于自然界、人类社会、思维发展一般规律的认识以及分析客观现象的立场、观点和方法。根据物质第一性、意识第二性的观点，在统计活动过程中，应从实际出发，实事求是，以期正确地反映客观现实；根据偶然与必然关系的原理，在统计研究中，特别是在统计方法的形成与发展完善中，应考虑如何消除偶然因素的影响，展现事物本质的、具有决定意义的和规律性的东西，这也是统计方法的共同特征；根据客观事物的普遍联系性质，在开展统计研究时，切忌孤立地、片面地观察事物，而应从客观事物相互联系、相互影响与相互制约的关系中对其进行数量分析；根据运动是物质存在的基本形式的原理，应当用发展的眼光而不是用静止不变的眼光对事物作

出科学的统计分析与估量；等等。所有这些都说明，哲学是统计学最重要的理论基础。

数学是研究抽象的数量关系和空间形式的科学，而从研究对象——现象总体的数量方面来看，数学和统计学都有"数"这个根本的要素，因此，站在方法论的角度，必须要以数学的有关理论为依据，用数学描述与推理的思维方式，才能使统计学的方法成为严密的方法，也只有这样，统计学的方法才有普适性。因此，数学，特别是概率论和数理统计，是统计学抽象化的理论基础。数学研究的是抽象的量，而统计学研究的是具体的量；两者的研究方法也不同，数学的研究方法是演绎，统计学的研究方法则是归纳和演绎的结合。

统计学在社会经济与管理方面的广泛应用决定了统计学研究的"数"有着质的规定性，因此，只有结合有关的实质性科学，才能科学合理地运用统计学的有关方法，发现和反映客观现象总体的本质特征和数量规律。

三、统计学的研究方法

统计学研究对象的性质和特点决定了其研究方法的特点。在统计研究的各个阶段，需要运用各种专门方法，才能达到对客观现象的深入认识。统计学的研究方法有很多，如大量观察法、统计分组法、综合指标法、对比分析法、统计模型法、统计推断法等，其中最主要的是大量观察法、综合指标法、统计推断法。

1. 大量观察法

在统计研究过程中，要从总体上观察、分析社会经济现象，需要对所研究现象总体的全部或足够多的单位进行调查、观察并加以综合研究，这就是大量观察法。统计研究需要运用大量观察法是由研究现象的大量性、差异性和复杂性所决定的，社会经济与管理现象更是如此。由于受到多种因素的影响，各单位的差异是客观而普遍存在的，并且这种差异可能还很大。如果仅仅调查个别或少量单位，就有可能因偶然因素的影响而不能认识现象的本质和规律。只有进行大量观察，才能排除偶然因素的影响，以获得对客观现象的本质和规律的认识。例如，想调查和了解某地区各时期家庭居民的消费水平，然而由于收入、观念、习惯等差别，各个家庭的消费水平各不相同，有的家庭人均消费支出多，有的则截然相反。若不进行大量观察，出现观察消费水平过高或过低情况的可能性就很大，相应地，调查推断的结果就可能偏高或偏低，而且偏离的程度可能很大，这就导致不能正确认识该地区居民的实际消费水平。因此，在统计调查阶段一般都要搜集全部或足够多单位的资料，至于统计报表、普查、抽样调查等方法，只是大量观察法的具体方法而已，重点调查法和典型调查法只是对大量观察法的补充。

2. 综合指标法与统计分组法

综合指标法是指在统计研究中，运用各种综合指标对现象的数量方面进行描述、分析的方法。在统计研究过程中，人们搜集的大量资料显得杂乱无章，这就需要通过汇总、整理，把那些偶然、次要的因素排除掉，使基本的、主要的特征显露出来，即通过偶然发现必然。运用综合指标法进行分析就是对综合指标进行分解和对比，以研究总体内部结构、动态变化等数量关系。在统计分析过程中，首先应当根据事物的内在特点和研究目的，应用统计分组法将被研究的现象总体划分为若干组，然后在分组的基础上运用各种数量分析方法研究总体内部的数量关系，从而达到深入认识总体的状态、特征和数量规律的目的。

综合指标法与统计分组法是密切联系的两种方法。统计分组法对于总体来说既是分组也是综合，因为它将具有同类性质的单位归并为一组，以显示各组的特征。统计分组是在统计指标的基础之上，采用一定的统计标志进行的分组，这样才能反映相应指标的内在构成，否则，统计分组就失去了运用的对象。统计指标如果不结合统计分组，就可能掩盖矛盾，成为笼统甚至虚构的指标。综合指标法与统计分组法构成了综合分析的两种基本方法，只有综合运用它们，才能反映现象的量和质。在这两种基本分析方法的基础上结合其他分析方法，才能更深刻、更全面地揭示客观现象的特征和规律。综合指标法还包括动态趋势分析法、图表法、因素分析法、综合平衡分析法等。

3. 统计推断法

通过统计调查，观察总体中部分单位的有关特征的表现，并由此估计出总体的对应数量特征，这种由个别到一般、由事实到概括的过程就是归纳。归纳法可以使人们从具体事实中得出一般的认识或综合的结论，运用得当，既能提高效率又能减少耗费，是统计研究的常用方法。统计推断法也被称为归纳推断法，是指在一定置信程度（即可靠程度）下，根据样本资料的特征对总体特征进行估计和预测的方法。统计推断法是现代统计学的基本方法，分为静态推断（如家计调查）和动态推断（如市场调查）。仅由对部分单位的观察得出对总体数量特征的判断，就产生了其判断是否可靠的问题。概率论与数理统计学为统计推断法提供了原理与方法，使统计推断法成为一种严密科学的方法，并在社会经济与管理中得到广泛的应用。统计推断法是统计学研究的一种极其重要的方法，具体包括相关与回归分析、参数估计、假设检验、方差分析及统计模型分析等。

第三节　统计学的几个基本概念

一、总体、总体单位与样本

统计学中的总体，是指客观存在的、由具有某种共同属性的许多个别事物构成的集合，或称统计总体。总体具有大量性、同质性和变异性等特点。统计总体与统计研究目的密切关联，例如，要研究我国民营工业企业的发展状况，那么我国所有的民营工业企业就是这项研究的统计总体，因为每个民营工业企业都是客观存在的，都从事工业生产经营活动，都具有向社会提供工业产品和劳动服务的属性。以这个群体为总体，就可以研究我国民营工业企业的生产状况，如其资产规模、生产能力、技术力量、设备状况、从业人数、经济效益，从而为市场以及政府管理提供许多重要信息。

总体单位是构成总体的个别事物。就我国民营工业企业这个总体而言，每个具体的民营工业企业就是总体单位。总体单位可以是人或经营实体，也可以是物，甚至可以是长度、时间等。有些单位只能用自然数表示，不能加以细分，例如，人、汽车只能以个、辆为计量单位，不能再细分；而有些总体单位可以细分，如长度、重量、时间，又如，研究粮食产量，总体单位可以是公顷、亩、平方米，这些总体单位，从理论上来说是可以无限细分的。

统计总体与研究目的紧密相连，研究目的变了，统计总体也会随之改变。例如，要研究某县各乡镇的农业生产情况，则该县所辖各乡镇就构成一个总体，相应地，该县的每一个乡镇就是一个统计单位，若该县某乡镇的负责人要了解镇内各村的农业生产情况，则该乡镇所辖的所有村就构成一个总体，而该乡镇的每一个村就是一个总体单位。

在对总体的数量特征和数量规律进行研究时，由于总体的复杂性，导致直接研究总体存在很多困难，因此通常通过抽取样本并根据样本数据推断总体数据来研究。所谓样本，就是由从总体中随机抽取的部分单位（或元素）构成的集合。总体与样本的关系就是整体与局部的关系。

二、统计标志和标志表现

统计标志是描述总体单位特征的概念，简称标志。从不同角度观察，每个总体单位都具有许多不同的属性或特征，例如，要研究企业职工的情况，则每个职工就是一个总体单位，他们都具有性别、技术等级、工龄等特征。总体单位与标志的关系是明显的，总体单位是标志的承担者，而标志是依附于总体单位的概念。有了标志，就可以对总体进行分组，而将各个单位标志值进行汇总就可得到所研究现象总体的数量特征。

标志通常分为品质标志和数量标志。品质标志是总体单位属性方面的特征，如企业的产业属性、职工的性别等；数量标志是总体单位数量方面的特征，如工人的工龄、工资，又如工业的增加值、利润总额等。

标志表现指的是总体单位在特征上的具体表现。任何总体单位的某种特征都是在特定时间、地点、条件下形成的具体表现，例如，就性别而言，人具体表现为男女之别；就经济类型而言，企业具体表现为国有与非国有。标志表现也有品质标志表现和数量标志表现之分，前者只能用文字来说明，后者则可用数值来表示。例如，"职业"这个品质标志就表现为工人、农民、医生、教师等，"年龄"这个数量标志可表现为10岁、13岁、25岁等。

三、变异和变量

在一个总体中，如果所有单位在某个标志的表现都是相同的，就把这个标志称为不变标志，例如，在男职工总体中，每个单位的标志表现都是男性，所以，"性别"标志在这个总体中便是不变标志。在一个总体中，当一个标志在各个单位的具体表现有可能不同时，这个标志便称为可变标志，例如，在男职工总体中，身高在各个男性之间一般是不同的，所以"身高"标志在这个总体中便是可变标志。可变标志的特征为由一种状态变到另一种状态，统计上称为变异。变异在统计学中是一个很重要的概念，就是因为存在变异，才有必要对总体进行统计分析。例如，要了解某市中学生整体视力水平状况，就是基于这些中学生的视力水平存在差异的假设，才对其进行调查与统计分析的；相反，如果该市中学生的视力水平都一样，观其一就知其全部，就没有必要进行大量调查与统计分析了。

在数量标志中，不变的数量标志称为常量或参数，而可变的数量标志称为变量。参数用来描述总体数量特征，对于一个确定的总体而言是确定不变的。变量是反映总体或样本中每个个体特征的名称，是给所要研究的事物起的名字。变量取得的具体数值叫变量值，也叫标志值或观测值。例如，某班有若干名同学，年龄标志就是变量，而某位同学的年龄就是标志值。

变量有多种类型。在统计学和定量研究中，对不同种类的数据（变量），可以按照对事物描述的精确程度，将采用的测量尺度从低到高分为四个层次：定类尺度（Nominal Scale）、定序尺度（Ordinal Scale）、定距尺度（Interval Scale）和定比尺度（Ratio Scale）。定类尺度是对事物类别或属性的一种测度，其特点是其值只能代表事物的类别和属性，而没有内在的固定大小或高低顺序，不能比较各类别之间的大小，一般以数值、字符、文字表示，如"性别"。定序尺度是对事物之间等级或者顺序的一种测度，其计算结果只能排序，不能进行算术运算。定序数据具有内在的固有大小或高低顺序，但它又不同于定距数据，一般以数值或字符表示，例如，"职称"变量可以有低级、中级和高级三个取值，也可以分别用 1、2、3 表示；"年龄段"变量可以有老、中、青三个取值，"产品等级"的变量值可取一等品、二等品、三等品、等外品等。定距尺度是对事物或次序之间间距的测度，其特点是不仅能够对事物进行排序，还能准确计算事物或次序之间的差距，以及求加减平均值等，但定距尺度不存在基准"0"值，即当变量值为"0"时，它不是表示没有。生活中最典型的定距尺度是温度计。定比尺度也称比率尺度，是测算两个测度值之间比值的一种测度。定比尺度有一个固定的绝对"零点"，即定比变量中的"0"就是表示没有。定比数据可以进行加减乘除运算。

说明事物数字特征的变量称为数值型变量，如"产品产量"。按取值是否连续，数值型变量分为离散型变量和连续型变量。离散型变量的取值可以按一定顺序一一列举，通常取整数，例如，学生人数、设备台数、企业个数等就是离散型变量。连续型变量的取值空间是实数，必须用测度、测量的方法才能取得，例如，身高、体重、粮食产量等就是连续型变量。由于变量的函数仍是变量，所以，由可变数量标志构成的各种指标也称为变量。

四、统计指标和指标体系

统计指标是反映现象总体数量特征的概念或范畴。构成现象总体的各个单位都有属性和特征，并且其中的一些属性和特征因单位不同而表现各异。根据总体各单位的同一种属性和特征的具体表现，通过调查登记并汇总计算得出的表明总体数量特征的数字，就是统计指标。例如，要调查研究某市工业生产情况，对于作为总体单位的该市的各工业企业来说，工业增加值是它们共同拥有的特征，但其值各不相同；而将这些工业企业的工业增加值的具体数值综合起来，得到该市的工业增加值，用以综合说明该市的工业生产情况，这就是统计指标，一般又称为综合指标，它既有实质性的规定，又有具体数值。统计指标由五大要素构成，即时间、空间、指标名称、数值和计量单位。当然，在统计设计阶段，统计指标可以只有概念而没有具体的数值。

统计指标有如下特点：

第一，数量性。这一特点从统计指标的定义中就可以看出，只不过统计指标不像数学一样纯粹从量上做抽象的研究，而是计算的过程和结果都体现着现象的实质内容。

第二，综合性。统计指标既是同质总体大量单位的合计，也是个别单位标志值的差异的综合，因此它能综合反映各单位的规模和水平。例如，可以把某地区的所有工业企业组成总体，通过调查汇总得到该地区的企业数、职工人数、总产值、利润等统计指标。就地区工业总产值而言，各个企业产值大小的差异不见了，生产产品的差异也不见了，显示的仅仅是该地区工业总产值的总水平，由此可见，统计指标的形成是一个从个别到一般的过程。在这个过程中，个别单位的数量差异被抽象化，其结果可以体现总体的综合数量特征，所以统计指标又称为综合指标。

值得强调的是，统计指标与标志是既有区别又有联系的两个概念。其区别表现在，统计指标都是用数值表示的，而标志中的品质标志不能用数值表示；统计指标描述总体的特征，而标志是描述总体单位的特征。其联系表现在，许多指标的数值是由总体各单位标志值汇总而成的结果；指标与标志之间随研究目的变化而存在着转化关系。

从不同的角度，统计指标可分为许多种类。按其所反映数量特点的不同可分为数量指标和质量指标。反映现象的总规模、总水平或工作总量的统计指标称为数量指标，如人口总数、社会总产出、国内生产总值等，由于它反映的是现象的总量，因此也称为总量指标，在形式上表现为绝对数。反映现象的相对水平和工作质量的统计指标称为质量指标，如人口密度、工人出勤率、设备利用系数、平均工资、劳动生产率等，它反映现象之间的内在联系和对比关系，以便更深刻地认识事物，其表现形式是相对数或平均数。

一个统计指标只能说明一定的问题，而要系统地反映现象的各个重要方面和各种重要关系，就需要用相互联系的一组指标来说明，这就是统计指标体系。例如，国民经济统计指标体系包括社会生产条件、社会生产过程和成果等一系列指标，而企业统计指标体系包括资产、劳动、生产成果、经济效益等一系列指标。有些指标之间的联系表现为经济方程关系，如商品销售额=商品销售量×商品销售价格等。

统计指标体系具有重要意义，它可以反映现象的全貌和发展的全过程，通过它可以分析复杂现象总体存在的矛盾，以及各种因素对现象总体变动影响的方向和程度，或由已知指标来计算和推测未知的指标等。

小资料-1

思考与练习

1. 什么是统计学？如何理解"统计"一词的含义？

2. 统计学的研究对象是什么？

3. 在统计研究中，为什么要采用大量观察法？

4. 什么是统计总体？试举例说明统计总体与总体单位。

5. 统计指标有哪些特点？统计标志与统计指标的区别与联系有哪些？

6. 举例说明离散型变量和连续型变量。

7. 试举例说明什么是数量标志和品质标志。

8. 欲调查某城市工业企业的未安装设备情况，则总体单位是什么？

9. 某研究机构为了了解某市在校大学生的月平均消费情况，从该市的各大学中抽取了 1 000 名大学生，用以推断该市在校大学生的月平均消费水平。试描述总体和样本，并指出参数。

10. 一项调查表明，某地区的居民在网上购物的月平均支出是 300 元，他们选择网上购物的主要原因是"价格便宜"。试回答以下问题：

（1）该研究的总体是什么？

（2）该研究所关心的参数是什么？

（3）该地区居民选择网上购物的原因属于什么变量？

（4）该地区的居民在网上购物的月平均支出是 300 元，这 300 元是参数还是统计量？

11. 标志是说明总体单位特征的名称，标志有数量标志和品质标志，因此只有数量标志才有标志值，这种说法对吗？为什么？

12. 统计学是一门方法论科学还是实质性科学？为什么？

13. 假如要研究我国在校大学生的消费、生活时间分配等情况，则研究总体是什么？

14.《大数据时代》一书的作者认为，在大数据时代，我们不需要统计学，因为我们可以直接对总体进行研究。你对此有何看法？

15. 美国著名统计学家 C.R.劳在《统计与真理：怎样运用偶然性》中说："在理性的基础上，所有的判断都是统计学。"你对此种观点有何看法？

第二章 统计数据的搜集和整理

一般的社会统计，特别是经济统计，最近二三十年来为社会发展作出了巨大的贡献。有许多问题，特别是涉及到现代国家的经济制度及其发展的最根本的问题，过去一般是根据估计和大致的材料解决的，现在如果不根据某一个一定的纲要收集并经统计专家综合的关于某一国家全国情况的浩繁材料，就无法加以比较认真的研究。尤其是争论最多的农业经济问题，更加要求根据精确的和大量的材料作出回答，况且在欧美各国对所有农户进行定期调查已经越来越成为一种惯例。

——列宁：现代农业的资本主义制度，《列宁全集》（第一版）第 16 卷，第 420 页。

俗话说"巧妇难为无米之炊"，对客观现象进行统计研究和分析的基础是获得真实、准确的统计数据。根据搜集方法，统计数据可以分为观测数据和实验数据。观测数据是通过调查或观测搜集到的数据，搜集时没有对现象进行任何人为控制，社会经济统计数据绝大部分为观测数据。实验数据则是在人为控制某些因素的条件下对客观现象进行实验而得到的数据，如农产品新品种、新药品疗效等数据，自然科学领域的大部分数据为实验数据。根据被描述现象与时间的关系，统计数据可以分为时间数据、截面数据和面板数据（Panel Data）。时间数据是同一现象在不同时间形成的观测值，这类数据按时间先后顺序排列，用于描述现象随时间变化而发展变化的情况，如 1978 年到 2018 年我国国内生产总值数据。截面数据是在相同或近似相同的时间点上搜集到的不同地区同类现象的数据，如 2018 年我国大陆 31 个省、自治区、直辖市的国内生产总值。面板数据是把时间数据和截面数据综合起来的数据，具有时间序列和截面两个维度。当这类数据按两个维度排列时是排在一个平面上的，与只有一个维度排在一条线上的数据有着明显的不同，因为其整个表格像是一个面板，所以把"Panel Data"译作"面板数据"。

统计数据的获得包括直接和间接两大途径。来源于直接调查和科学实验的原始资料（或称第一手资料），指总体单位的标志表现，是需要整理和系统化处理的零散信息；次级资料（或称第二手资料），指已经根据原始资料进行了初步加工整理的资料。原始数据的来源主要是统计调查和实验，社会经济现象数据主要通过统计调查来获得。

第一节　统计数据的搜集

一、统计调查的概念和类型

1. 统计调查的概念

统计调查是按照统计研究的任务，采用科学的统计调查方法，有计划、有组织地搜集资料，以取得反映客观现象的真实可靠信息的过程。要认识客观现象的本来面目、研究其规律，就必须首先掌握客观、充分的资料。统计数据是统计研究和分析的基础，要从统计意义上认识、研究客观现象，就必须拥有能够反映客观现象真实情况的大量数据资料，因此，统计调查是统计工作的基础，是统计活动中首要的、基本的环节。统计数据资料有原始资料和次级资料之分，次级资料来源于原始资料，统计调查的任务主要是搜集原始资料。

通过统计调查所获得的资料如果不准确、不充分，那么即使统计整理和分析方法是正确的，人们也不可能得出客观、正确、有用的结论。因此，统计调查必须遵循以下三个原则：

（1）及时性。统计资料应当有时效性，否则其意义将会大打折扣。这就要求调查工作按规定时间完成，及时上报，以保证资料的时间价值。以高频交易为主的股票市场、期货市场以及应急产业等对数据的时效性要求更高。

（2）准确性。准确性是对统计调查资料的质量要求。统计数据的准确性关系到其能否真实反映客观现象的本来面目，所以，在统计调查的不同层面、不同阶段，都必须严格遵守统计法规，统计调查人员应该恪守职业道德，忠实履行职责，实事求是地登记和上报资料，决不允许弄虚作假。

（3）系统性。客观现象一般受到多种因素的影响和制约，因此，要认识客观现象的现状与未来发展情况，就必须从多方面对其进行观察，相应地就要求统计调查时搜集相互联系的、系统的、完整的资料，否则，统计调查的效率将难以提高。

2. 统计调查的类型

统计调查主要包括以下种类：

（1）按调查对象的范围是否全面分为全面调查和非全面调查。全面调查是对客观对象总体的每一个单位毫无例外地进行登记以获得数据的调查方式。通过这种调查方式获得的资料全面详尽，但是工作量大，需要的时间长。在统计实践中，大型的统计报表、普查都属于全面调查。非全面调查则只对总体中的部分单位搜集资料以了解总体的情况，包括抽样调查、重点调查和典型调查。这种调查方式调查的单位少，范围较小，调查活动投入少，速度快，组织灵活方便，因而在统计调查中有着广泛的应用。

（2）按调查的组织形式分为统计报表制度和专门调查。统计报表制度是按照国家有关法规的规定，由政府部门组织，按照统一的表式和要求自上而下布置、自下而上提供统计资料的调查形式，主要用于获得经常变动的国民经济和社会发展基本情况的统计资料，为制订国民经济和社会发展计划和检查计划执行情况服务。在我国，统计报表制度至今仍是搜集社会经济发展资料的一种重要调查形式。专门调查是就某个专门问题和特定目的进行资料搜集的统计调查形式，如居民生活调查、工业设备调查等。普查、抽样调查、重点调查和典型调查都属于专门调查。

（3）按调查时间是否连续分为连续性调查和一次性调查。连续性调查是指对调查对象作连续不断的调查登记，以了解现象发展的全过程。例如，产品产量、销售量、燃料动力消耗等现象是连续发生的现象，要科学统计其过程发生量，就必须采用连续性调查。一次性调查是指间隔一段时间（一般为一年以上）对现象进行调查登记以获得数据资料。对人口数量、农业耕地、生产设备等非连续发生的现象通常进行一次性调查，调查的周期可以定期或不定期，但为了方便资料的前后对比，一次性调查一般定期开展。

（4）按搜集统计资料的方式分为直接观察法、访问法、报告法和登记法。直接观察法是调查人员亲临现场对调查单位进行测量、观察和记录，以取得第一手资料的方法，如到商店记录各种商品价格，到车间记录工人的生产时间等。访问法是调查人员根据调查内容向当事人询问或采访以取得资料的方法，包括口头访问和书面访问。口头访问可以是派员访问，也可以是电话访问，具体要根据对资料质量的要求和工作时间要求来确定访问方式。书面访问是调查者将调查内容以问卷形式发给被调查者填写以取得资料的方法，这种方式的调查范围广，调查单位多，信息量较大，组织较灵活，因而被广泛用于市场调查。采用书面访问方法搜集资料的关键是要取得被调查者的理解和支持，因此，设计问卷时要考虑被调查者的利益和填写问卷的方便性。报告法是被调查者按要求填写调查者发出的调查表以提供资料的方法，在原始资料健全、报告系统完善的条件下，采用报告法可以取得比较准确、全面的资料，我国的定期统计报表即属此类。登记法是有关机构规定当事人在事件发生后到该机关进行登记的方法，例如，人口的出生和死亡、公司的成立和撤销等事件就是用登记法进行数据搜集的。

对统计调查方法进行以上分类，目的是要说明在进行统计调查时应从以上几个重要的角度来考虑其特点和效能，从而有利于调查者根据调查工作的要求和调查对象的特点选择恰当的方法，以实现统计调查的目的。

二、统计调查方案

统计调查是一项细致而复杂的工作，需要很多调查人员统一认识、统一行动、统一步调、密切配合才能达到调查的预期目标，因此，在每项调查活动之前，调查者都应就调查目的、调查对象、调查内容及方法等要素制定一个周密完整、切实可行的调查方案，以指导整个调查活动有计划、有组织地顺利展开。调查方案应涉及以下内容：

1. 调查目的与要求

调查目的是应该首先明确的核心内容。调查活动的各个方面、各个环节都是围绕调查目的进行的，目的明确、要求清楚才能合理地确定调查对象、调查项目和调查方式。目的和要求应具体详细、重点突出，例如，要了解居民的生活水平，可以从收入、福利、价格、服务与产品的质量等多个角度进行调查；调查者可以在居民、家庭、职工等人群中选择调查的单位；调查可以用全面调查，也可以用非全面调查……要把这些工作做好，就要依据调查目的做出最佳选择。

再如，我国第三次全国经济普查的调查目的是："摸清我国各类单位的基本情况，全面调查我国第二产业和第三产业的发展规模及布局，系统了解我国产业组织、产业结构的现状以及各主要生产要素的构成，进一步查实服务业、战略性新兴产业、文化产业等相关产业以及小微企业的发展状况，全面更新覆盖国民经济各行业的基本单位名录库、基础信息数据库和统计电子地理信息系统，为加强和改善宏观调控，加快经济结构战略性调整，科学制定中长期发展规划，提供全面系统、真实可靠的统计信息支持。"

2. 调查对象和调查单位

调查对象是所调查的客观现象的总体，由大量具有某种共同属性的被调查个体组成。调查单位是组成调查对象的具体个体，也是调查标志的承担者。例如，在城镇住户调查中，通过非全面调查了解城市和县城关镇所有非农业居民的家庭状况，确定调查对象为"城市和县城关镇中部分非农业居民家庭及其成员"，相应的调查单位是"户及个人"。我国第三次全国经济普查的调查范围和对象是"我国境内从事第二产业和第三产业的全部法人单位、产业活动单位和个体经营户"。同时还规定"为保证基本单位的不重不漏，结合第三次全国经济普查，对农业、林业、畜牧业和渔业的法人单位、产业活动单位进行普查登记。"

选择调查对象，首先，要服从调查目的；其次，应明确划分调查对象的范围，确定调查单位；最后，要考虑可行性，即在不影响被调查者正常活动的前提下，为取得有关资料，设计出一种被调查者容易理解和支持的调查方式，这样才能达到令人满意的调查目的。

调查资料通常是由填报单位提供的。填报单位也叫报告单位，是指负责提供资料的单位、人或组织机构。而调查单位是调查项目的承担者，可以是人、机构，也可以是物。填报单位和调查单位有时是一致的，比如，调查工业企业的生产经营情况，调查单位和填报单位均可以是每个具体的工业企业；有时又是不一致的，比如，调查企业职工的工资情况，调查单位是每个职工，而填报单位一般是企业。

3. 调查时间和调查地点

调查时间是调查资料所属的时间，即客观时间。调查对象的性质决定了调查时间的两种表现形式：一种是连续发生的现象（也叫时期现象），时期现象的资料发生量有一个过程，因此必须进行全过程的连续统计，相应地，其观测值的时间就表现为一段时间。例如，2018年我国 GDP 指的就是在 2018 年这一年中我国 GDP 的总量。又如，我国第三次全国经济普查规定："普查标准时点为 2013 年 12 月 31 日，普查时期为 2013 年 1 月 1 日至 12 月 31 日。"另一种是非连续现象（也叫时点现象），这种现象的数量成因非常复杂，因此，从理论上说，它只能反映某一瞬时的状态，相应地，对时点现象的数据搜集就只能进行一次性登记以反映其状态，其时间表现就是一个时间点。例如，我国第六次人口普查就以 2010 年 11 月 1 日零时为标准时点进行，以该时点的人口数 1 370 536 875 人作为我国的人口数量。

在统计调查工作中，还要规定完成调查工作的时间限制，即调查时限。调查时限的规定要保证调查工作能正常有序地开展，同时，也要考虑资料的时效性。如我国第三次全国经济普查规定："普查登记和数据采集工作从 2014 年 1 月 1 日至 3 月 31 日。"

调查地点是指调查登记的地点，一般与调查单位所在地一致。如果不一致，就必须明确规定调查地点，以防止对调查单位登记的重复或遗漏。

4. 调查大纲

调查大纲是开展调查活动的纲领性文件，包括调查目的、调查对象、调查项目、调查方式及组织工作等。其中调查项目是调查大纲的主体部分，它是指由根据调查目的列出的若干相互联系的标志组成的标志体系。拟定的调查项目必须有明确的含义，以免产生歧义；各项目之间应有一定的联系，彼此衔接，以便于研究事物间的相互关系；为便于进行动态研究，还应注意与过去的调查项目的衔接；调查项目数应少而精，否则不仅繁琐，增加工作量和调查费用，还会冲淡对主要内容的深入研究，降低调查质量。

此外，调查大纲还包括调查工作的领导和办事机构的确定、调查准备工作的布置、调查方案的设计、调查人员的组织和培训、资料报送及试点等内容。

5. 调查表

调查表是把各个调查项目按一定顺序列在表格上、供被调查者或调查人员填写有关数据，并以此为搜集资料的基本工具。它使调查项目条理化、系统化，便于登记和汇总。调查表由表头、表体、表脚三个部分构成，表头位于调查表的上方，包括表名、调查单位名称、性质、隶属关系、经济类型等，便于核实和复查；表体是调查表的主要部分，由若干调查项目及其具体表现组成；表脚在调查表的下方，是填写调查者或填表人、负责人、填表日期和上报时间等的区域，必要时，表脚部分还须注明填表应注意事项和项目解释，以便于指导所有填表人按统一要求正确填写。表 2-1 是我国第三次经济普查的普查表之一。

表 2-1 我国第三次经济普查的普查表之一

规模以上工业法人单位产品生产、销售、库存情况

表号：B604-1 表
制定机关：国家统计局
国务院经济普查办公室
文号：国统字（2013）56 号
有效期至：2014 年 6 月

组织机构代码□□□□□□□□-□
单位详细名称： 2013 年

产品名称	计量单位	产品代码	年初库存量	本年生产量	本年销售量	本年销售金额（千元）	实际销售平均单价（元）	企业自用及其他	年末库存量
甲	乙	丙	1	2	3	4	5	6	7

单位负责人： 统计负责人： 填表人： 联系电话： 报出日期：20 年 月 日

说明：1. 统计范围：辖区内规模以上工业法人单位。

2. 报送日期及方式：调查单位次年 2 月 28 日 24 时前网上填报；省级统计机构次年 4 月 15 日 24 时前完成数据审核、验收、上报。

3. 本表甲栏下按《规模以上工业产品生产、销售、库存目录》填报。

4. "实际销售平均单价（元）"为计算指标，计算公式为：5=4/3×1 000，调查单位免填。

问卷是一种特殊的调查表，它以提问的方式逐一列出所有调查内容，可由被调查者匿

名填答，因此特别适用于对人们的主观想法、心理活动的调查和某些需要保密的资料的搜集。问卷分为开放式和封闭式两种类型。

开放式问卷中的问题由被调查者根据实际情况自由回答，不受任何限制。这种问卷能获得较多的真实情况，使调查者充分认识现象，但回答的结果可能漫无边际，给下一步的统计整理工作增加难度。由于填写花费的时间较多，所列问题比较复杂，它还要求被调查者具备一定的文化水平，因此也会影响问卷的回收率。

封闭式问卷对所有问题预先设定了可供选择的若干种答案，被调查者从中选出与自身实际情况最接近的一个。这种问卷填答简单，回收率较高，填答结果规范，容易对资料进行整理和分析。但预先设定的答案对被调查者来说具有限制性，难以深入了解真实情况，因此一般只限于对简单问题的调查。

两种问卷形式可以根据调查内容的特点结合使用，以获得更好的调查效果。在设计问卷时要注意以下问题：

（1）问卷设计应在了解基本情况的基础上明确主题，选择与主题密切相关的、被调查者愿意并容易回答的项目，而不能闭门造车、随意想象。

（2）语言表述应当清楚，必要时要加以说明。不同的调查对象存在生活环境、价值观念及文化水平等方面的差异，措辞应与调查对象的特点相适应。

（3）对选择性问题，各备选答案的含义不能重叠或交叉。所列问题不能对被调查者进行诱导或暗示，如"某某产品在市场上很受欢迎，你认为它的质量：A、很好 B、一般 C、不好"，这里产品"很受欢迎"的说法容易给被调查者选择 A 的暗示，应去掉。

（4）问卷项目编排应具有逻辑性，先易后难，层次分明。

三、统计调查方法

调查方法的选择直接关系到调查资料的质量，正确选择调查方法必须掌握不同调查方法的特点。

1. 统计报表

统计报表是按国家统一规定的表格形式、指标内容、报表时间和程序，自下而上逐级汇总报告，层层取得国民经济基本数据资料的调查方法。它是我国定期取得系统全面的基本统计资料的重要手段。我国统计报表由国民经济基本统计报表和专业统计报表组成。国民经济基本统计报表由国家统计部门统一制发，用以反映全国社会经济发展的基本情况。专业统计报表是为了适应各部门业务管理的特殊需要制发的，仅在部门内部实行，搜集的是有关的业务技术资料，是国民经济基本报表的补充。统计报表提供的大量基本资料是国家制订计划、检查计划执行情况必不可少的依据，只有通过报表定期获得系统全面的社会经济信息，才能分析有关现象的变化规律，及时掌握国民经济的发展动态。但是，维持统计报表制度的运行需要耗费巨大的人力、物力和财力，因此，应尽量缩小统计报表的使用范围。

统计报表的优点是调查表设计周密、高度统一和规范、内容相对稳定，保证了资料的统一性、及时性和连续性；便于资料积累、对比；统计资料按原始记录填报，可以保证资料的准确性；统计资料层层上报、逐级汇总，可以满足各级各部门的需要。由于它要求按规定的报表形式、内容和报送程序、报送时间报送资料，因此是一种严格的报告制度。

2. 普查

普查是专门组织的一次性全面调查。它主要用于搜集全面、系统的国情国力资料，以详细了解某种重要社会经济现象或资源的数量特征，是国家制定政策和长远规划，发展社会经济，提高人民生活水平的重要依据。普查还为非全面调查提供了丰富的背景资料，在统计调查方法中处于基础性的地位。对于变化速度较慢的现象没有必要作经常性登记，当要详尽掌握其发展情况时，可以通过普查取得资料。

普查有以下两个主要的特点：

第一，普查是一次性调查。普查主要调查时点现象，如人口数量、城建设施、环境污染、第三产业在某一时点上达到的水平。由于这些现象在短期内变化不明显，所以可以间隔一段较长的时间作调查。但是普查也不排除用于对时期现象的调查，如工业普查中对总产值、利润、税金等的调查。

第二，普查是全面调查，但是比起全面统计报表，它能提供更全面、细致、深入的资料。它涉及的单位及指标内容广泛、规模大、分类详细，这都是统计报表无法做到的，当然，普查对人力、物力、财力和时间的耗费也比统计报表大得多。

普查的组织形式有两种，一种是派员普查，即组织专门的普查机构，选派一定数量的普查人员直接对调查单位进行登记，如我国的人口普查；另一种是向调查单位发出调查表，由各单位利用原始记录和核算资料自行填报，并由少量的调查人员组织监督普查工作，这种形式要求各调查单位有健全的统计制度，我国历次物质库存普查均采用这种填报方式。

从普查的汇总特点来看，分为一般普查和快速普查。一般普查的资料是逐级汇总上报的，能满足各级管理需要，但花费的时间较长。快速普查是由于某种特殊原因需要迅速获得详细、全面的资料，普查的最高组织机构直接把任务布置到基层，各调查单位直接把资料报送给最高层进行汇总，从而缩短传递和汇总资料的时间。快速普查项目一般比较集中，项目较少。

普查一般在全国或较大范围内进行，需要大量调查人员紧密协作、步调一致、共同完成，因此组织工作非常重要，普查的组织工作一般按照下面几项原则进行：

（1）确定统一的调查时间。对时期现象应规定明确的起止时间。对时点现象应规定标准时点，使所有资料都反映相同时间的状况，避免资料统计时的重复或遗漏，例如，我国第六次人口普查的标准时间是 2010 年 11 月 1 日零时。

（2）对普查项目的含义需统一作出解释，明确其具体内容，项目确定后不能随意修改，以保证资料口径的一致性。

（3）适当选择普查时间。普查可以定期组织，也可以不定期组织，为了较好地观察、研究现象的发展规律，最好按相同的周期组织调查。调查时间应根据调查对象的特点和调查任务决定。

（4）各调查单位和调查点应同时开展普查工作，尽可能在最短期限内完成。在方法和进度上应取得一致，以保证普查资料的准确和及时。

（5）普查前要做好试点工作，即先在小范围内层层试点，检验普查方案的可行性和科学性，修改存在的不足。经试点后的普查方案才能正式施行。

3. 抽样调查

对抽样调查的概念有广义和狭义两种理解。按照广义的理解，凡是从总体中抽取一部分单位进行观察，并根据观察结果来推断总体的调查都是抽样调查，其中又可分为非随机抽样和随机抽样两种。非随机抽样就是由调查者根据自己的经验、认识和判断，选取若干个有代表性的单位，并根据这些单位的信息来推断总体，如民意测验。随机抽样则是根据大数定律的要求，在抽取调查单位时保证总体中各个单位都有同样的机会被抽取。一般所讲的抽样调查，大多数都是随机抽样，即狭义的抽样调查。严格意义上的抽样调查是指按照随机原则从总体中抽取一部分单位进行观察，并运用数理统计的原理，以被抽取的那部分单位的数量特征为代表，来估计总体数量特征的调查方式。抽样调查是一种非常重要的非全面调查，它有以下三个特点：

（1）按随机原则选择调查单位。随机原则是指总体中每个单位都有相等的机会被抽取，能否被选中完全由随机因素决定，而不受主观因素的影响。随机原则能保证样本结构与总体结构一致，还能将样本指标作为随机变量，并用有关的分布规律估计和检验总体特征，从而减少抽样误差。随机性不等于随意性，它以概率与数理统计的有关原理为基础，同时还应充分利用各种总体信息，选择适当的抽样组织形式。

（2）用部分调查资料推算总体指标。抽样调查的目的在于掌握总体的数量特征。统计报表和普查都是通过全面调查资料认识总体的，但人、财、物的耗费较大；其他非全面调查资料则不能推算总体数据。只有抽样调查才具有估计和推断总体特征的功能。

（3）可以预先计算和控制抽样误差。抽样误差是受随机因素影响而产生的，可以根据抽样资料计算，并采取相应措施将其控制在一定范围，以保证抽样推断结果达到预定的要求，具有较高的可靠性和准确性。

抽样调查的特点决定了其在统计调查中的优越性，即调查范围小，调查单位少，资料不需层层上报，组织方便灵活，节省时间和费用，适用面广，能经常进行。在严格执行随机原则、选择适当的抽样组织形式的前提下，抽样调查的准确性是很高的。

抽样调查的应用十分广泛，主要包括以下几个方面：

（1）对不可能或者难以进行全面调查但又必须了解总体数量特征的现象，只能采用抽样调查。对具有破坏性的产品质量检验与产品寿命检查，只能从中抽取一部分进行登记，以确定所有产品的质量或使用寿命。例如，灯泡耐用时间试验、电视机抗震能力试验、食品的卫生检查、人体白细胞数量的化验等只能使用抽样调查。而在总体范围大、单位数量多的情况下，全面调查不仅花费大，而且不容易获得真正全面的数据，例如，对农户的粮食产量或个体工商户难以进行全面填报或逐户调查，在这种情况下，抽样调查不仅减少了工作量，还能保证样本数据具有一定的代表性。

（2）有些现象没有必要作全面调查，这时可以用抽样调查。例如，在电视节目收视率调查中，虽然可以就每个居民或家庭逐一登记，但是这样做工作量太大，此时就应该采用抽样调查。

（3）抽样调查资料用于检查全面调查统计资料的质量并进行修正。全面调查的内容多、范围广，容易产生登记性误差，这种误差的大小，全面调查自身是无法检验的，只有用抽样调查资料才能对其进行核对和修正，提高调查质量。例如，世界各国在人口普查后，通常都要作 5% 或 10% 居民户的抽样调查，以确定普查误差。抽样调查还时常与全面调查结合使用，例如，许多国家每 5 年开展一次工业和农业普查，每 10 年进行一次人口普查，以掌握全面的情况；普查间隔期间则通过抽样方法取得人口、农业和工业发展的主要数据，以及时了解重要情况。

（4）抽样调查广泛用于对产品生产过程的质量控制。例如，在工业生产中，通过定时定量的抽检了解生产状态，以便及时采取措施进行调整，从而达到对生产过程和产品质量的监控。

（5）利用抽样推断的方法，可以对某种总体的假设进行检验，判断其真伪，以决定取舍。例如，新教学法的采用、新技术的改革、新医疗方法的使用等是否收到明显效果，须对未知的或不完全知道的总体做出一些假设，然后利用抽样调查的方法，根据实验资料对所作的假设进行显著性检验，从而做出判断并得出相应的结论。

抽样调查也有局限性。它只能提供反映整个总体的资料，却不能得到反映各种区分或分类情况的详细资料，因此无法满足各级机关及有关部门管理的需要，例如，对设备类型的调查就不适宜用抽样调查方法。

抽样调查被公认为是非全面调查中用于推算总体数量特征的最科学的方法，在世界各国都得到了广泛应用。在我国社会主义市场经济条件下，抽样调查也将成为及时掌握各种市场信息、经济信息、管理信息的重要手段。随着抽样理论的发展、抽样技术的进步、抽样方法的完善和统计队伍业务水平的提高，抽样调查方法将在我国的社会经济生活中得到愈加广泛的运用。例如，对于失业率数据，我国长期以来采用的是登记失业率的方法，而自 2018 年则开始采用调查失业率的方法。根据国家统计局的定义，调查失业率是指通过劳动力调查或相关抽样调查推算得到的失业人口占全部劳动力（就业人口和失业人口之和）的百分比。

4. 典型调查

典型调查是在对研究总体有了初步了解的基础上，有意识地选择少数具有代表性的典型单位进行深入调查研究的一种非全面调查组织形式。这种调查方法的特点有：

（1）调查单位是根据调查者对总体的认识、了解、分析、判断，而有意识地选择的，因此受调查者主观因素的影响较大。

（2）典型调查既能搜集数字资料，又能针对具体问题进行深入、细致的研究。例如，对居民生活水平作典型调查，不仅能获得关于居民收入、居民实际生活消费支出与消费结构的有关数据，还可以进一步了解居民消费心理、影响居民消费水平的各种因素等情况。

（3）调查单位少，容易组织实施，可以用较少的人力、物力、财力和时间进行深入细致的调查，取得详细的资料。

典型调查主要用于以下情况的资料搜集：

（1）利用典型调查资料，可以验证、补充全面调查和其他非全面调查的资料。

（2）通过典型调查可以了解和研究新情况、新问题。刚刚出现的新事物数量少，但是具有一定的代表性，此时组织典型调查，抓住苗头，深入研究其发生的条件和发展的规律，就有利于促进新生事物的发展。

（3）在一定条件下，典型调查资料可以用来估计总体的数量特征。在全面调查和重点调查之后，可以选少数典型单位仔细调查，以检验统计数据的准确性，但不能计算典型调查的估计误差，因此无法掌握估计的可靠程度。

开展典型调查的关键是正确选择典型单位。调查者必须对调查对象有比较正确的了解，根据调查目的和任务，进行全面分析、综合比较，选出富有代表性的单位，切忌凭主观意愿，带着"框框"找典型，否则就会难以保证调查质量，减弱典型资料的作用。在实际工作中，有两种常用的调查方式，一种是"解剖麻雀"式，麻雀虽小，五脏俱全，通过解剖一两只麻雀就可以推知所有麻雀的腹内结构。在总体各单位的差异程度较小时，这种方式的效果更好。另一种是"划类选典"式，即在大致了解总体情况的基础上，将总体分成若干种类型，再对每种类型选择典型单位进行调查。例如，调查某地区的农产品产量，可以把耕地分成山地、旱地、水田等几种类型，再在每类中选择少数典型地块进行调查。在总体各单位差异较大时，采用此方式才能取得高质量的典型资料并估计总体指标。

典型调查的目的一般不在于获取总体数据，而在于了解与统计数据有关的生动具体的情况，从而便于对现象进行深入的统计分析。典型调查是定量与定性研究相结合的重要方法。

5. 重点调查

重点调查是从总体中选择部分重点单位进行调查的非全面调查组织方式。重点单位的个数虽然不多，但就调查标志而言，它们的标志值占总体标志总量的绝大比重，通过搜集重点单位的资料，就可以掌握调查对象的基本情况和发展趋势。例如，通过对宝钢、武钢、马钢、鞍钢等少数几个大型钢铁企业集团的调查，就可以基本了解我国钢铁工业的发展情况；通过对我国三十多个大中城市的零售商品物价变动的调查，可以及时掌握全国城市零售商品价格的变化趋势；对我国房价的监控也是通过对全国70个大中城市房价的调查来实现的。可见，如果只要求了解现象的发展趋势、水平、比例，而不需要掌握全面数据，少数重点单位就能提供需要的数据，因此，重点调查是省时省力的有效方法。

重点调查适用于现象分布比较集中的情况。例如，我国的钢铁、煤、石油、茶叶、蚕丝等产品都集中在部分地区或公司生产，因此只要对这些地区或公司进行调查就能了解生产的基本情况。

重点调查可以是一次性调查，也可以是连续性调查。我国将一部分重点单位纳入统计报表制度中，令其定期上报资料，以便于对重点单位进行系统观察和研究。

前面介绍的几种主要的统计调查方法各有其应用条件和使用特点，在实际工作中应根据统计调查目的和调查对象的具体情况加以选择，并相互结合应用，取长补短。

四、统计资料的间接来源

前述的统计调查是统计资料的主要来源，由统计调查获得的数据资料也叫第一手资料。但对于应用统计方法进行统计分析的人员来说，很多资料并不需要亲自进行统计调查，通过有关部门或机构发布的资料来收集数据资料即可，这种资料也叫第二手资料或间接来源的资料。这方面的资料可通过有关部门的年鉴、期刊和其他出版物以及网络获得。具体来说，间接取得的资料有以下几个主要来源：

（1）统计部门和政府部门公布的有关资料，如《中国统计年鉴》《中国农业统计年鉴》等。

（2）各类经济信息中心、信息咨询机构、专业调查机构等提供的数据。

（3）各类专业期刊、报纸提供的资料，如中国信息中心经济预测部编写的《中国经济数据分析》，国家信息中心编写的《经济预测分析》等，这些专业期刊所发布的数据时效性强。

（4）各种会议，如博览会、展销会、交易会及专业性、学术性研讨会上交流的有关资料。

（5）从互联网查阅获得的相关资料，如我国的国家统计局网站（http://www.stat.gov.cn）公布的年度、季度和月度统计资料，国务院发展研究中心信息网（http://www.drcnet.com.cn）公布的宏观经济等数据，中国人民银行网站（http://www.pbc.gov.cn/diaochatongjisi/）公布的社会融资规模、金融市场、金融机构信贷等数据，以及各级政府部门网站所发布的数据资料等。

第二节　统 计 整 理

一、统计整理的意义和内容

统计整理是根据统计研究的目的和要求，对统计资料进行加工汇总，使其系统化、条理化的工作过程。统计调查搜集的大量原始资料是散乱无序的，人们很难从中认识研究对象的数量特征，统计整理的任务就是把大量不系统的原始资料进行科学加工，使其具有一定的形式和结构，反映现象的总体特征。对已经加工过的初级资料按照统计分析的要求进行的再加工也是一种统计整理。统计整理是统计调查的延续，也是统计分析的前提，在统计工作中处于承上启下的过渡环节，具有重要地位。资料整理得是否恰当，直接决定统计任务的完成质量，统计整理工作做得不好，即使再全面、丰富、完整的资料，也不能充分发挥其价值，甚至会掩盖真相而得出错误的结论，因此必须认真对待统计整理工作。

统计整理的内容主要包括以下四个方面：

（1）编制统计整理方案。整理方案是整理工作的指导性文件，规定了整理的具体要求和实施办法。编制一个科学的整理方案是使统计整理有计划、有组织地展开的首要工作。

（2）严格审核原始资料，使之符合统计研究的要求。检查资料是否准确、完整、及时，纠正各种调查活动中出现的差错，是统计整理的重要内容。统计数据与真实数据之间的差距是统计误差，具体分为登记性误差和代表性误差。登记性误差可能存在于全面调查和非全面调查中，它是因为错误判断或错误登记事实而产生的，比如因粗心大意或技术水平低而产生的遗漏、错填、笔误；因测量工具不准造成的偏差；因有意虚报、瞒报、谎报资料而产生的错误等。一般而言，调查范围越广，规模越大，参加人员越多，出现这类误差的可能性就越大。登记性误差大多是由于主观因素产生的，有比较大的危害性；而代表性误差只存在于非全面调查资料中，它是因为调查的部分单位不能完全反映总体的实际情况而产生的。

资料的准确性检查针对的是登记性误差，检查的方法有两种，一种是逻辑检查，即检查资料的内容是否合理，项目之间是否矛盾，比如，某个居民家庭月收入总额是 2 000 元，而支出总额为 14 500 元，则登记可能有误，应特别注意。另一种是计算检查，即检查调查表中的数据在指标口径、计算方法和结果方面是否正确，计算单位是否与规定相符等。资料的完整性和及时性检查是检查调查资料有无缺漏，调查项目是否完整，各单位是否及时上报，如果发现有缺报、缺项和缺份等情况，应及时催报、补报。

（3）用科学的方法对原始资料进行分组，并编制分配数列。

（4）对分组资料进行汇总，计算基础指标，并用统计图表描述整理结果，以使资料能够比较清晰地反映总体的基本数量关系。

二、统计分组法

1. 统计分组的意义

根据统计研究目的和研究对象的特点，按某种标志把总体划分为若干个有明显差别而又相互联系的部分，就是统计分组。总体既有同质性，又有变异性，通过分组，可以对总体内部进行定性分类，反映总体内部的差异，使人们能深入现象内部，分析各种类型的特殊性质，了解事物的内部联系以及事物发展变化的内在动因。统计分组将性质不同的单位区别开来，又将性质相同或相近的单位集合起来，是"分"与"合"的辩证统一。

统计分组法在统计研究中有重要作用，主要表现在以下三个方面：

（1）划分社会经济现象的类型。社会经济现象复杂多样，只有从区分现象的差别入手，才能掌握某种社会经济现象的特点，认识不同社会经济类型的特殊性，在事物的联系中正确把握总体的规律性。例如，对工业总产值按经济类型分组等。

（2）研究现象总体的内部结构。在统计分组的基础上计算各组的比重，可以帮助人们分析现象的内部构成状况。内部结构往往决定事物的性质，因此，对总体内部结构的研究有助于对现象本质的深刻认识。例如，将人口按年龄分组，可以反映一个国家或地区的人口发展类型。表 2-2 所示为我国 1990—2017 年的人口年龄构成情况。联合国认为，如果一个国家 60 岁以上的老年人口数达到总人口数的 10%或者 65 岁以上老年人口数占总人口数的 7%以上，那么这个国家就属于人口老龄化国家。从表 2-2 可以看出，我国早已进入老龄化社会。根据反映人口年龄结构的一定指标，可将人口区分为三种不同的人口年龄结构类型，即年轻型、成年型和老年型。国际上通用的人口年龄结构指标及其数值标准如表 2-3 所示。

2017 年，我国 65 周岁及以上人口有 15 831 万人，老年人口系数为 11.4%，少年儿童人口系数为 16.8%，老少比为 67.8%。对照表 2-3，可知我国的老龄化现象已经非常严重了。

表 2-2　我国 1990—2017 年的人口年龄构成情况

年龄（岁）	2017		2010		2000		1990	
	人口数量（万人）	比重（%）	人口数量（万人）	比重（%）	人口数量（万人）	比重（%）	人口数量（万人）	比重（%）
0～14	23 348	16.8	22 259	16.6	29 012	22.9	31 659	27.7
15～64	99 829	71.8	99 938	74.5	88 910	70.1	76 306	66.7
65 及以上	15 831	11.4	11 894	8.9	8 821	7	6 368	5.6
合计	139 008	100	134 091	100	126 743	100	114 333	100

资料来源：2017 年数据来自 http://www.mnw.cn/news/china/1925927.html；其他数据来自《中国统计年鉴》。

表 2-3　国际上通用的人口年龄结构指标及其数值标准

人口年龄结构类型	老年人口系数	少年儿童人口系数	老少比	人口年龄中位数
年轻型	5%以下	40%以上	15%以下	20 岁以下
成年型	5%～10%	30%～40%	15%～30%	20 岁～30 岁
老年型	10%以上	30%以下	30%以上	30 岁以上

（3）反映现象之间的数量依存关系。现象与现象之间是相互联系、相互依存并相互制约的，通过统计分组可以了解它们数量互动的程度和趋向，在一定范围内预见其变化趋势，为统计预测提供依据。例如，商品销售额与流通费用率具有反向变动的数量关系，居民收入与支出具有同向变动的数量关系等。表 2-4 反映了某地区某种商品的销售价格与月销售量的数量变动关系。

表 2-4　某地区某种商品销售价格与月销售量的数量变动关系表

销售价格（元/台）	月销售量（台）
1 000～1 050	25 000
1 050～1 100	21 500
1 100～1 150	18 700
1 150～1 200	14 000
1 200～1 250	10 200

2. 统计分组方法

（1）分组标志的选择。

统计分组是指按一定的标志将总体分门别类。同一总体按照不同的标志可以得到不同的分组，不同的分组可以得到不同的统计分析结果，所以分组标志的选择是统计分组的关键。依据某个标志进行的统计分组反映了总体各单位在该标志方面的差异，掩盖了它们在其他方面的差异，从而可以研究总体某一方面的性质。如果分组标志所表现的总体结构或类型与人们所研究的总体的某种属性不存在必然联系，就无法对其进行统计分析，甚至还会歪曲客观实际。所以必须根据统计研究的目的对现象进行深入分析，选择最能反映现象本质特征和内在联系的标志作为分组标志。例如，对于工业企业来说，如果研究其在不同经济类型下的发展情况，就应当按所有制类型分组；如果分析工业企业的发展规模，就应按生产能力分组；当分析工业内部比例和平衡关系时，就要按产品部门划分为重工业、轻工业等。即使反映的是同一个问题，由于所处的经济环境和历史条件不同，分组标志的选择也不尽相同。例如，在研究企业生产规模时，对资本密集型企业，就要将企业拥有的资本数量作为分组标志，以反映企业规模的大小；而对劳动密集型企业，就应按企业职工人数分组。

（2）组限的划分。

划分组限就是划定相邻组之间的性质界限或数量界限，从而确定总体各单位之间在性质上或数量上的差别。组限的划分方法与分组标志的类型有关，根据分组标志的性质，可以分为品质标志分组与数量标志分组两种方法。

品质标志分组，就是根据品质标志对总体进行分类，以确定属性范围，划定各组界限。由于事物的属性特征一般有明确的概念并相对稳定，因此，各组界限分明，容易划分。例如，人口按性别分组，企业按所有制类型分组等。但也有一些品质标志分组，由于存在属性变异间的过渡状态，组限不易划清。例如，居民按居住地区分为城市和农村，但有些地区既有城市形态又有农村形态，因此必须对城市和农村作出具体的规定。在实际工作中，这些比较复杂的分组往往要经过事先研究，由国家规定统一的分类标准和分类目录，如《工业部门分类目录：工业产品目录》《关于城乡划分标准的规定》等，作为分组的统一依据。

数量标志分组，就是根据数量标志划分总体，确定变动范围，界定组限。数量标志分组不仅能反映各组在数量上的差异，还能够区分现象的数量界限。例如，按价值量大小区分固定资产和低值易耗品时，根据我国当前不同规模企业的经营管理状况和特点，可以规定：大型企业中原值 800 元以上、中型企业中原值 500 元以上、小型企业中原值 200 元以上的资产为固定资产，相应数值以下则为低值易耗品。又如，考试成绩一般以 60 分为界，60 分以上为及格，60 分以下为不及格。

变量分为离散型变量和连续型变量。对于变量变化范围小的离散型变量，可以将每个变量值作为一组，称为单项式分组，如城市居民家庭按家庭成员数分为 1 个、2 个、3 个、4 个、4 个以上几个组。当离散型变量的变化幅度较大时，则不宜采用单项式分组，否则组数太多，就失去了分组的意义，此时需要把变量值划分为若干个区间，每个区间作为一组，这种分组方式称为组距式分组。例如，学生按考试成绩采用组距式分组：60 分以下，60 分～70 分，70 分～80 分，80 分～90 分，90 分～100 分。连续型变量的取值不能一一列出，只能用组距式分组，例如，职工按工资分组：800 元以下，800 元～1 000 元，1 000 元～1 200 元……

在组距式分组中，各组的区间长度称为组距，每组的最小值称为下限，最大值称为上限，组距和组限分别表示各组的变化幅度和变化范围。组距如果过小，就不能反映同类现象的特点；组距如果过大，则会掩盖不同性质的现象的差异性，因此应根据现象的变化特点合理确定组距。在标志值均匀变动的情况下，为了便于各组之间进行直接对比和分析，常采用等距分组，如职工年龄的等距分组等；当标志值变动幅度很大且很不均匀时，应采用不等组距分组，也叫异距分组，例如，企业产值的差异很大，从几万元到几亿元不等，按等距分组不能反映企业的规模等级，此时就应该采用异距分组。

在连续变量的组距式分组中，各相邻组的组限必须重叠，在变量值恰好等于组限的情况下，应遵循"上限不在内"原则，将其归为下限的一组。例如，职工按月工资收入分为 2 000 元～3 000 元、3 000 元～4 000 元两组，某职工的月工资收入是 3 000 元，就应将该职工分到后一组。对离散型变量分组，为了计算上的方便，也常常采用重叠相邻组的组限形式。

在组距分组的情况下，各组内各单位标志值不再直接表现其值的大小，而是用组中值表示该组所有标志值的一般水平。组中值在各组标志值均匀分布的假设下，分以下三种情况进行简单计算：

$$有上下限的组：组中值 = \frac{(上限+下限)}{2} \tag{2-1}$$

$$有上限无下限的组：组中值 = 上限 - \frac{相邻组距}{2} \tag{2-2}$$

$$有下限无上限的组：组中值 = 下限 + \frac{相邻组距}{2} \tag{2-3}$$

（3）简单分组与复合分组。

只按一个标志对总体进行分组即为简单分组，按两个及以上的标志对总体作层叠分组叫复合分组。例如，对企业只按生产产品或提供服务的属性分组是简单分组，而将企业同时按所有制成分和产业属性层叠分组就是复合分组。复合分组适宜于单位数很多的情况，有助于全面深入地分析问题，但采用的标志不宜过多，否则会变得过于繁琐而不利于分析。

三、分配数列

1. 分配数列的概念

在统计分组的基础上，将总体所有单位按各组归类，形成总体单位在各组间的分布，称为次数分配，即分配数列。它包括两个要素：总体分出的各组和各组的次数。分配数列是统计整理的重要形式和统计分析的重要手段，它可以反映总体的分布结构和特征。

各组的次数可以用绝对数表示，即各组的单位数，又叫频数；也可以用相对数表示，即各组单位数占总体单位数的比重，又叫频率，频率有两个特征，一是各组频率大于零，二是各组频率之和等于 1 或 100%。

按品质标志分组形成的数列是品质数列，按数量标志分组形成的数列是变量数列。变量数列又可分为单项式数列和组距式数列，组距式数列又可分为等距数列和异距数列。

2. 分配数列的编制方法

（1）品质数列。

如果用于分组的品质标志选择恰当，各组界限分明，总体划分就比较容易。因而品质数列一般比较稳定，能明确反映总体的分布特征。表 2-5 所示为工业企业按所有制类型分组的结果，这样形成的数列即品质数列。

表 2-5　2017 年我国规模以上工业企业实现利润情况

所有制类型	利润		营业成本		资产负债率（%）
	利润总额（亿元）	比上年增长（%）	全年累计（亿元）	比上年增长（%）	
国有控股企业	16 651.2	45.1	220 602.1	14.1	60.4
集体企业	399.9	−8.5	4 562.1	−6.0	59.1
股份制企业	52 404.4	23.5	725 819.9	11.5	56.2
外商及港澳台商投资企业	18 752.9	15.8	223 410.3	10.6	54.1
私营企业	23 753.1	11.7	351 971.4	8.6	51.6

资料来源：统计局：2017 年全国规模以上工业企业利润增长 21%[EB/OL]，http://www.xinhuanet.com/fortune/2018-01/26/c_129799669.htm。

（2）变量数列。

单项式数列的编制比较简单，有几个标志值就分为几组，能准确描述总体的数量分布特征。例如，我国家庭按家庭人口数分为一人户、二人户等。

组距式数列的编制比较繁琐，产生的问题也比较多，一般按一定程序编制，下面举例说明组距式数列的编制。

某车间记录的某月份 60 名工人加工零件数的原始资料如下：

202	270	185	183	192	214	218	170	191	251	215	215	255
226	228	200	258	225	212	240	205	235	273	262	241	176
232	245	197	248	223	231	203	218	255	217	187	227	212
197	230	267	221	244	281	225	237	288	214	230	236	247
256	248	250	245	245	236	266	246					

上面零乱的数据难以反映 60 名工人的总体生产水平，为了准确反映其总体生产水平，首先将数据按大小顺序排列，大致了解数据的变动情况。

170	176	183	185	187	191	192	197	197	200	202	203	205
212	212	214	214	215	215	217	218	218	221	225	225	225
226	227	228	230	230	231	232	235	236	236	237	240	241
244	245	245	245	246	247	248	248	250	251	255	255	256
258	262	266	267	270	273	281	288					

将数列重新排列后，可以了解到数据的最小值是 170，最大值为 288，全距为 288−170=118（件），大多数工人生产的零件在 210 件至 250 件之间。由于变量值差异较大，

宜采用组距式分组，又由于数据变化比较均匀，可以采用等距分组。

等距分组的组数与组距呈反比，假设组距为 20，则组数=全距÷组距=118÷20=5.9，取整可取为 6。接着确定组限，根据组数确定的组限应能容纳变量的最小值和最大值，另外，分组定的最小值不应与实际最小值偏离太远，同理，分组的最大值也不应与实际最大值偏离太远，为了便于计算，一般将组数限定为整数。根据本例资料，可取 170 件作为最小下限值，以 290 件为最大上限值。又根据组距可得到每一组的下限值和上限值，再计算出每一组的工人数，就可得到如表 2-6 所示的分配数列。

表 2-6　某车间 60 名工人加工零件数分布

按加工零件数分组（个）	工人数（人）	工人数比重（%）
170～190	5	8.3
190～210	8	13.3
210～230	16	26.7
230～250	18	30.0
250～270	9	15.0
270～290	4	6.7
合计	60	100

在编制组距数列时，有时会有少数极端值，或者组距两端出现次数极少的变量值，这时可用"开口组"进行设置。开口组只放在第一组或最后一组，开口组组中值的计算前面已介绍。

在等距分组中，分多少组或各组的组距多大，是一个非常重要又十分困难的问题，分组太多，组与组之间的差异就难以体现；分组太少，组与组之间的差异得以展现，但组内的同质性又很难保证。究竟分多少组，并没有确定的规则，必须根据经验和研究问题的性质来判断。一般将总体分为 8～10 组即可。分组时也可采用美国学者斯特杰斯创用的公式——斯特杰斯经验公式，即

$$n = 1 + 3.2 \lg N \tag{2-4}$$

$$d = \frac{R}{n} = \frac{X_{max} - X_{min}}{1 + 3.3 \lg N} \tag{2-5}$$

式（2-4）和式（2-5）中，n 为组数，N 为总体单位数，d 为组距，R 为全距，X_{max} 为各 X 变量值的最大值，X_{min} 为各 X 变量值的最小值。

3. 累计次数（或频率）

变量数列中各组次数反映了各组标志值对总体标志水平的影响程度，次数越多，影响程度就越大，反之则越小。在研究变量数列时，还需计算累计次数（或频率）。累计次数（或频率）分为向上累计次数（或频率）和向下累计次数（或频率）。向上累计次数（或频率）是把次数（或频率）从变量值低的组向变量值高的组累计，用以反映小于

某组上限的频数或频率。向下累计次数（或频率）则相反，用以反映大于某组下限的次数或频率。根据表 2-6 的数据可以分别计算向上累计次数（或频率）和向下累计次数（或频率），得到表 2-7。

表 2-7　某车间 60 名工人加工零件累计次数（频率）分布

零件数（个）	次数		频率		向上累计		向下累计	
	人数（人）		比重（%）		人数（人）	比重（%）	人数（人）	比重（%）
170~190	5		8.3		5	8.3	60	100
190~210	8		13.3		13	21.6	55	91.7
210~230	16		26.7		29	48.3	47	78.4
230~250	18		30		47	78.3	31	51.7
250~270	9		15		56	93.3	13	21.7
270~290	4		6.7		60	100	4	6.7
合计	60		100		—	—	—	—

4. 次数分布的图示

图示法能具体、形象地表现总体的分布特征，常用的图形有以下几种。

（1）直方图。

直方图是以横轴表示标志值，以纵轴表示次数，将每一组用矩形表示的方法。左侧纵轴表示频数，右侧纵轴表示频率，矩形面积反映各组分布的次数。如果是等距数列，矩形面积的大小可以直接反映各组次数的多少；如果是异距数列，则需对矩形面积进行调整才能比较各组次数的多少。图 2-1 是根据表 2-6 中的资料绘制的直方图。

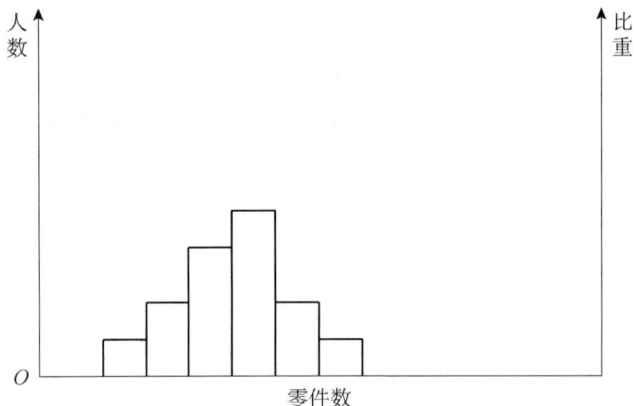

图 2-1　某车间 60 名工人加工零件次数分布直方图

（2）折线图。

根据直方图，把每组的组中值与该组次数组成的坐标点用折线连接起来得到的图形就是折线图。图 2-2 就是根据图 2-1 绘制的折线图。折线图还可以表示累计次数分布。从首组下限开始，将各组上限坐标点连接起来，就可构成相应的折线图，图 2-3、图 2-4 就是根据表 2-7 中的资料绘制的向上和向下累计折线图。

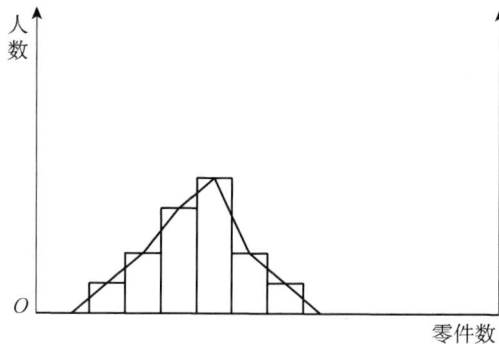

图 2-2　某车间 60 名工人加工零件次数
分布折线图

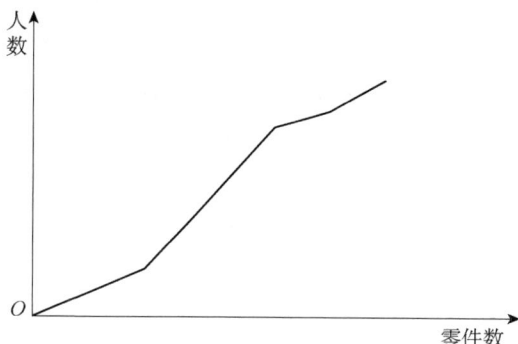

图 2-3　某车间 60 名工人加工零件次数
向上累计折线图

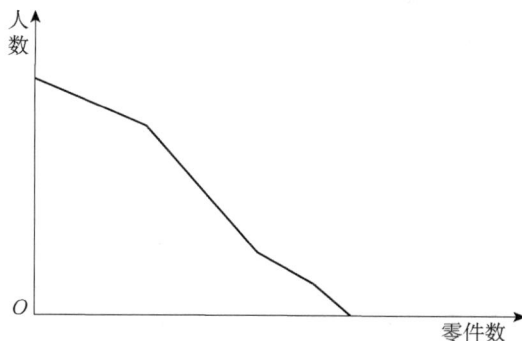

图 2-4　某车间 60 名工人加工零件次数向下累计折线图

（3）曲线图。

当观察的总体次数逐渐增多时，组距会越来越小，折线图会越来越光滑，最终形成光滑的次数分布曲线，即得到曲线图。曲线图反映了某一统计量的实际分布规律。

5. 次数分布的主要类型

（1）钟形分布。

曲线"两头小，中间大"，形如一古钟，它呈现了总体多数单位的标志值集中在中间水平，而越靠近两端的变量值，单位分布越少的状况。常见的钟形分布是对称分布，它以中心值为对称轴，两侧呈对称形态，又叫正态分布。正态分布是应用最广泛的对称分布，社会经济现象的分布大都接近正态分布，如零件尺寸的公差、人的身高、收入水平等，因此，正态分布在统计分析中具有十分重要的意义。而不对称的钟形分布曲线有左偏和右偏两种情况。图 2-5 中，（a）为正态分布，（b）为不对称的钟形分布曲线，即偏态分布。

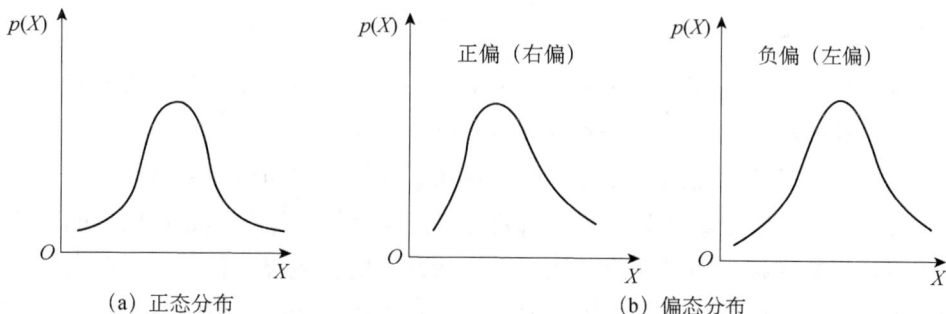

（a）正态分布　　　　　　　　　（b）偏态分布

图 2-5　钟形分布

（2）J形分布。

J形分布分为两种：一种是正J形分布，其特征是次数随变量值增大而单调递增，例如，随投资收益率的提高，投资额会相应增加；另一种是反J形分布，其特征是随着变量值增大而次数单调递减，例如，人口总体按年龄分组的结果图形，一般呈反J形分布。图 2-6 中的（a）为J形分布曲线。

（3）U形分布。

曲线"中间小，两头大"，形如英文字母U，分布特征与钟形分布相反，例如，按年龄分组的人口死亡率就表现为U形分布，反映年龄越小或越大的人死亡率越高，而处于中间年龄段的青壮年死亡率较低的情况。图 2-6 中的（b）为U形分布。

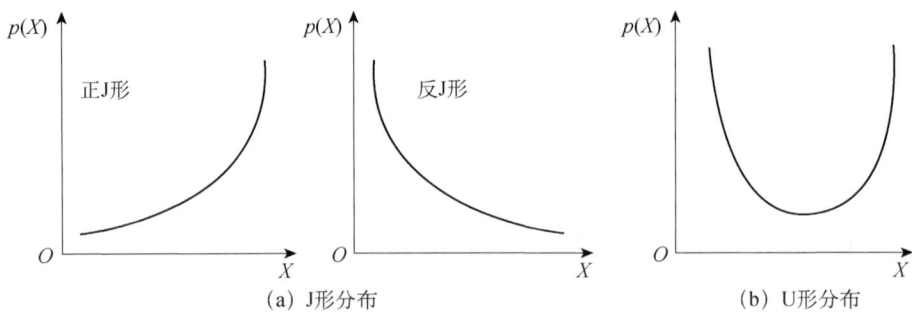

图 2-6　J形分布和 U 型分布

四、统计表

统计表是系统地表述数字资料的基本形式。把汇总后的资料按一定规则在表格上表现出来，这种表格就叫统计表。广义上，任何用以反映统计资料的表格都是统计表。

1. 统计表的作用

统计表是用纵横交叉的线条绘制的、用以表现统计资料的表格。它分为调查表、整理表和分析表。调查表是搜集统计资料时所用的表格，分析表是在统计分析时对统计资料进行定量分析使用的表，这里重点说明统计整理阶段涉及的统计表。

统计表能把大量的统计资料进行科学的组织，以系统地、有条理地表现统计资料，清晰地描述统计资料的内容和数量特征，便于资料的对比和计算。

2. 统计表的结构

从内容上看，统计表分为主词和宾词两部分。主词表示总体和各组的名称，宾词是说明总体数量特征的统计指标，包括指标名称和指标数值。

从形式上看，统计表分为总标题、横行标题、纵栏标题和指标数值。总标题是统计表的名称，写在表的上端中部，是对统计表内容的高度概括。横行标题是横行的名称，一般表示总体或各组的名称，写在表的左侧。纵栏标题一般表述统计指标，写在表的上方。指标数值是填入表中的各项数据，用以反映总体的基本数量特征。有时还需要在表的下方列出资料来源和附注说明等内容。统计表的结构可参见表 2-8。

表 2-8　我国 2017 年货物进出口总额及其增长速度

指标	金额（亿元）	比上年增长（%）
货物进出口总额	277 923	14.2
货物出口额	153 321	10.8
其中：一般贸易	83 325	11.7
加工贸易	51 381	8.8
其中：机电产品	89 465	12.1
高新技术产品	45 150	13.3
货物进口额	124 602	18.7
其中：一般贸易	73 299	23.2
加工贸易	29 180	11.3
其中：机电产品	57 785	13.3
高新技术产品	39 501	14.1
货物进出口差额（出口减进口）	28 718	—

资料来源：中华人民共和国 2017 年国民经济和社会发展统计公报。

3. 统计表的种类

根据主词的分组情况，统计表可以分为简单表、分组表和复合表。简单表是对主词不按任何标志分组形成的统计表，它只是把总体单位及其资料一一列示出来，相当于一览表，参见表 2-9。

分组表是对主词按一个标志分组形成的统计表，参见表 2-5 和表 2-6。

复合表是对主词按两个及以上标志层叠分组形成的统计表，如表 2-10 所示。

表 2-9　我国对外经济贸易基本情况　　　　　　单位：亿美元

指标	2011 年	2012 年	2013 年	2014 年	2015 年	2016 年	2017 年
货物进出口总额	36 418.6	38 671.2	41 589.9	43 015.3	39 530.3	36 855.6	41 045.0
出口总额	18 983.8	20 487.1	22 090.0	23 422.9	22 734.7	20 976.3	22 635.2
初级产品	1 005.5	1 005.6	1 072.7	1 126.9	1 039.3	1 051.9	1 177.1
工业制成品	17 978.4	19 481.6	21 017.4	22 296.0	21 695.4	19 924.4	21 458.1
进口总额	17 434.8	18 184.1	19 499.0	19 592.3	16 795.6	15 879.3	18 409.8
初级产品	6 042.7	6 349.3	6 580.8	6 469.4	4 720.6	4 410.5	5 770.6
工业制成品	11 392.1	11 834.7	12 919.1	13 122.9	12 075.1	11 468.7	12 639.2
进出口差额	1 549.0	2 303.1	25 90.1	3 830.6	5 939.0	5 097.1	4 225.4

资料来源：中国统计年鉴（2018）。

表 2-10　全国居民人均收支情况　　　　　　单位：元

指标	2013 年	2014 年	2015 年	
全国居民人均收入				
可支配收入	18 310.8	20 167.1	21 966.2	
1. 工资性收入	10 410.8	11 420.6	12 459.0	
2. 经营净收入	3 434.7	3 732.0	3 955.6	

（续表）

指标	2013 年	2014 年	2015 年	
3. 财产净收入	1 423.3	1 587.8	1 739.6	
4. 转移净收入	3 042.1	3 426.8	3 811.9	
现金可支配收入	17 114.6	18 747.4	20 424.3	
1. 工资性收入	10 348.6	11 352.7	12 386.2	
2. 经营净收入	3 354.2	3 571.5	3 782.7	
3. 财产净收入	526.6	621.8	689.5	
4. 转移净收入	2 885.2	3 201.3	3 565.9	
全国居民人均支出				
消费支出	13 220.4	14 491.4	15 712.4	
1. 食品烟酒	4 126.7	4 493.9	4 814.0	
2. 衣着	1 027.1	1 099.3	1 164.1	
3. 居住	2 998.5	3 200.5	3 419.2	
4. 生活用品及服务	806.5	889.7	951.4	
5. 交通通信	1 627.1	1 869.3	2 086.9	
6. 教育文化娱乐	1 397.7	1 535.9	1 723.1	
7. 医疗保健	912.1	1 044.8	1 164.5	
8. 其他用品及服务	324.7	358.0	389.2	
现金消费支出	1 0917.4	11 975.7	12 988.7	
1. 食品烟酒	3 822.8	4 185.6	4 505.0	
2. 衣着	1 025.7	1 098.6	1 163.5	
3. 居住	1 155.1	1 215.7	1 251.9	
4. 生活用品及服务	801.8	882.6	943.8	
5. 交通通信	1 624.8	1 866.2	2 083.7	
6. 教育文化娱乐	1 396.5	1 534.9	1 722.0	
7. 医疗保健	772.1	838.3	933.3	
8. 其他用品及服务	318.7	353.8	385.6	

注：从 2013 年起，国家统计局开展了城乡一体化的住户收支与生活状况调查，与 2012 年及以前分别开展的城镇和农村住户调查的调查范围、调查方法、指标口径有所不同。

资料来源：中国统计年鉴（2016）。

统计表是显示统计数据的重要方式。在设计和制作统计表时，要注意以下问题：①要合理设计统计表的结构；②总标题内容应满足 3W 要求，即 When，Where，What，并放在表的上方；③数据计量单位相同时，可放在表的右上角标明，不同时应放在每个指标后或单列出一列标明；④表的上下两条横线一般用粗线，其他线用细线；⑤通常情况下，统计表的左右两边不封口；⑥表中的数据一般右对齐，有小数点时应以小数点对齐，而且小数点的位数应统一；⑦对于没有数据的表格单元，一般用"—"表示；⑧在表的下方要注明数据来源，必要时还可加上注释。

小资料-2

思考与练习

1. 什么是统计调查？进行统计调查应遵循哪些原则？

2. 统计调查方案包括哪几个方面的内容？设计统计调查问卷时应该注意什么问题？

3. 解释调查对象、调查单位和报告单位的含义及它们之间的联系。

4. 统计调查方法有哪些？各有什么优缺点？

5. 普查与抽样调查相比较，各有什么特点？有人说，抽样调查"采用样本资料推断总体的数量特征"是不科学的，你认为这种说法对吗？为什么？

6. 试举例说明抽样调查在社会经济调查与研究中的应用。

7. 简述统计整理的意义和内容。

8. 统计数据的预处理包括哪些内容？

9. 什么是统计分组？简述统计分组法在统计研究中的作用。

10. 简述组距分组的步骤。

11. 分配数列的构成要素有哪些？简述次数分配数列的编制过程。

12. 某电视机生产厂家想通过市场调查了解以下情况：

A. 电视机的市场占有率；

B. 用户对其电视机质量的评价及满意程度。

要求：

（1）为其设计一份调查方案；

（2）为其设计一份调查问卷；

（3）你认为应该采用什么调查方法来开展这项调查呢？

13. 假定有下列调查：

（1）为了解钢材积压情况，上级机关向所有钢材生产企业下发一次性调查表，要求其填报；

（2）某商场从某企业购进了一批商品，该批商品运到仓库时，该商场从这批商品中选出10件进行仔细检验，以调查这批商品是否存在质量问题；

（3）某乡在春播期间每隔5天向上级主管部门提交播种进度报告；

（4）为了解科技人员的分配及任用状况，有关部门向各单位发布了调查表，要求其填报；

（5）对大中型基本建设项目投资效果进行调查；

（6）选取部分企业进行调查，以了解扩大企业自主权试点后的成果及问题。

要求：

（1）指出上述调查按组织方式分类各属于哪种调查；

（2）指出上述调查按登记的连续性分类各属于哪种调查；

（3）指出上述调查按调查对象包括的范围分类各属于哪种调查。

14. 某企业生产某种产品需经过六道工序。为提高产品质量，该企业对各道工序所产生的废品数量进行了检查，结果发现一个月内各道工序所产生的废品数如表2-11所示。

表 2-11　一个月内各道工序所产生的废品数

工序名称	废品数（件）
A	2 606
B	1 024
C	355
D	59
E	28
F	25
合计	4 097

要求根据表中数据作出累计频率分布图，并分析：该企业为了提高产品质量，需要采取什么措施？

15. 某农业研究机构为了解某地的小麦生长情况，对该地的小麦 100 个麦穗的每穗小穗数进行了抽样调查，得到每穗小穗数的数据如表 2-12 所示。试为表中的 100 个麦穗每穗小穗数编制一个频数分布表，做出直方图，并说明这 100 个麦穗每穗小穗数的数据特征。

表 2-12　100 个麦穗每穗小穗数

16	18	19	17	16	17	18	16	18	17	19	20	17	16	19	17	19	16	16	17
17	18	17	16	18	18	17	17	17	18	15	16	18	17	18	17	17	17	15	17
18	15	17	19	16	15	20	18	19	17	19	19	15	17	17	16	18	19	18	18
20	19	17	16	19	17	16	17	19	18	17	18	20	18	17	16	17	19	18	18
18	15	16	18	18	18	17	20	19	17	18	17	17	19	19	17	19	17	17	19

16. 某班 40 名学生统计学课程的考试成绩分别为

68　89　88　84　86　87　75　73　72　68

75　82　97　58　81　54　79　76　95　76

71　60　90　65　76　72　76　85　89　92

64　57　83　81　78　77　72　61　70　81

学校规定：60 分以下为不及格，60～70 分为及格，70～80 分为中，80～90 分为良，90～100 分为优。

要求：（1）将该班学生分为不及格、及格、中、良、优 5 组，编制一张次数分配表，并制作直方图、折线图与曲线图。

（2）指出分组标志、类型和分组方法的类型，并分析该班学生统计学课程的考试情况。

第三章 总量指标与相对指标

统计这种神秘的语言，在一个靠事实说话的社会里如此吸引眼球，但有时它却被人利用，成为恶意夸大或简化事实、迷惑他人的工具。在报告社会经济趋势、商业状况、民意调查和普查的大量数据时，统计方法或者统计术语是必不可少的。但如果作者不能正确理解并恰当使用这些统计术语，而读者又不能真正了解这些术语的含义，那么，统计结果只能是一堆废话。

——达莱尔·哈夫《统计数字会撒谎》

综合指标是统计学中最重要的基本概念之一，指的是能够反映总体某些数量特征的数据。它是对总体单位个体信息的概括反映，也被称为统计指标。应用综合指标可以对总体的发展现状、发展变化、内部结构及其与外部的数量关系进行描述、分析和研究，因此是统计研究中的重要方法，特别是在经济分析与管理决策中具有重要作用。

综合指标种类较多，从其反映现象的内容看，可以分为数量指标和质量指标。数量指标说明客观现象的总水平、总规模或工作总量，如国内生产总值、工业总产值、粮食总产量、基本建设投资额等。质量指标则从质量、效益、强度、效率、比例等方面说明客观现象的相对水平或工作成效，如经济增长率、人口密度、出生率、劳动生产率、单位产品成本、产品合格率等。根据表现形式，综合指标可以分为总量指标、相对指标、平均指标、标志变异指标、动态指标和统计指数等，本章介绍的是总量指标和相对指标。

第一节 总量指标

一、总量指标的概念与意义

总量指标是反映客观现象总规模、总水平或工作总量的综合指标，也叫数量指标。总量指标在形式上表现为绝对数，其数值大小随统计范围的大小而增减，是最常用、最基本的综合指标，也是人们认识客观现象的最重要的基础性指标。应用总量指标可以反映客观现象总体的基本情况，便于人们对客观现象有一个基本的了解。例如，2017 年，我国国内生产总值为 827 122 亿元，年末全国（大陆）总人口为 139 008 万人，粮食产量为 61 791

万吨，全年货物进出口总额为 277 923 亿元等，通过这些数据，人们就可以了解我国 2017 年的经济发展成就和综合国力。总量指标是认识客观现象的起点，是国民经济宏观管理和企业经济核算的基础性指标，也是制定政策、编制计划、进行科学管理的基本依据以及计算其他形式指标的基础，比如，相对指标和平均指标一般是两个有联系的总量指标对比得到的结果。

二、总量指标的种类

根据总量指标的不同内容，可以将其分为不同类型。按说明客观现象的内容不同，总量指标可分为总体单位总量指标和总体标志总量指标，前者表明总体单位数的多少，后者是总体各单位标志值的总和。例如，某班学生总人数为 51 人，统计学课程考试总成绩为 4 327 分，前者就是总体单位总量指标，后者是总体标志总量指标。又如，研究某地区的工业企业职工工资情况，"职工人数"为总体单位总量指标，"工资总额"为总体标志总量指标。需要注意的是，单位总量指标和标志总量指标的地位随统计研究的目的而变化。比如，研究某地区居民的粮食消费情况，该地区的居民人口数便是总体单位总量指标，为总体单位数的加总；而粮食消费总量便是总体标志总量指标，为总体各单位标志值的加总。如果研究的是该地区的粮食消费价格，则粮食消费总量就变为总体单位总量指标。

总量指标按其反映的时间状况不同分为时期指标和时点指标。时期指标反映总体在一段时期内活动过程的总量，如国内生产总值、产品产量、货物周转量、人口出生数等。时点指标反映总体在某一时点上的总量，如人口数、企业单位总数、商品库存量、黄金储备量等。时期指标与时点指标有三个明显的不同点：一是从数据搜集看，时期指标数值由连续统计得到，时点指标数值一般由间断统计得到；二是从指标数值可加性看，时期指标数值具有可加性，即把两个短期值汇总可得到一个较长时期的指标值，而时点指标不具有可加性，即简单地把同一个时点指标在不同时点上的值相加得到的数值没有明确的意义；三是从指标数值大小是否与时间长短有关看，时期指标数值的大小与所属时间的长短有关，即时间跨度越长，其值越大，而时点指标数值的大小与间隔时间长短无必然联系。

客观现象的计量单位包括实物单位、货币单位和劳动单位，相应地，总量指标按计量单位的不同，可以分别形成实物量指标、价值量指标和劳动量指标。

实物量指标是根据事物的自然属性和特点，采用自然、物理计量单位进行计量的指标。实物量指标可以分为：自然单位，比如，人口数按"人"计量，牲畜按"头"计量，工业企业按"个"计量；度量衡单位，比如，粮食按"千克"计量；标准实物单位，即将性质和用途大致相同而效能不同的各种产品折算为一种标准规格或标准含量的产品进行综合计量，比如，将发热量不同的各种燃料折合为每千克发热量为 7 000 大卡的标准燃料进行统计；复合单位或多重计量单位，比如，将电动机数量按"台/千瓦"计量，货物周转量按"吨千米"计量。在计量时，要注意按照统一的计量制度和实物的主要用途来确定合适的计量单位。实物量指标直接反映产品的使用价值或现象的具体内容，因而能够具体、明确地表明事物的规模或水平，成为计算价值指标的基础，在统计中具有重要地位。它的局限性是综合性能差，性质不同的实物无法相加汇总，因而不能反映复杂现象的总规模、总水平等，这些问题必须借助价值量指标来解决。

价值量指标是用货币作为价值尺度对社会财富或劳动成果进行计量的指标。按货币单位计量的总量指标就称为价值量指标，如国内生产总值、商品零售额、工资总额等。它可以按现行价格计算，也可以按不变价格计算。价值量指标具有广泛的综合性和概括能力，在研究复杂现象的总规模、总水平、工作总量、总速度等方面起着不可或缺的作用。它的局限性是脱离了现象的具体内容，显得抽象、笼统，甚至不能完全反映实际情况。为了全面地认识社会经济与管理现象，必须将价值量指标和实物量指标结合使用。

劳动量单位是统计人力资源的劳动时间时使用的计量单位，如工时、工日、人工数等。以生产产品消耗的劳动时间计量的总量指标就是劳动量指标，主要用于确定劳动规模并作为评价劳动时间利用程度、进行成本核算和计算劳动生产率的依据。有时生产的总成果也用劳动量单位来表示，如机械工业部门的定额工时产量等。

三、计算总量指标应注意的问题

总量指标的计算方法主要有三类：一是直接计量法，即对总体所有单位进行登记、汇总；二是推算法，具体有因素关系推算法、平衡关系推算法、比例关系推算法等，因素关系推算法就是根据有关因素计算其他因素的方法，如根据销售数量和每件商品的销售价格推算出销售总额；三是估算法，即运用抽样推断的方法估算总量指标。

计算总量指标时，第一，要对指标的实质，包括其含义、范围，做出严密的科学界定，例如，只有严格区分"现有人口"和"常住人口"，才能正确统计出某个国家或地区的人口数。第二，计算实物量指标时，必须注意现象的同质性。不同质的产品的实物量，即使具有相同的计量单位，也不能加总。第三，只有有限总体才能计算总量指标。第四，要注意计量单位的统一。在计算实物量指标时，不同的实物单位代表不同的实物量，同样的实物也可以采用不同的计量单位，如果计量单位不统一，就会造成统计计量方面的差错和混乱。对重要的实物量指标，应严格按国家法定的计量单位制度和国际通用的计量单位制度进行统计。

第二节 相 对 指 标

一、相对指标的概念和意义

相对指标是指现象或过程中两个相互联系的指标的比率，它以一个抽象化的数值表明事物所固有的数量对比关系。

计算相对指标具有十分重要的意义。首先，相对指标从数量上反映事物在时间、空间、事物内部以及不同事物之间的联系程度和对比关系，可以把有关指标联系起来进行比较分析，从而使人们认识事物的本质和全貌；其次，计算相对指标可以为不能直接对比的现象找到共同的比较基础，例如，对生产经营起点不同、规模大小各异、生产经营性质不同的企业，对其经营状况就不能简单地用总量指标进行对比，而应用强度等相对指标进行对比。总而言之，相对指标的作用主要包括反映总体内在的结构特征，用于不同对象的比较评价，反映事物发展变化的过程和趋势。

相对指标在统计中被广泛应用，常用的有计划完成程度相对指标、结构相对指标、比较相对指标、比例相对指标、强度相对指标和动态相对指标。

相对指标的表现形式一般为无名数，如百分数（%）、千分数（‰）、成数、倍数等，它们分别将对比的基数抽象为100、1000、10、1。强度相对指标的表现形式要复杂一些，除上述表现形式以外，它还可能表现为有名数（复名数），例如，人均钢产量用"千克/人"、人口密度用"人/平方千米"表示。

二、计划完成程度相对指标

计划完成程度相对指标（或称计划完成程度）是指某一个时期内实际完成数与计划任务数相对比的比值，一般用百分数表示，用以检查、监督计划的执行情况或完成进度，其基本计算公式为

$$计划完成程度相对指标 = \frac{实际完成数}{计划任务数} \times 100\% \qquad (3\text{-}1)$$

由于计划任务数在实际工作中可以表现为绝对数、相对数或平均数等多种形式，因此计算计划完成程度相对指标的具体方法也不尽相同。

当计划任务数表现为绝对数时，计划完成程度相对指标的计算公式为

$$计划完成程度相对指标 = \frac{实际完成数}{计划任务数} \times 100\% \qquad (3\text{-}2)$$

【例3-1】某公司2017年计划完成销售收入9 000万元，到当年年末统计，实际完成12 000万元，则该公司当年销售计划完成情况为

$$计划完成程度相对指标 = \frac{实际完成数}{计划任务数} \times 100\%$$

$$= \frac{12\ 000}{9\ 000} \times 100\% = 133.33\%$$

表明该公司超额33.33%完成全年销售收入计划。

由于计划任务数是衡量计划完成情况的标准，所以基本公式中的分子项和分母项不能互换计算，而且在指标含义、计算方法、计量单位、时间长度和统计范围等方面都必须严格一致。

计划任务数除了可以用绝对数表示，也可以用相对数表示。以相对数下达任务的情况，根据任务内容，又可以分为两种：一种是"增长、提高"类，如产量增长、产值增长、生产率提高等，其计算结果越大越好，如大于100%则表明超额完成计划；另一种是"降低、减少"类，如成本降低、减少污染物排放、减少消耗等，其计算结果越小越好，如小于100%则表明超额完成计划，这两种情况的计算公式均为

$$计划完成程度相对指标 = \frac{实际达到的百分数}{计划规定的百分数} \times 100\% \tag{3-3}$$

对"增长、提高"类的计划完成程度相对指标为

$$计划完成程度相对指标 = \frac{100\% + 实际增长数\%}{100\% + 计划增长数\%} \times 100\% \tag{3-4}$$

对"降低、减少"类的计划完成程度相对指标为：

$$计划完成程度相对指标 = \frac{100\% - 实际降低数\%}{100\% - 计划降低数\%} \times 100\% \tag{3-5}$$

【例 3-2】某企业 2017 年某产品产量计划增长 10%，同时该产品单位成本计划下降 5%，到当年年底核算时，发现实际产量增长了 12%，实际单位成本下降了 8%，则产量和单位成本的计划完成程度分别为

$$产量计划完成程度相对指标 = \frac{100\% + 12\%}{100\% + 10\%} \times 100\% = 101.82\%$$

$$单位成本降低计划完成程度相对指标 = \frac{100\% - 8\%}{100\% - 5\%} \times 100\% = 96.84\%$$

计算结果表明，该企业某产品的产量超额 1.82% 完成了计划，而该产品的单位成本超额 3.16% 完成了计划。

在实际工作中，管理部门需要每隔一段时间就检查计划的执行进度。在计算计划执行进度时，需要把计划时期中的某一段时间的实际完成累计数与全期计划数进行对比，计算结果可以用于分段检查计划执行进度。其计算公式为

$$计划执行进度 = \frac{累计至本期止实际完成数}{全期计划任务数} \times 100\% \tag{3-6}$$

【例 3-3】某电视机生产公司计划 2017 年度生产电视机 10 万台，实际生产情况如下：当年 1 月份生产了 7 000 台；2 月份生产了 8 000 台；3 月份生产了 7 500 台，问截至 3 月份计划任务的完成情况。

解：根据题意，截至当年 3 月份，已经生产的电视机数量为 7 000+8 000+7 500=22 500 台，则该公司电视机生产的计划执行进度为

$$计划执行进度 = \frac{7\,000 + 8\,000 + 7\,500}{100\,000} \times 100\% = 22.5\%$$

按照生产任务平均分配的要求，该电视机生产公司应该完成 25% 的产量，但从计算结果来看，由于 22.5%<25%，因此接下来的三个季度需要多生产一些电视机，才能完成计划。

在实际工作中，可能涉及长期计划完成进度或程度的检查，检查方法根据计划形式的不同可分为水平法和累计法。**水平法**是指计划期末年要达到的水平，用于检查计划期内最后一个时期（如一年）应达到的水平，如计划期末应实现的工业总产值、农业总产值、各种产品的产量等。其计算公式为

$$计划执行进度 = \frac{计划期末实际完成数}{同期计划任务数} \times 100\% \tag{3-7}$$

【例 3-4】某企业生产某种新产品的产量按 5 年计划规定，最后一年的产量应达到 47

万吨，计划实际执行情况如表 3-1 所示。试分析该企业产量计划任务的完成情况。

表 3-1 某企业生产某种新产品的产量计划的实际执行情况   单位：万吨

时间	第一年	第二年	第三年	第四年				第五年			
				第一季度	第二季度	第三季度	第四季度	第一季度	第二季度	第三季度	第四季度
产量	30	32	36	10	10	11	12	12	12	13	13

解： 对这种给定计划期末年应达到水平的情况，其计划任务实际完成情况的检查方法是：在整个计划期内，只要连续一年内实际完成的水平达到了计划规定的水平，就算完成了计划任务，剩余的时间是提前完成的时间。

根据表 3-1 所示的计划实际执行情况，该企业生产该种新产品的产量在从第四年的第三季度起到第五年的第二季度的一年内就达到 47 万吨，即完成了计划任务，或者说提前半年完成了计划任务。第五年的产量为 50 万吨，因此最后一年的计划任务完成情况为 50/47×100%= 106.38%，即第五年超额 6.38%完成了计划任务。

而**累计法**则是计划期内各年累计实际完成数与同期计划规定的累计数之比，用于检查计划期内各年应达到的累计数，如计划期末基本建设投资额、造林面积、新增生产能力等。提前完成计划的时间是指计划的全部时间减去自计划执行日起到累计完成计划任务日止的剩余时间。其计算公式为

$$计划完成相对数 = \frac{累计到某一时期的实际完成数}{计划任务数} \times 100\% \qquad (3-8)$$

【**例 3-5**】某地区的基建投资额按五年计划规定，累计投资 410 亿元，实际执行情况如表 3-2 所示。试分析该地区的基建投资计划完成情况。

表 3-2 某地区基建投资额计划实际执行情况   单位：亿元

时间	第一年	第二年	第三年	第四年	第五年			
					第一季度	第二季度	第三季度	第四季度
基建投资额	68	83	95	105	29	30	28	30

解： 按基建投资额（亿元）完成的累计数计算，从第一年到第五年的第二季度已经完成的投资额为 410 亿元，因此该地区到第五年的第二季度就已经完成基建投资五年计划，即提前半年完成了计划。从五年的基建投资完成情况来看，计划完成程度为

$$\frac{68+83+95+105+29+30+28+30}{410} \times 100\% = \frac{468}{410} \times 100\% = 114.15\%$$

计算结果表明，该地区基建投资五年计划超额 14.15%完成，即比原计划多投资了 58 亿元。

三、结构相对指标

结构相对指标是在对资料统计分组的基础上，将各组总量与总体总量进行对比，以反映总体内部组成情况的综合指标。其计算公式为

$$结构相对指标 = \frac{总体某部分或组的数值}{总体全部数值} \times 100\% \qquad (3\text{-}9)$$

结构相对指标通常根据总量指标计算，表明总体单位数的结构或总体标志值的结构，计算结果用百分数或成数表示。各组（各部分）结构相对指标值的总和应该等于100%或1。

通过对比分析结构相对指标，可以研究总体内部各组成部分的分配比重及其变化情况，从而深刻认识事物各个部分的特殊性质及其在总体中所占有的地位及其变化。

【例3-6】某公司2016年与2017年的职工构成情况见表3-3，该公司2016年的人员分组数据表明，公司管理人员和其他人员所占比重合计达42.9%，而生产工人只占45.6%。经过大力精简管理人员，充实生产第一线，同时加强技术人员队伍的建设，到2017年，公司管理人员所占比重下降了7.6个百分点，而生产工人和技术人员的比重则分别上升了6.1个百分点和4.2个百分点。

表 3-3　某公司 2016 年与 2017 年的职工构成情况

人员分组	2016 年		2017 年	
	人数（人）	比重（%）	人数（人）	比重（%）
管理人员	576	20.57	380	13.06
技术人员	322	11.50	456	15.67
生产工人	1 278	45.64	1 505	51.72
其他人员	624	22.29	569	19.55
合计	2 800	100	2 910	100

【例3-7】2010年和2016年我国三次产业构成情况见表3-4。可以看出，与2010年相比，2016年第一产业和第二产业的增加值占国内生产总值的比重均有所下降，分别下降了0.97个百分点和6.52个百分点，而第三产业增加值占国内生产总值的比重则提高了7.49个百分点。

表 3-4　2010 年和 2016 年我国三次产业构成情况

指标	2016 年		2010 年	
	增加值（亿元）	比重（%）	增加值（亿元）	比重（%）
第一产业	63 672.8	8.56	39 362.6	9.53
第二产业	296 547.7	39.88	191 629.8	46.40
第三产业	383 365.0	51.56	182 038.0	44.07
合计	743 585.5	100	413 030.4	100

资料来源：中国统计年鉴（2017）.

四、比较相对指标

比较相对指标是同一时间不同空间的同类现象数值对比的相对数，通常用百分数或倍数表示。该指标可以从数量上概括和分析现象发展的不平衡程度，反映同类现象在不同空间的数量差异，发现现象的先进与后进。其计算公式为

$$比较相对指标 = \frac{甲总体某指标数值}{乙总体同类指标数值} \times 100\% \qquad (3\text{-}10)$$

计算比较相对指标时，相对比的两个指标可以是总量指标，如将两个国家的国内生产总值进行对比；也可以是质量指标，如将两个国家的人均国内生产总值进行对比。而对比的不同空间，可以是两个企业、两个部门、两个地区或两个国家，通过对比可以分析两者在发展上的差距和不平衡程度。计算比较相对指标时，分子与分母可以互换。在实际工作中，常把某项指标数值和国际国内先进水平或规定的质量水平进行对比，这是将比较的对象典型化。

例如，2017 年广东省 GDP 为 89 879.23 亿元，甘肃省 GDP 为 7 677 亿元，西藏自治区 GDP 为 1 310.6 亿元，则广东省 GDP 分别为甘肃省 GDP 的 11.71 倍和西藏自治区 GDP 的 68.58 倍，或者说，甘肃省 GDP 为广东省 GDP 的 8.54%，西藏自治区 GDP 为广东省 GDP 的 1.46%。

五、比例相对指标

比例相对指标是同一总体内某一部分数值与另一部分数值对比的比值，或者说，是将总体按某一标志分组后，用各组的总量指标数值相对比而求得的比值或比例。因为比例相对指标是同一总体不同部分的比较，故该指标可以反映总体各部分间的内在联系与比例关系，其计算公式为

$$比例相对指标 = \frac{总体中某部分数值}{总体中另一部分数值} \tag{3-11}$$

计算比例相对指标时的分子和分母同属一个总体，而且其位置可以互换，互换后，比较的基准也变化了。

在实际工作中，比例相对指标是经常用到的一个相对指标，如人口的性别比例、学校的师生比、轻工业与重工业之比、农村居民与城镇居民的收入之比等。2017 年，我国人口的男女性别比为 104.81:100，我国城乡居民可支配收入比为 2.71:1。

六、强度相对指标

强度相对指标是两个性质不同而又密切联系的属于不同总体的总量指标对比的结果。该指标可以用于反映一国或一地区的发展水平、力量强弱或现象发展的强度、密度和普遍程度，以及事物存在的运动强度、负担强度、生产条件及公共设施的配备情况，还可以反映经济效益的高低（如销售利润率、总资产报酬率、资本收益率等）。其计算公式为

$$强度相对指标 = \frac{某一现象的总体总量指标}{另一个有联系而性质不同现象的总量指标} \tag{3-12}$$

强度相对指标通常表现为复名数，用分子项和分母项指标的计量单位复合计量，有"平均"的含义，例如，人口密度为 342 人/平方千米，人均粮食拥有量为 520 千克/人等。有些强度相对指标的数值用千分数或百分数表示，如人口死亡率、流通费用率等，但在实质上仍是复合单位计量。

强度相对指标是一个比较难掌握的指标，要用好这个指标，应注意以下几点：

（1）在进行计算和分析时，一定要选择两个有联系的总量指标进行对比，这样算出的强度指标才有意义，否则就可能牵强附会，甚至产生错误的表象。例如，可以用人均钢铁产量来说明一个国家或地区钢铁发展的普遍程度，即实力，但人口数与钢铁产量之比则没有实际意义。

（2）强度相对指标有平摊的效果，但不是平均指标，其区别就是强度指标是两个不同总体的总量指标的对比，而平均指标是同一个总体的两个总量指标的对比。例如，我国人均钢铁产量、人均 GDP、学校人均拥有图书册数等为强度相对指标，而某钢铁公司的人均钢铁产量或人均产值、劳均粮食产量等则为平均指标。

（3）在强度相对指标的计算中，分子项和分母项指标可以互换，从而有了正指标和逆指标之别。所谓正指标，指的是其值越大，反映事物的发展程度或密度就越高；而逆指标的值与其反映的密度、普遍程度等呈相反表象。例如，反映商业发达程度的指标中，千人拥有零售网点密度是正指标，而单位商业网点服务人数就是逆指标；又如，反映卫生事业对居民服务保证程度的指标中，每千人口的医院床位数为正指标，而每张医院床位所服务的人口数则为逆指标。需要注意的是，有些强度相对指标的分子和分母不可以互换。例如，全国钢铁产量除以全国总人口数，说明钢铁生产发展的普遍程度和强度；而用全国总人口数除以全国钢铁产量，则没有任何意义。

七、动态相对指标

动态相对指标又称发展速度，是指同一总体同类现象在不同时期的数值对比的相对数，一般用倍数或百分数表示。该指标用于说明同一现象在时间上的发展方向和变化程度。其计算公式为

$$动态相对指标 = \frac{报告期指标数值}{基期指标数值} \times 100\% \qquad （3-13）$$

作为比较基准的时期称为基期，所研究的时期称为报告期（也称被研究的时期，或本期、计算期），计算时将基期数值放在分母项。一般地，基期为过去的时期，报告期为现在或未来的某个时期。如果分析的时期均为过去的时期，则报告期为距离现在较近的时期，而基期为距离现在较远的时期。例如，2017 年我国国内生产总值为 827 122 亿元，2010 年为 413 030.3 亿元，则 2017 年与 2010 年比较，我国国内生产总值的发展速度为 827 122÷413 030.3=2.003，用百分数表示为 200.3%，用系数表示则为 2.003 倍。

八、计算和应用相对指标应注意的问题

要正确计算和应用相对指标、深刻地揭示事物内部和现象之间的相互联系，必须注意以下几个问题。

1. 严格保证对比的两个指标的可比性

所谓可比性，是指两个指标所反映的内容、时间状况、总体范围、计算方法等应相互适应。特别是进行国际间统计资料的对比时，有时需要进行必要的换算和调整后，资料才

具有可比性。例如，世界各国对三大产业的划分不尽相同，有些国家把电力与自来水划归第二产业，而另外一些国家则将其划归第三产业，如果要进行国际间产业结构的对比，就必须想到这些可能出现的问题，这就要求先弄清楚关联国家的产业分类，再看是否需要调整资料，否则，就可能进行了错误的对比。

2. 要注意相对指标和总量指标的结合应用

相对指标通过两个有关指标的对比，用一个抽象化的比率来表明现象间的联系和变动程度，从而将现象的规模或水平掩盖了，而不能反映现象的绝对量的差别。因此，在应用相对指标时，应尽量注意将它同用作比较基础的绝对指标结合起来考虑，否则可能会产生错觉。例如，2017 年贵州省的经济增长率为 10.2%，增速名列全国第一，而广东省的经济增长率为 7.5%，名列第 16 位，如果不考虑经济发展的绝对量，则可能得出不正确的结论，因为当年广东省的 GDP 为 89 879.23 亿元，而贵州省的 GDP 为 13 540.83 亿元，仅为广东省的 15.07%。

3. 注意多种相对指标的结合使用

一种相对指标只能说明事物的一个方面，要全面、系统、深入地说明问题，就要善于充分地应用指标，即不但要将总量指标与相对指标结合使用，还要注意用活多种相对指标。例如，要分析企业的生产经营状况，可以计算计划完成相对数，用以说明计划完成的情况；此外，还需要把本期的实际水平与前一期的实际水平对比，分析生产经营的发展变化情况；同时，计划本身存在一定的结构比例关系，为了实现这种结构比例，使生产经营协调稳定发展，又要计算结构相对指标；除要进行企业内部的有关分析外，企业又是同行竞争链条中的一员，因此，与同行进行某种比较也是必不可少的，于是就要计算、比较相对指标。

4. 要正确选择作为对比标准的基数

一个指标究竟应该与哪种水平（即基数）对比，取决于研究者的认识水平、价值判断和取向。只有从研究对象的性质和特点出发，结合分析研究的目的，考虑条件的影响，才能正确确定对比的基数。例如，要反映居民文化普及程度，对比基数就不应是全部人口，而应扣除学龄前儿童。又如，为了反映我国改革开放以来的成就，往往以 1978 年为基期；而要反映我国社会主义市场经济的发展情况，以 1991 年为基期则更有意义。

小资料-3

思考与练习

1. 什么是综合指标？综合指标有哪些表现形式？

2. 什么是总量指标？总量指标包括哪些类型？计算总量指标时应注意什么问题？

3. 什么是相对指标？相对指标有哪些类型？计算相对指标有什么意义？计算和应用相对指标时应注意哪些问题？

4. 总量指标中的时期指标和时点指标的区别有哪些？试举一些时期指标和时点指标的例子。

5. 强度相对指标与平均指标的重要区别是什么？

6. 强度相对指标通常用于说明社会经济的什么问题？试举例说明强度相对指标中正指标与逆指标的应用。

7. 在分析实际社会经济问题时，什么时候需要使用比较相对指标？

8. 试举例说明结构相对指标在分析社会经济问题中是如何应用的。

9. 在分析实际社会经济问题时，为什么需要把总量指标与相对指标结合起来？

10. 某公司下属三个子公司年初计划的总产值完成额与当年年底的实际完成额如表 3-5 所示。

表 3-5　某公司子公司某年计划与实际完成情况

子公司	计划完成额（万元）	实际完成额（万元）	计划完成程度（%）
A	240	□	110
B	350	600	□
C	□	720	115
合计	□	□	□

要求：根据表 3-5 中的数据进行计算，并把计算结果填入表中空格处。

11. 某企业年初计划当年的生产成本比上年降低 12%，到当年年底，实际生产成本比上年降低 15%，则该企业生产成本计划完成情况如何？

第四章　平均指标与变异指标

在对社会现象的统计学研究中，理论社会科学所关心的"结构"实际上已经消失了。统计学可以给我们提供用来建立新结构的原料，但它不能告诉我们有关这种结构本身的任何事情，在有些领域这一点是显而易见的。例如，对词语的统计不能告诉我们有关语言结构的任何东西，这一点是很难否认的。对于另一些有着系统相关性的整体，比如价格体系，这种观点同样正确：有关各种要素的统计信息，不可能为我们解释相关整体的性质。

——1974 年诺贝尔经济学奖得主弗里德里希·奥古斯特·冯·哈耶克《科学的反革命》

对研究和分析总体现象来说，总量指标和相对指标虽然具有重要意义，但还远远不够。对总体现象的研究，还需要对总体的集中趋势（集中趋势）或离散趋势（离中趋势）进行分析，因此还需要知道集中趋势和离散趋势的度量。例如，在分析某个公司职工的工资时，虽然分析该公司的工资总额和具体职工的工资都很有必要，但不同公司的职工工资总额不同，就是在一个公司内部，不同岗位、不同能力、不同工龄的职工工资也存在很大差异，因此，为了比较不同公司的工资差异或同一个公司中不同职工的工资差异，仅仅知道公司的工资总额或单个职工的工资是不够的，还需要计算工资的平均指标或变异指标，才能分析工资的集中趋势和离散趋势。

第一节　集中趋势指标——平均指标

一、平均指标的基本概念与特点

集中趋势是统计学特有的概念。所谓集中趋势，就是指一组观测值向某个中心值或代表值靠拢的趋势，这个中心值或代表值就是平均指标，又叫平均数，它反映总体各单位某一数量标志在一定时间、地点条件下所达到的一般水平与大量单位的综合数量特征。例如，用平均工资来表示一个公司所有职工工资收入的一般水平，用单位面积产量来表示农作物生产的一般水平，用平均成本来表示企业生产的产品成本的一般水平。

在同质总体中，就某一组观测值而言，由于偶然因素的存在，各单位的观测值总是有大有小，但是其数量上的差异总有一定的范围，因此，就有可能也有必要利用一定的量来代表总体单位数量特征的一般水平。根据偶然与必然关系的原理，综合对大量单位的观察，偶然因素的影响就会被排除，总体单位的观测值整体实际具有的水平必然会显现出来。

平均指标是一个综合指标，它有三个特点：①它是总体各单位某种观测值的一个代表水平，即一般水平；②它是将总体各单位的数量差异抽象化，它不同于各单位的具体水平，又能反映这些单位的一般水平；③其计量单位与该组观测值的计量单位一致。平均指标在统计学理论体系构建中具有极其重要的地位。从统计思想的角度来看，平均数思想是统计方法论的灵魂，即没有平均数就没有统计学。

二、平均指标的作用

在统计分析中，平均指标有着广泛的应用和重要的作用。

（1）平均指标反映总体各单位变量分布的集中趋势。总体各单位某一标志在数量上的变化是有差异的，其观测值从小到大形成一定的分布，观测值很小或很大的单位都比较少，而靠近平均数的观测值所分布的单位数逐渐增加，围绕在平均数附近的观测值所分布（或集中）的单位数占最大比重，即平均数反映了观测值变动的集中趋势，因此，平均数又被称为集中趋势指标。以职工工资为例，月工资很高或很低的职工是少数，而收入在平均工资附近的职工一般占职工总数的很大比重，所以，平均工资这一指标反映了企业职工收入分配的集中趋势，是企业职工工资收入的基本特征，也是企业职工劳动收入在具体条件下所达到的一般水平，具有规律性。

（2）平均指标用于比较同类现象在不同总体之中的发展水平，以说明工作水平、经济效益或工作质量的差距。评价不同总体的情况时一般不宜用总量指标进行对比，因为它受规模的影响，而诸如劳动生产率、平均成本、平均成绩、平均收入等平均指标，由于消除了总体规模的影响，就可以直接评价不同总体的情况。当然，总体之间也应具有可比性，否则就失去了比较的科学性、合理性，其结果也没有实际意义。

（3）平均指标用于同一个总体在不同时间的比较，可以说明其动态发展的情况。事物总是不断发展变化的，而总体内部各单位之间的发展又是不平衡的，即有些可能发展得比较好，有些可能发展得一般甚至不好，同样，对该总体发展的评价就不能用具体单位的发展情况来反映总体发展的趋势，而只有用消除了单位数影响的平均指标才能反映总体的发展态势。比如，要研究职工收入的变动情况，由于个别职工的收入变动有其特殊性，不能代表所有职工的收入变动情况；而工资总额的变动又受到职工人数变动的影响，也不是理想的指标，此时用平均工资就可以反映职工整体工资的变动情况。所以，平均指标对研究事物的变动趋势和变化过程十分重要。

（4）平均指标用于分析现象之间的依存关系。一种现象往往与其他现象之间存在着普遍、经常的联系，然而，有些现象之间联系紧密，有些则不那么紧密，而在统计意义上，"有联系"的关系是重要研究对象之一。所谓在统计意义上现象之间有联系是指，这种联系是重要而明显的，而不是可有可无的。要发现现象之间的依存关系，就只有用统计分组法和平均指标才能达到目的。现象之间依存关系的基本表现方式是一个现象的变化能影响另一个现象的变化。因此，通过统计分组，把某一现象的变化分成若干数量范围——若干组，相应地，总体的单位就有对应的分布，而在每一个数量变化的范围内——组内，可能有若干个单位，这些单位的每一个现象的观测值都有差别，在这种情况下，只需计算各个组的该现象观测值的平均数，这个平均数消除了这组内部现象之间关系显现中受到的偶然因素的影响，于是一现象在某个数量变化范围内变动时，另一有依存关系的现象一般就有对应变化的值。在此基础上，依顺序观察一现象的变化，就可看出另一现象的变化方向、形式和程度。比如，在分析居民收入与其受教育程度之间的关系时，虽然根据理论与经验，它们之间应该有依存关系，但还需要用数据来验证，才能令人信服。要做到这一点，可以将居民按不同文化程度分组，再计算各组居民的平均收入。

三、平均指标的度量

度量集中趋势的平均指标可以通过两种途径得到：一种是通过数据的计算，即计算平均数（或计算均值）得到，具体有算术平均数、调和平均数和几何平均数；另一种是通过数据的位置获得，即位置平均数（或位置均值），具体有中位数、众数和分位数。

（一）算术平均数

1. 算术平均数的计算方法

算术平均数（Arithmetic Mean）是总体单位的观测值总和除以总体单位总量的数值，它是计算平均指标的基本方法，因为它既直接反映了平均数的朴素思想，又消除了单位的影响，即消除了偶然因素的影响。

算术平均数是一个最灵敏的平均指标，也是对资料所提供信息利用最充分的指标。算术平均数的计算公式为

$$\overline{X} = \frac{总体标志总量}{总体单位数} \tag{4-1}$$

式中，$\overline{X}$ 为算术平均数。

由于所掌握的数据资料不同，算术平均数又分为简单算术平均数（Simple Arithmetic Mean）和加权平均数（Weighted Arithmetic Mean）两种。简单算术平均数是对现象的各单位的观测值简单加总后除以具有该标志的总体单位数，其计算公式如下：

$$\overline{X} = \frac{X_1 + X_2 + \cdots + X_n}{n} = \frac{\sum_{i=1}^{n} X_i}{n} \tag{4-2}$$

式中，$\overline{X}$ 为简单算术平均数，X_i 为观测值，$\sum_{i=1}^{n} X_i$ 为观测值之和，$i=1，2，\cdots，n$，n 为项数（即总体单位数）。

【例 4-1】某学习小组有 6 人，"统计学"课程的考试成绩分别为 82 分、91 分、63 分、77 分、88 分、72 分，则该小组"统计学"课程的平均成绩为

$$\overline{X} = \frac{82 + 91 + 63 + 77 + 88 + 72}{6} \approx 78.83（分）$$

简单算术平均数计算中的每个变量值出现的频数都为 1 次，当变量数列各组的频数不等时，计算简单算术平均数就要采用加权平均的方法，所谓"权"是指各组的次数或频率。加权算术平均数的计算公式为

$$\overline{X} = \frac{X_1 f_1 + X_2 f_2 + \cdots + X_N f_N}{f_1 + f_2 + \cdots + f_N} = \frac{\sum_{i=1}^{n} X_i f_i}{\sum_{i=1}^{n} f_i} = \sum_{i=1}^{n} X_i \cdot \frac{f_i}{\sum_{i=1}^{n} f_i} \qquad (4\text{-}3)$$

式中，f_i 为各组变量值出现的频数，X_i 为观测值，$i=1$，2，$\cdots$，n。

【例 4-2】某公司有三个分公司，2017 年各分公司的职工数和月平均工资如表 4-1 所示，试计算该公司的职工月平均工资。

表 4-1　2017 年某公司三个分公司的职工数和月平均工资情况

分公司名称	职工数 f_i（人）	月平均工资 X_i（元/人）
分公司一	1 000	1 800
分公司二	2 000	2 000
分公司三	3 000	2 200
合计	6 000	—

解：根据表 4-1 的数据，已知该公司职工总数为 6 000 人，需要计算出三个分公司全部职工的工资总额，见表 4-2。

表 4-2　2017 年某公司三个分公司全部职工的工资总额计算结果

分公司名称	职工数 f_i（人）	月平均工资 X_i（元/人）	全部职工的工资总额 $X_i f_i$（元）
分公司一	1 000	1 800	1 800 000
分公司二	2 000	2 000	4 000 000
分公司三	3 000	2 200	6 600 000
合计	6 000	—	12 400 000

根据式（4-3），该公司全部职工的月平均工资为

$$\overline{X} = \frac{\sum_{i=1}^{3} X_i f_i}{\sum_{i=1}^{3} f_i} = \frac{12\,400\,000}{6\,000} = 2\,066.67（元/人）$$

【例 4-3】某企业 50 名工人某日加工零件数的统计分组资料见表 4-3，试根据表中数据计算该企业 50 名工人该日加工零件数的平均数。

表 4-3　某企业 50 名工人某日加工零件数的统计分组资料

按加工零件数分组（件）	频数 f_i
105～110	3
110～115	5
115～120	8
120～125	14

（续表）

按加工零件数分组（件）	频数 f_i
125~130	10
130~135	6
135~140	4
合计	50

解： 根据表 4-3 中的数据，首先计算出按加工零件数分组的各组的组中值，然后以各组的频数为权数进行加权，从而计算出该企业 50 名工人该日人均加工零件数。计算过程见表 4-4。

表 4-4　某企业 50 名工人某日人均加工零件数计算过程

按加工零件数分组（件）	组中值 X_i（件）	频数 f_i（人）	$X_i f_i$
105~110	107.5	3	322.5
110~115	112.5	5	562.5
115~120	117.5	8	940.0
120~125	122.5	14	1 715.0
125~130	127.5	10	1 275.0
130~135	132.5	6	795.0
135~140	137.5	4	550.0
合计	—	50	6 160.0

根据表 4-4，则

$$该日人均加工零件数 = \frac{\sum_{i=1}^{7} X_i f_i}{\sum_{i=1}^{7} f_i} = \frac{6\,160}{50} = 123.2（件）$$

从加权算术平均数的计算公式可以看出，算术平均数的大小不仅取决于研究对象的变量值，而且受各变量值出现的频数（f_i）或频率（$f_i / \sum_{i=1}^{n} f_i$）的影响。如果某组的频数或频率较大，就说明该组的数据较多，那么该组数据的大小对算术平均数的影响就大，反之则小。可见各组频数的多少（或频率的高低）对平均的结果起着一种权衡轻重的作用，因此这一衡量变量值相对重要性的数值又称为权数。这里所谓权数的大小，并不是以权数本身值的大小而言的，而是指各组单位数占总体单位数的比重，即权数系数（$f_i / \sum_{i=1}^{n} f_i$）。权数系数亦称为频率，它是一种结构相对数。

当然，用组中值作为本组平均值来计算算术平均数，其前提是假定各组内的观测值分布均匀，但实际情况是，各组内的观测值分布很可能是不均匀的，因此计算结果与未分组数列的相应结果可能会有一些偏差，应用时应予以注意。在统计分析过程中，如果搜集到的是经过初步整理的次级数据，或对结果的精度要求不高的原始数据，可用此方法计算平均数；否则，需用原始数据的全部实际信息逐项计算，必要时可借助计算机的统计功能。

如果计算相对数的平均数，则应根据所求相对数的计算公式，将分子视为总体标志总量，将分母视为总体单位数。

【例 4-4】某工业公司所属 18 个子公司的产值计划完成程度的分组资料如表 4-5 所示，试计算该工业公司 18 个子公司的平均产值计划完成程度。

表 4-5 某工业公司所属 18 个子公司的产值计划完成程度分组资料

产值计划完成程度（%）	子公司数（个）	计划产值（万元）
80～90	2	800
90～100	3	2 500
100～110	10	17 200
110～120	3	4 400
合计	18	24 900

解： 首先计算该工业公司所属 18 个子公司的产值计划完成程度各组的组中值，然后利用各组的组中值、计划产值和子公司数，计算实际完成的产值，计算结果见表 4-6。

表 4-6 某工业公司 18 个子公司的平均产值计划完成程度计算表

产值计划完成程度（%）	组中值 X_i（%）	子公司数（个）	计划产值 f_i（万元）	实际完成产值 $X_i f_i$（万元）
80～90	85	2	800	680
90～100	95	3	2 500	2 375
100～110	105	10	17 200	18 060
110～120	115	3	4 400	5 060
合计	—	18	24 900	26 175

则该工业公司所属 18 个子公司的平均产值计划完成程度为

$$平均产值计划完成程度 = \frac{实际完成产值}{计划完成产值} \times 100\%$$

$$= \frac{\sum_{i=1}^{4} X_i f_i}{\sum_{i=1}^{4} f_i} \times 100\% = \frac{26\,175}{24\,900} \times 100\% = 105.12\%$$

计划完成相对数的计算公式是实际完成数与计划完成数之比，因此，平均计划完成程度只能是所有子公司的实际完成数与其计划完成数之比，而不能把各个子公司的计划完成百分数加总后进行简单平均。

2. 算术平均数的数学性质

算术平均数反映了一组数据的中心点或代表值，从数学公式看，算术平均数具有良好的数学性质。第一，一组数据中各变量值与其算术平均数的离差之和等于零，即

$$\sum_{i=1}^{n}(X_i - \overline{X}) = 0$$

第二，一组数据中各变量值与其算术平均数的离差平方和最小，即

$$\sum_{i=1}^{n}(X_i - \overline{X})^2 = \min$$

这些数学性质在数学运算和实际工作中有着广泛的应用（如相关分析、方差分析及回归分析），同时也体现了算术平均数的统计思想。

3. 算术平均数的特点

算术平均数具有以下特点：

（1）算术平均数是应用最广泛的集中趋势度量指标；

（2）算术平均数的计算利用了所有数据，因此易受极端值的影响；

（3）如果变量值的变动范围不大，算术平均数对集中趋势的度量是最好的指标，当然，变量值的变动范围很大时，算术平均数的代表性就比较差；

（4）当组距数列有开口组时，其组中值即使按相邻组距计算，假定性也很大，这时，算术平均数的代表性就很不可靠。

（二）调和平均数

1. 调和平均数的计算方法

如果所掌握的数据资料中，只有总体标志总量数据 m 和变量值 X，而没有总体单位数（频数）资料，则计算平均数时就不能采用前面的简单算术平均数方法计算，而需要采用调和平均数（Harmonic Mean）方法计算。与算术平均数类似，调和平均数也分为简单调和平均数和加权调和平均数两种。

由于 $m_i = \sum_{i=1}^{n} X_i f_i$，因此需要根据所掌握的资料，计算出 f_i，即 $f_i = \dfrac{m_i}{X_i} = \dfrac{\sum_{i=1}^{n} X_i f_i}{X_i}$。

其中，m 为总体标志总量，f_i 为总体单位数，X_i 为构成总体标志总量的指标值，i=1，2，…，n。

因此，加权调和平均数的计算公式为

$$H = \frac{m_1 + m_2 + \cdots + m_n}{\dfrac{m_1}{X_1} + \dfrac{m_2}{X_2} + \cdots + \dfrac{m_n}{X_n}} = \frac{\sum_{i=1}^{n} m_i}{\sum_{i=1}^{n} \dfrac{m_i}{X_i}} \tag{4-4}$$

如果 $m_1 = m_2 = \cdots = m_n$，则可采用简单调和平均数方法计算，其计算公式为

$$H = \frac{n}{\dfrac{1}{X_1} + \dfrac{1}{X_2} + \cdots + \dfrac{1}{X_n}} = \frac{n}{\sum_{i=1}^{n} \dfrac{1}{X_i}} \tag{4-5}$$

由于调和平均数也可以看成变量 X 的倒数的算术平均数的倒数，故有时也被称作"倒数平均数"。

【例 4-5】假定 A、B 两家公司员工的月平均工资和月工资总额的分组资料如表 4-7 所示，试分别计算 A、B 两家公司员工的月平均工资。

表 4-7 A、B 两家公司员工月平均工资和月工资总额情况

月平均工资 X（元）	月工资总额 m（元）	
	A 公司	B 公司
800	48 000	40 000
1 000	70 000	40 000
1 600	32 000	40 000
合计	150 000	120 000

解： 在本例中，月平均工资作为"单位标志平均数"，仍然必须是标志总量（工资总额）与单位总数（员工总数）之比。依据给出的 A、B 两公司的员工月平均工资水平和月工资总额的分组资料，首先要用每组的月工资总额除以该组的月平均工资，得到各组的员工人数，进而加总得到全公司的员工总数（表 4-8 后两列），这样就很容易计算出 A、B 公司各自的月平均工资了。将这些计算过程归纳起来，就是运用了调和平均数的公式。

表 4-8 A、B 两家公司员工的平均工资计算表

月平均工资 X（元）	工资总额 m（元）		员工人数 f=m/X（人）	
	A 公司	B 公司	A 公司	B 公司
800	48 000	40 000	60	50
1 000	70 000	40 000	70	40
1 600	32 000	40 000	20	25
合计	150 000	120 000	150	115

现在，计算 A 公司员工的月平均工资，得

$$H_A = \frac{\sum_{i=1}^{3} m_i}{\sum_{i=1}^{3} \frac{m_i}{X_i}} = \frac{48\,000 + 70\,000 + 32\,000}{\frac{48\,000}{800} + \frac{70\,000}{1\,000} + \frac{32\,000}{1\,600}}$$

$$= 150\,000 / 150 = 1\,000（元）$$

对于 B 公司，固然也可以采用加权调和平均数公式来计算其月平均工资：

$$H_B = \frac{\sum_{i=1}^{3} m_i}{\sum_{i=1}^{3} \frac{m_i}{X_i}} = \frac{40\,000 + 40\,000 + 40\,000}{\frac{40\,000}{800} + \frac{40\,000}{1\,000} + \frac{40\,000}{1\,600}}$$

$$= \frac{120\,000}{115} \approx 1\,043.48（元）$$

然而在这里，由于各组的权数（工资总额）相同，实际上并没有真正起到加权的作用。我们采用简单调和平均数的公式来计算，可以得到完全相同的结果，而计算过程却大大简化了。

$$H_B = \frac{3}{\sum_{i=1}^{3} \frac{1}{X_i}} = \frac{3}{\frac{1}{800} + \frac{1}{1\,000} + \frac{1}{1\,600}} \approx 1\,043.48（元）$$

2. 由相对数或平均数计算平均指标

前面的平均数计算用的是绝对数，有的时候，我们所掌握的资料是相对数或平均数，且有些相对数或平均数是分组资料，这就要根据所掌握资料的情况选择计算方法。如果掌握的权数资料是基本公式的分母项数值，则直接用加权算术平均数；如果掌握的权数资料是相对数或平均数的分子项数值，则须采用加权调和平均数。

【例 4-6】假定已知某行业 150 个企业某年第一季度和第二季度的产值利润率、实际产值和实际利润资料，如表 4-9 所示，试分别计算这 150 个企业第一季度和第二季度的平均产值利润率。

表 4-9　某行业 150 个企业某年一季度和二季度的产值和利润情况

产值利润率（%）	第一季度		第二季度	
	企业数（个）	实际产值（万元）	企业数（个）	实际利润（万元）
5～10	30	5 700	50	710
10～20	70	20 500	80	3 514
20～30	50	22 500	20	2 250
合计	150	48 700	150	6 474

解：表 4-9 中给出的是按产值利润率分组的企业数、实际产值和实际利润资料。应该注意，产值利润率是一个相对指标，而不是平均指标。为了计算全行业 150 个企业的平均产值利润率，必须以产值利润率的基本计算公式为依据，即

$$产值利润率 = \frac{实际利润}{实际产值} \times 100\%$$

要分别计算这 150 个企业第一季度和第二季度的平均产值利润率，还需要选择适当的权数资料和平均数形式，对各组企业的产值利润率进行加权平均。计算第一季度的平均产值利润率，应该采用实际产值加权和算术平均数公式计算，即有

$$\begin{aligned}
\frac{第一季度平均}{产值利润率} &= \frac{\sum\limits_{i=1}^{3} X_i f_i}{\sum\limits_{i=1}^{3} f_i} = \frac{0.075 \times 5\,700 + 0.15 \times 20\,500 + 0.25 \times 22\,500}{5\,700 + 20\,500 + 22\,500} \\
&= \frac{9\,127.5}{48\,700} = 18.74\%
\end{aligned}$$

而计算第二季度的平均产值利润率，则应该采用实际利润加权和调和平均数公式计算，即有

$$\begin{aligned}
\frac{第二季度平均}{产值利润率} &= \frac{\sum\limits_{i=1}^{3} m_i}{\sum\limits_{i=1}^{3} \dfrac{m_i}{X_i}} = \frac{710 + 3\,514 + 2\,250}{\dfrac{710}{0.075} + \dfrac{3\,514}{0.15} + \dfrac{2\,250}{0.25}} \\
&= \frac{6\,474}{41\,893.3} = 15.45\%
\end{aligned}$$

由例 4-6 可知，对于同一问题的研究，算术平均数和调和平均数的实际意义是相同的，计算公式也可以相互推算，具体采用哪种方法完全取决于所掌握的实际资料。

3. 调和平均数的特点

（1）调和平均数易受极端值的影响，且受极小值的影响比受极大值的影响更大。

（2）只要有一个变量值为零，就不能计算调和平均数。

（3）当组距数列有开口组时，其组中值即使按相邻组距计算，假定性也很大，这时，调和平均数的代表性就很不可靠。

（4）调和平均数应用的范围较小。

（三）几何平均数

几何平均数（Geometric Mean）也称几何均值，它是 n 个变量值乘积的 n 次方根。根据所掌握的统计资料不同，几何平均数也有简单几何平均数和加权几何平均数之分。

1. 简单几何平均数

直接将 n 项变量值连乘，然后对其连乘积开 n 次方根所得的平均数为简单几何平均数。简单几何平均数是几何平均数的常用形式，其计算公式为

$$G = \sqrt[n]{X_1 \cdot X_2 \cdot X_3 \cdots \cdot X_n} = \sqrt[n]{\prod_{i=1}^{n} X_i} \tag{4-6}$$

式中，G 为几何平均数，$\prod$ 为连乘符号，X_i 为变量值，$i=1，2，\cdots，n$。

几何平均数可以看作算术平均数的变形。对式（4-6）的两边取对数，可得

$$\lg G = \frac{1}{n}(\lg X_1 + \lg X_2 + \cdots + \lg X_n) = \frac{\sum_{i=1}^{n} \lg X_i}{n} \tag{4-7}$$

【例 4-7】已知某公司生产某种产品的流水生产线有前后衔接的五道工序。某日经抽查得到各工序所生产的产品合格率，分别为 95%、92%、90%、85% 和 80%，则整个流水生产线所生产产品的平均合格率为

$$G = \sqrt[5]{0.95 \times 0.92 \times 0.90 \times 0.85 \times 0.80}$$
$$= \sqrt[5]{0.5349} = 88.24\%$$

2. 加权几何平均数

与算术平均数一样，当所掌握的资料中某些变量值重复出现时，相应地，简单几何平均数就变成了加权几何平均数，其计算公式为

$$G = \sqrt[\sum_{i=1}^{n} f_i]{X_1^{f_1} \cdot X_2^{f_2} \cdot X_3^{f_3} \cdots \cdot X_n^{f_n}} = \sqrt[\sum_{i=1}^{n} f_i]{\prod_{i=1}^{n} X_i^{f_i}} \tag{4-8}$$

式中，G 为加权几何平均数，f_i 为各变量值出现的次数，X_i 为变量值，$i=1，2，\cdots，n$。

【例 4-8】已知某银行的某项投资年利率是按复利计算的。20 年的年利率分组资料如表 4-10 所示，试计算该项投资 20 年的平均年利率。

表 4-10　某银行某项投资 20 年的年利率分组资料

年限	年利率（%）	本利率 X_i（%）	年数 f_i（年）
第 1 年	5	105	1
第 2 年至第 4 年	8	108	3
第 5 年至第 15 年	15	115	11
第 16 年至第 20 年	18	118	5
合计	—	—	20

按式（4-8）计算，20 年的平均年利率为

$$G = \sqrt[20]{1.05^1 \times 1.08^3 \times 1.15^{11} \times 1.18^5} = 114.14\%$$

即该项投资 20 年的平均年利率为 114.14%−1=14.14%。

3. 几何平均数的特点

（1）几何平均数受极端值的影响比算术平均数小。

（2）如果变量值有负值，则计算出的几何平均数就会成为负数或虚数，因此，在变量值有负值或 0 时，不宜采用几何平均数计算公式。

（3）几何平均数仅适用于具有等比或近似等比关系的数据。

（4）几何平均数的对数是各变量值对数的算术平均数。

第二节　集中趋势指标——位置平均数

位置平均数是根据总体中处于特殊位置的个别单位或部分单位的观测值来确定的代表值，对于整个总体来说，它具有非常直观的代表性，因此常用来反映分布的集中趋势。常用的位置平均数有众数和中位数。

一、众数

1. 众数的含义

众数（Mode）指的是一组数据中出现次数最多的那个变量值，用 Mo 表示。先看一个例子。

【例 4-9】某制鞋厂为了了解消费者最需要哪种型号的男皮鞋，调查了某商场某季度男皮鞋的销售情况，得到的资料如表 4-11 所示。

表 4-11　某商场某季度男皮鞋销售情况

男皮鞋号码（厘米）	销售量（双）
24.0	12
24.5	84
25.0	118
25.5	541

（续表）

男皮鞋号码（厘米）	销售量（双）
26.0	320
26.5	104
27.0	52
合计	1 200

从表 4-11 可知，鞋号为 25.5 厘米的男皮鞋销售量最多，如果我们计算算术平均数，则平均鞋号为 25.65 厘米，但这个鞋号显然没有任何实际意义；而直接用 25.5 厘米作为顾客对男皮鞋所需尺寸的集中趋势，既便捷又符合实际。此时，25.5 厘米就是该商场某季度男皮鞋销售鞋号的众数。

2. 众数的计算

由分类数据、顺序数据、品质数列、未分组数据或单项式变量数列确定众数比较容易，哪个变量值出现的次数最多，则该变量值就是众数。

【例 4-10】某公司新设计生产了一款电冰箱，并在市场上销售了一段时间。为了解消费者对该款电冰箱的质量是否满意，该公司从购买了该款电冰箱的消费者中随机调查了 500 名，调查结果见表 4-12。试确定消费者对该款电冰箱满意度的众数。

表 4-12　消费者对某公司生产的新款电冰箱的满意度调查结果

满意度	消费者（名）	百分比（%）
非常不满意	24	4.8
不满意	58	11.6
一般	293	58.6
满意	95	19
非常满意	30	6
合计	500	100

解： 表 4-12 中的数据为顺序数据，变量为"回答类别"，500 名消费者中对该公司生产的新款电冰箱满意度为"一般"的人最多，为 293 人，因此众数为"一般"类别。

若所掌握的资料是组距式分组数列，则只能按一定的方法来推算众数的近似值。计算组距式数列的众数，首先要确定众数所在的组，然后再按下限公式或上限公式计算众数。

下限公式：

$$M_0 = L + \frac{f - f_{-1}}{(f - f_{-1}) + (f - f_{+1})} \cdot d \qquad （4-9）$$

上限公式：

$$M_0 = U - \frac{f - f_{+1}}{(f - f_{-1}) + (f - f_{+1})} \cdot d \qquad （4-10）$$

式（4-9）和式（4-10）中，L 为众数所在组的下限；U 为众数所在组的上限，f 为众数所在组的频数，f_{-1} 为众数所在组的前一组的频数，f_{+1} 为众数所在组的后一组的频数，d 为众数所在组的组距。

需要指出的是，根据式（4-9）或式（4-10）计算众数的条件是满足下述假定，即假定众数组的频数在众数组内均匀分布；但实际情况是，这个假定条件很难得到满足，因此计算结果并不可靠。如果众数所在的组确定后，其前后组的频数分布一样多，则众数所在组的组中值为该分组数据的众数。

【例 4-11】根据表 4-4 中的数据，试计算 50 名工人日加工零件数的众数。

解： 从表 4-4 中的数据可以看出，最大的频数值是 14，即众数组为 120～125 组，根据组距式数列众数的计算公式可得 50 名工人日加工零件的众数：

下限公式：
$$M_0 = 120 + \frac{14-8}{(14-8)+(14-10)} \times 5 = 123（件）$$

上限公式：
$$M_0 = 125 - \frac{14-10}{(14-8)+(14-10)} \times 5 = 123（件）$$

众数是一种位置平均数，是总体中出现次数最多的变量值，因而在实际工作中有特殊的用途。例如，要说明消费者需要的内衣、鞋袜、帽子等最普遍的号码或农贸市场上某种农副产品最普遍的成交价格等，都要利用众数。注意，从分布的角度看，如果数据的分布没有明显的集中趋势或最高峰点，众数也可能不存在；如果有两个最高峰点，也可以有两个众数。因此，只有在总体单位比较多，而且又明显地集中于某个变量值时，计算众数才有意义。

3. 众数的特点

（1）众数是以它在所有观测值中所处的位置确定的全体单位观测值的代表值，它不受分配数列的极大值或极小值的影响，从而增强了对分配数列的代表性。

（2）在一组数据中，每个变量值可能只出现一次，则这组数据就没有众数；如果有 2 个或 3 个变量值多次出现，则这组数据就有 2 个或 3 个众数。因此，众数不具有唯一性。

（3）当分组数列没有任何一组的次数占多数，即分配数列中没有明显的集中趋势，而近似于均匀分布时，则该分配数列无众数。若将无众数的分配数列重新分组或按各组频数依序合并，又会使分配数列再现出明显的集中趋势。

（4）如果与众数组相邻的上下两组的次数相等，则众数组的组中值就是众数值；如果与众数组相邻的前一组的次数较多，而后一组的次数较少，则众数在众数组内会偏向该组下限；如果与众数组相邻的前一组的次数较少，而后一组的次数较多，则众数在众数组内会偏向该组上限。

（5）众数缺乏敏感性。这是由于众数的计算只利用了众数组的数据信息，而不像数值平均数那样利用了全部数据信息。

二、中位数

1. 中位数的含义

中位数是将一组数据按从小到大的顺序排列后，居于数列中间位置的那个数据。中位数用 M_e 表示。

从中位数的定义可知，所研究的一组数据中，有一半变量值小于中位数，一半变量值大于中位数。中位数的作用与算术平均数相近，也是作为所研究数据的集中趋势的代表值。在一个等差数列或一个正态分配数列中，中位数就等于算术平均数。

在数列中出现极端变量值的情况下，用中位数作为代表值比用算术平均数更好，因为中位数不受极端变量值的影响。如果研究目的就是为了反映中间水平，当然也应该用中位数。在统计数据的处理和分析时，同样可结合使用中位数。

2. 中位数的计算

要确定一组数据的中位数，必须将总体各单位的观测值按大小顺序排列，最好编制出变量数列。这里有以下两种情况：

（1）未分组数据的中位数计算。

对于未分组的原始资料，首先必须将观测值按大小顺序排列。设一组数据的个数为 n，该组数据排序的结果为

$$x_1 \leqslant x_2 \leqslant x_3 \leqslant \cdots \leqslant x_n$$

则中位数的位置按 $\dfrac{n+1}{2}$ 确定，数值按式（4-11）确定，即

$$M_e = \begin{cases} x_{\frac{n+1}{2}} & （n\text{为奇数}） \\[2ex] \dfrac{x_{\frac{n}{2}} + x_{\frac{n}{2}+1}}{2} & （n\text{为偶数}） \end{cases} \tag{4-11}$$

【例 4-12】假如 8 名工人日加工零件数分别为 21、23、23、26、27、30、30、32。试确定这 8 名工人日加工零件数的中位数。

解：题目中给出的 8 名工人日加工零件数数列是从小到大排列的，因此该数列的中位数位置在（8+1）/2=4.5 处。该数列为偶数数列，因此中位数在第 4 个数值（26）和第 5 个数值（27）之间，即 M_e=（26+27）/2=26.5（件）。

【例 4-13】经过调查，得到 9 个家庭的月人均收入（单位：元/人）数据：1 500、800、900、1 000、2 000、2 500、5 000、5 500、9 000。试确定这 9 个家庭的月人均收入的中位数。

解：对题目中给出的 9 个家庭的月人均收入数据按从小到大顺序排列，得到如下数列：

800、900、1 000、1 500、2 000、2 500、5 000、5 500、9 000

因此该数列的中位数位置在(9+1)/2=5 处。该数列为奇数数列，因此中位数为第 5 个数值，即 M_e=2 000（元/人）。

显然，这 9 个家庭的月人均收入差异比较大，因此其平均月人均收入用中位数来表示比用算术平均数（为 3 133.33 元/人）更合适。

（2）分组数据的中位数计算

由组距数列确定中位，应先按公式 $\dfrac{\sum\limits_{i=1}^{n} f_i}{2}$ 求出中位数所在组的位置，然后再按下限公式或上限公式确定中位数。

下限公式：
$$M_e = L + \frac{\frac{\sum_{i=1}^{n} f_i}{2} - S_{m-1}}{f_m} \cdot d \qquad (4\text{-}12)$$

上限公式：
$$M_e = U - \frac{\frac{\sum_{i=1}^{n} f_i}{2} - S_{m+1}}{f_m} \cdot d \qquad (4\text{-}13)$$

式（4-12）和式（4-13）中，M_e 为中位数，L 为中位数所在组的下限，U 为中位数所在组的上限，f_m 为中位数所在组的频数，$\sum_{i=1}^{n} f_i$ 为总频数，d 为中位数所在组的组距，S_{m-1} 为中位数所在组以下的向上累计频数，S_{m+1} 为中位数所在组以上的向下累计频数。

【例 4-14】根据表 4-4 中的数据，试计算 50 名工人日加工零件数的中位数。

解：根据表 4-4 中的数据，首先计算出向上累计频数和向下累计频数，见表 4-13 第 3 栏和第 4 栏。

表 4-13　某企业 50 名工人日加工零件中位数计算表

按日加工零件数分组（个）	频数（人）	向上累计频数（人）	向下累计频数（人）
105～110	3	3	50
110～115	5	8	47
115～120	8	16	42
120～125	14	30	34
125～130	10	40	20
130～135	6	46	10
135～140	4	50	4
合计	50	—	—

由表 4-13 可知，中位数的位置为 50/2=25，即中位数在 120～125 组，因此，$L=120$，$S_{m-1}=16$，$U=125$，$S_{m+1}=20$，$f_m=14$，$d=5$，根据中位数计算公式得

$$M_e = 120 + \frac{\frac{50}{2} - 16}{14} \times 5 = 123.21 \text{（件）}$$

或
$$M_e = 125 - \frac{\frac{50}{2} - 20}{14} \times 5 = 123.21 \text{（件）}$$

即 50 名工人日加工零件数的中位数为 123.21（件）。

3. 中位数的特点

（1）中位数是根据它在所有观测值中所处的位置确定的全体单位观测值的代表值，由于它不受分配数列的极大值或极小值影响，从而在一定程度上增强了对分配数列的代表性。

（2）有些离散型变量的单项式数列，当次数分布呈偏态时，中位数的代表性会受到影响。

（3）缺乏敏感性。中位数的计算只利用了中位数组的数据信息，不像数值平均数那样利用了全部数据信息。

三、众数、中位数和算术平均数的比较

1. 众数、中位数和算术平均数的关系

算术平均数、众数和中位数之间的关系与分配数列有关。在分配数列完全对称时，算术平均数、众数和中位数是同一数值，即正态分布，见图4-1。在分配数列非对称时，算术平均数、众数和中位数就不再是同一数值了，但具有相对固定的关系：在正偏（或右偏）分布中，众数最小，中位数适中，算术平均数最大，见图4-2；在负偏（或左偏）分布中，众数最大，中位数适中，算术平均数最小，见图4-3。

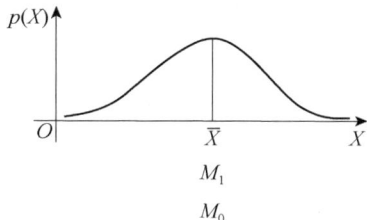

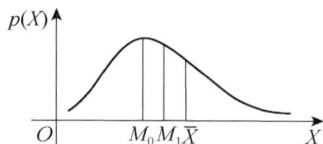

图 4-1　正态分布　　　　图 4-2　正偏分布　　　　图 4-3　负偏分布

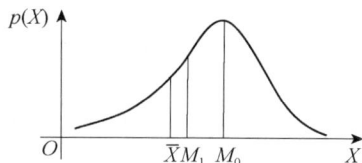

在统计实务中，可以利用算术平均数、中位数和众数的数量关系判断次数分布的特征，还可利用三者的关系进行相互之间的估算。根据经验，在分布偏斜程度不大的情况下，不论右偏还是左偏，三者都存在一定的比例关系，即众数与中位数的距离约为算术平均数与中位数之间距离的2倍，用公式表示为

$$M_e - M_0 = 2(\overline{X} - M_e) \tag{4-14}$$

由式（4-14）可以推导出以下算术平均数、中位数和众数之间的估算公式：

$$\overline{X} = \frac{3M_e - M_0}{2} \tag{4-15}$$

$$M_e = \frac{M_0 - 2\overline{X}}{3} \tag{4-16}$$

$$M_0 = 3M_e - 2\overline{X} \tag{4-17}$$

2. 众数、中位数和算术平均数的应用

众数、中位数和算术平均数各自具有不同的特点，掌握它们之间的关系和各自的特点，有助于我们在实际应用中选择合适的测度值来描述数据的集中趋势。

众数是一种位置代表值，易理解，不受极端值影响，任何类型的数据资料都可以计算，但主要适于作为定类数据的集中趋势测度值，即使资料有开口组，也仍然能够使用众数。但众数不适于进一步的代数运算，而且有的资料中根本不存在众数；当资料中包括多个众数时，又很难对它进行比较和说明。因此，众数的应用不如算术平均数广泛。

中位数也是一种位置代表值，不受极端值影响。除了数值型数据，顺序数据也可以计算，而且主要适于作为顺序数据的集中趋势测度值，资料若有开口组，也不影响计算。中位数不适于进一步的代数运算，应用不如算术平均数广泛。

算术平均数的含义通俗易懂，直观清晰；由于全部数据都要参与运算，因此是一个可靠的具有代表性的量；任何一组数据都有且只有一个平均数；用统计方法推断几个样本是否取自同一总体时，必须使用算术平均数；算术平均数具有优良的数学性质，适合于代数方法的演算。算术平均数是实际中应用最广泛的集中趋势测度值，主要适于作为定距和定比数据的集中趋势测度值；它最容易受极端值影响；对于偏态分布的数据，算术平均数的代表性较差；资料有开口组时，按相邻组组距计算假定性很大，对一组数据的集中趋势的代表性不够。

第三节　离中趋势指标——变异指标

一、变异指标的概念与作用

变异指标是反映总体各单位观测值差异大小程度的综合指标，又称标志变动度。平均指标虽然可以反映一组数据的集中趋势和总体的一般数量水平，但它掩盖了总体各单位观测值的数量差异，变异指标则弥补了这方面的不足，它可以综合反映总体各单位观测值的差异性，从另一方面说明总体的数量特征。平均指标说明总体各单位观测值的集中趋势，而变异指标则说明总体各单位观测值的分散程度或离中趋势。

变异指标是衡量平均指标代表性的尺度。一般来讲，数据分布越分散，变异指标越大，平均指标的代表性越差；数据分布越集中，变异指标越小，平均指标的代表性越强。常用的变异指标有全距、四分位数差、平均差、方差和标准差、变异系数。

二、全距

全距（Range）也称为极差，是指总体各单位的两个极端观测值之差，即

$$R=最大观测值-最小观测值 \tag{4-18}$$

因此，全距可反映总体观测值的差异范围，但它只利用了一组数据中的两个极端值，因此用极差来衡量一组数据的离散程度缺乏敏感性，在存在极大值和极小值两个极端值的情况下，也很不精确。

【例4-15】两个学习小组的"统计学"课程考试成绩分别为

第一组（甲）：60分，70分，80分，90分，100分；

第二组（乙）：78分，79分，80分，81分，82分。

很明显，两个小组的考试成绩平均分都是80分，但是哪一组的分数比较集中呢？

如果用全距指标来衡量，则有

$$R_甲=100-60=40（分）$$
$$R_乙=82-78=4（分）$$

这说明第一组资料的标志变动度或离中趋势远大于第二组资料，即第二组的平均成绩80分更有代表性。

根据组距计算极差，是测定标志变动度的一种简单方法，但易受极端值影响，因而它

往往不能充分反映社会经济现象的离散程度。在对分组数据计算极差时，计算方法是先确定最高组的上限和最低组的下限，然后根据式（4-19）计算。

$$R=最高组的上限-最低组的下限 \tag{4-19}$$

在实际工作中，全距常用来检查产品质量的稳定性和进行质量控制。在正常生产条件下，全距在一定范围内波动，若波动超过给定的范围，就说明有异常情况出现。因此，利用全距有助于及时发现问题，以便采取措施保证产品质量。

三、平均差

平均差（Average Deviation）是总体各单位观测值对其算术平均数的离差绝对值的算术平均数，它综合反映了总体各单位观测值的变动程度。平均差越大，表示标志变动度越大；反之，表示标志变动度越小。

在资料未分组的情况下，简单平均差计算公式为

$$\text{A.D} = \frac{\sum\limits_{i=1}^{n} |X_i - \mu|}{n} \tag{4-20}$$

式中，X_i 为总体单位观测值，$i=1$，2，$\cdots$，n，n 为数据个数，μ 为总体均值。

采用观测值对算术平均数的离差绝对值之和，是因为各观测值对算术平均数的离差之代数和等于零。以例 4-15 中第一组学生的"统计学"考试成绩为例，平均差计算如下：

$$\text{A.D} = \frac{|60-80|+|70-80|+|80-80|+|90-80|+|100-80|}{5} = 12（分）$$

在资料已分组的情况下，要用加权平均差计算公式：

$$\text{A.D} = \frac{\sum\limits_{i=1}^{n} |X_i - \overline{X}| f_i}{\sum\limits_{i=1}^{n} f_i} \tag{4-21}$$

式中，X_i 为各组的组中值，$\overline{X}$ 为 X_i 的算术平均数，f_i 为各组的频数，$i=1$，2，$\cdots$，n，n 为组数。

【例 4-16】 某公司职工工资按月收入水平分组的组距数列如表 4-14 所示，试计算该公司职工工资的平均差。

表 4-14　某公司职工工资按月收入水平分组的组距数列

职工工资（元）	职工人数（人）
250～270	15
270～290	25
290～310	35
310～330	65
330～350	40
合计	180

解： 根据表 4-14 的数据，首先计算各组职工工资的组中值（X_i）（表 4-15 中第 3 栏）

和每组的工资总额（$X_i f_i$）（表 4-15 中第 4 栏），然后计算职工的平均工资。

表 4-15　某公司职工工资月收入水平的平均差计算表

职工工资（元）	职工人数 f_i（人）	职工工资组中值 X_i（元）	每组工资总额 $X_i f_i$	$X_i - \bar{x}$	$\left| X_i - \bar{X} \right| f_i$
250～270	15	260	3 900	−50	750
270～290	25	280	7 000	−30	750
290～310	35	300	10 500	−10	350
310～330	65	320	20 800	10	650
330～350	40	340	13 600	30	1 200
合计	180	—	55 800	—	3 700

$$\bar{X} = \frac{\sum_{i=1}^{5} X_i f_i}{\sum_{i=1}^{5} f_i} = \frac{55\,800}{180} = 310（元）$$

再计算各组组中值与平均工资的离差（见表 4-15 第 5 栏）、各组离差绝对值与职工人数的乘积（见表 4-15 第 6 栏），最后根据式（4-21）计算平均差，得

$$A.D = \frac{\sum_{i=1}^{5} \left| X_i - \bar{X} \right| f_i}{\sum_{i=1}^{5} f_i} = \frac{3\,700}{180} = 20.56（元）$$

即该公司职工工资的平均差为 20.56 元。

由于平均差采用离差的绝对值进行计算，数学性质比较差，不便于运算，因此其应用受到了很大限制。

四、异众比率

异众比率（Variation Ratio）指一组数据中非众数（组）的频数占总频数的比例。异众比率既适用于定性数据，也适用于定量数据，但主要用于测度分类数据的离散趋势，用 V_r 表示。计算公式为

$$V_r = \frac{\sum_{i=1}^{n} f_i - f_m}{\sum_{i=1}^{n} f_i} = 1 - \frac{f_m}{\sum_{i=1}^{n} f_i} \tag{4-22}$$

式中，f_m 为众数所在组的频数，f_i 为各组的频数，$i=1, 2, \cdots, n$，n 为组数。

异众比率的作用是衡量众数对一组数据的代表性。异众比率越大，说明非众数组的频数占总频数的比重越大，众数的代表性就越差；反之，异众比率越小，众数的代表性就越好。

五、四分位数差

四分位数指一组数据按大小顺序排列后处于 25% 和 75% 位置的值，也称四分位点。通

常所说的四分位数包括下四分位数（用 Q_L 表示）和上四分位数（用 Q_U 表示），前者指处在 25%位置的数值，后者指处在 75%位置的数值。下四分位数和上四分位数的计算方法是：先将数据按从小到大顺序排列，然后由式（4-23）和式（4-24）确定下四分位数和上四分位数的位置，该位置对应的数值就是下四分位数和上四分位数的数值；当四分位数的位置不是整数时，按比例分摊四分位数两侧的差值。

$$Q_L = X_{\frac{n+1}{4}} \tag{4-23}$$

$$Q_U = X_{\frac{3(n+1)}{4}} \tag{4-24}$$

式（4-23）和式（4-24）中，X 为观测值，n 为数据个数。

【例 4-17】在某小区随机抽取 9 个家庭，调查得到每个家庭的人均月收入数据（单位：元）：1 450，950，820，860，1 060，900，1 280，1 040，1 700。要求计算这 9 个家庭人均月收入水平的四分位数。

解：将数据按由小到大顺序排列：820，860，900，950，1 040，1 060，1 280，1 450，1 700。

$$Q_L = X_{\frac{n+1}{4}} = X_{2.5} \qquad Q_U = X_{\frac{3(n+1)}{4}} = X_{7.5}$$

由于位置 2.5 处于位置 2 和 3 中间，因此按比例分摊两端的差值，即

$$Q_L = X_{2.5} = 860 + (900 - 860) \times 0.5 = 880$$

同理
$$Q_U = X_{7.5} = 1280 + (1450 - 1280) \times 0.5 = 1365$$

在计算出上四分位数与下四分位数的数值后，就可以计算四分位数差（也称内距或四分间距）（Inter-Quartile Range）了。

四分位数差是上四分位数与下四分位数之差，用 Q_d 表示，其计算公式为

$$Q_d = Q_U - Q_L \tag{4-25}$$

四分位数差克服了极差易受数据两端极值影响的缺点。

在例 4-18 中，如按极差计算，则 9 个家庭人均月收入的离散程度为 880（即 1 700-820）元，而按四分位数差计算，则为 485（即 1 365-880）元。

六、方差与标准差

方差（Variance）和标准差（Standard Deviation）是测度数据变异程度的最重要、最常用的指标。方差是各数据与其算术平均数的离差平方和的平均数。如果计算的是总体数据，则为总体方差，通常用 σ^2 表示；如果计算的是样本数据，则为样本方差，用 S^2 表示。从方差的定义可以看出，其计量单位为数据计量单位的平方，由于不便于从经济意义上对计算结果进行解释，所以实际统计工作中多用方差的算术平方根——标准差来测度统计数据的变异程度。标准差又称均方差，总体标准差用 σ 表示，样本标准差用 S 表示。方差和标准差的计算方法有简单平均法和加权平均法两种，另外，对于总体数据和样本数据，计算公式略有不同。

1. 总体方差和标准差

设总体方差为 σ^2，对于未经分组整理的原始数据，方差的计算公式为

$$\sigma^2 = \frac{\sum\limits_{i=1}^{N}(X_i - \mu)^2}{N} \qquad (4\text{-}26)$$

式中，μ 为总体均值，X_i 为总体单位的观测值，$i=1$，2，…，N，N 为总体单位数。

对于分组数据，则用加权平均法计算加权方差，其计算公式为

$$\sigma^2 = \frac{\sum\limits_{i=1}^{K}(D_i - \mu)^2 f_i}{\sum\limits_{i=1}^{K} f_i} \qquad (4\text{-}27)$$

式中，D_i 为第 i 组的组中值，f_i 为第 i 组的频数，$i=1$，2，…，k，k 为组数，其他变量意义同式（4-26）。

方差的平方根即标准差，其相应的计算公式为

未分组数据： $$\sigma = \sqrt{\frac{\sum\limits_{i=1}^{N}(X_i - \mu)^2}{N}} \qquad (4\text{-}28)$$

式中，σ 为总体标准差，其他变量意义同式（4-26）。

分组数据： $$\sigma = \sqrt{\frac{\sum\limits_{i=1}^{K}(D_i - \mu)^2 f_i}{\sum\limits_{i=1}^{K} f_i}} \qquad (4\text{-}29)$$

式中，变量意义同上。

2. 样本方差和标准差

样本方差与总体方差在计算上的区别：总体方差是用总体数据个数或总频数去除离差平方和，而样本方差则是用样本数据个数或总频数减 1 后再去除离差平方和，其中样本数据个数减 1（即 $n-1$）称为自由度。设样本方差为 S^2，根据数据是否分组，计算样本方差的公式分别为

未分组数据： $$S^2 = \frac{\sum\limits_{i=1}^{n}(x_i - \overline{x})^2}{n-1} \qquad (4\text{-}30)$$

式中，S^2 为样本方差，x_i 为样本观测值，$i=1$，2，…，n，n 为样本量，$\overline{x}$ 为样本均值。

分组数据： $$S^2 = \frac{\sum\limits_{i=1}^{k}(d_i - \overline{x})^2 f_i}{\sum\limits_{i=1}^{k} f_i - 1} \qquad (4\text{-}31)$$

式中，S^2 为样本方差，d_i（$i=1$，2，…，k）为第 i 组的组中值，$\overline{x}$ 为各组组中值的均值，f_i 为第 i 组的频数，$i=1$，2，…，k，k 为组数。

相应地，计算样本标准差的公式分别为

未分组数据：
$$S=\sqrt{\dfrac{\sum\limits_{i=1}^{n}(x_i-\overline{x})^2}{n-1}}$$
（4-32）

分组数据：
$$S=\sqrt{\dfrac{\sum\limits_{i=1}^{k}(d_i-\overline{x})^2 f_i}{\sum\limits_{i=1}^{k}f_i-1}}$$
（4-33）

式（4-32）和式（4-33）中，S 为样本标准差，其他变量意义同式（4-30）和式（4-31）。

【例 4-18】某生产企业为考察一台机器的生产情况是否正常，抽查了这台机器的 14 件产品来检验其生产的产品质量是否合格。假设搜集的数据如下：

3.43　3.45　3.43　3.48　3.52　3.50　3.39

3.48　3.41　3.38　3.49　3.45　3.51　3.50

根据该行业通用法则：如果一个样本中的 14 个数据项的方差大于 0.005，则该机器必须停产检修，问：此时这台机器是否必须停产检修？

解：根据已知数据，首先计算这台机器所生产的 14 件产品的样本均值：

$$\overline{x}=\frac{\sum\limits_{i=1}^{14}x_i}{n}=\frac{3.43+3.45+\cdots+3.51+3.50}{14}=3.46$$

则抽查的 14 件产品的样本方差为

$$S^2=\frac{\sum\limits_{i=1}^{14}(x_i-\overline{x})}{n-1}$$

$$=\frac{(3.43-3.46)^2+(3.45-3.46)^2+\cdots+(3.51-3.46)^2+(3.50-3.46)^2}{14-1}$$

$$=0.002<0.005$$

因此，该机器工作正常，不需要停产检修。

方差和标准差是根据全部数据计算的，反映了每个数据与其均值相比平均相差的数值，因此能准确地反映数据的离散程度，是实际中应用最广泛的离散程度测度值。

七、离散系数

前面介绍的各离散程度测度值都是反映数据分散程度的绝对值，一方面，其数值的大小受原变量值自身水平高低的影响，也就是与变量的均值大小有关。变量值绝对水平越高，离散程度的测度值自然也就越大；绝对水平越低，离散程度的测度值自然也就越小。另一方面，它们与原变量值的计量单位相同，采用不同计量单位计量的变量值，其离散程度的测度值也不同。因此，对于平均水平不同或计量单位不同的不同组别的变量值，是不能直接用上述离散程度的测度值进行比较的。为了消除变量值水平高低和计量单位不同对离散程度测度值的影响，需要计算变异系数（Coefficient of Variation），也称为离散系数。

离散系数通常用标准差来计算，因此，也称为标准差系数，它是一组数据的标准差与其相应的均值之比，是测度数据离散程度的相对指标，其计算公式为

$$V_\sigma = \frac{\sigma}{\mu} \quad 或 \quad V_S = \frac{S}{\overline{x}} \tag{4-34}$$

式中，V_σ 和 V_S 分别为总体离散系数和样本离散系数，其他变量意义同式（4-29）和式（4-32）。

离散系数主要用于对不同组别数据的离散程度进行比较，离散系数大，说明该组数据的离散程度大；离散系数小，说明该组数据的离散程度小。

【例 4-19】某集团公司抽查了下属的 8 家企业，各企业的产品销售额和销售利润数据如表 4-16 所示。试比较产品销售额与销售利润的离散程度。

表 4-16　某集团公司所属 8 家企业的产品销售数据

企业编号	产品销售额 X_1（万元）	销售利润 X_2（万元）
1	170	8.1
2	220	12.5
3	390	18.0
4	430	22.0
5	480	26.5
6	650	40.0
7	950	64.0
8	1 000	69.0
合计	4 290	260.1

解： 由于产品销售额与销售利润的数据绝对数不同，所以不能直接用标准差进行比较，而需要计算离散系数。由表中数据计算得：

$$\overline{x}_1 = 536.25（万元），S_1 = 309.19（万元），V_1 = \frac{309.19}{536.25} = 0.577$$

$$\overline{x}_2 = 32.51（万元），S_2 = 23.09（万元），V_2 = \frac{23.09}{32.5125} = 0.710$$

计算结果 $V_1 < V_2$，说明产品销售额的离散程度小于销售利润的离散程度。

八、数据的标准化处理

统计上，一般对数据采用标准化处理，即将具有不同量纲或不同分布形状的数据转化为标准化得分，再进行比较。标准化的计算方法是将样本观测值与其样本均值的差除以样本标准差，得到的值称为标准化得分（Standard Score），一般用 Z 来表示。计算公式为

$$z_i = \frac{x_i - \overline{x}}{S} \tag{4-35}$$

式中，x_i 为样本观测值，$i=1, 2, \cdots, n$，$\overline{x}$ 为样本均值，S 为样本标准差。

标准化得分给出了一组数据中各数据的相对位置，具有均值为 0、标准差为 1 的特性。

当一组数据服从正态分布时，有大约 68.27% 的观测值落在平均值处正负一个标准差的区间内，大约 95.45% 的观测值落在平均值处正负两个标准差的区间内，大约 99.73% 的观测值落在平均值处正负三个标准差的区间内。当一组数据经过标准化处理后，如果根据式（4-35）计算出的标准化得分大于 3，则可以判断该组数据中存在离群值（即极端值）。

第四节 数据分布的偏态与峰度

在数据分析中，很多时候还需要知道数据分布的对称性或集中程度，这就需要计算数据分布的偏态系数与峰度系数。偏态系数与峰度系数的计算与统计矩（Moment）有关。统计矩用于衡量数据样本对于样本中所选定中心的离散情况，分为原点矩和中心矩，原点矩用于衡量样本相对于坐标原点的离散情况，而中心矩用于衡量样本相对于样本均值的离散情况。

一、矩的概念

变量 X 的样本观测值 x 与 a 之差的 K 次方的平均数称为变量 X 关于 a 的 K 阶矩。其公式为

$$\frac{\sum_{i=1}^{n}(x_i-a)^K f_i}{\sum_{i=1}^{n} f_i} \tag{4-36}$$

式中，x_i 为样本观测值，$i=1, 2, \cdots, n$，n 为样本个数，a 为某个固定值，k 为阶数，f_i 为各样本观测值的频数。

当 $a=0$ 时，式（4-36）称为 K 阶原点矩，用字母 M 表示。当 $a=\overline{x}$ 时，式（4-36）称为 K 阶中心矩，用字母 m 表示。一阶原点矩即均值，其公式为

$$M_1=\frac{\sum_{i=1}^{n} x_i f_i}{\sum_{i=1}^{n} f_i} \tag{4-37}$$

二阶中心矩即方差，其公式为

$$m_2=\frac{\sum_{i=1}^{n}(x_i-\overline{x})^2 f_i}{\sum_{i=1}^{n} f_i} \tag{4-38}$$

式中，m_2 为二阶中心矩，$\overline{x}$ 为样本均值，其他变量意义同式（4-36）。

二、偏态

偏态（Skewness）是对数据分布对称性的测度。偏态系数用 SK 表示，采用矩进行计算。其计算公式为

$$SK = \frac{m_3}{\sigma^3} = \frac{\sum_{i=1}^{n}(x_i - \overline{x})^3 f_i}{\sigma^3 \sum_{i=1}^{n} f_i} \quad\quad\quad (4\text{-}39)$$

式中，SK 为偏态系数，m_3 为 3 阶中心矩，σ 为标准差，其他变量意义同式（4-36）。

当分布对称时，变量的三阶中心矩 m_3 正负相抵，因而 SK=0。当分布不对称时，m_3 正负离差不能抵消，当 SK>0 时，表示正偏或右偏；当 SK<0 时，表示负偏或左偏（见图 4-4）。

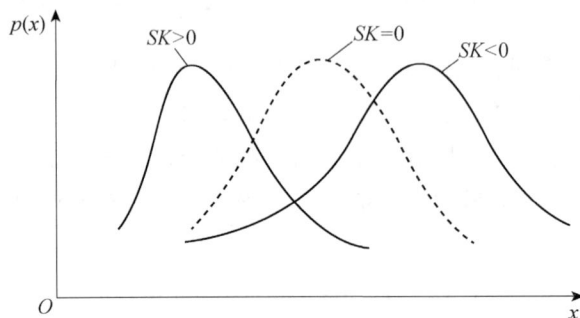

图 4-4　偏态分布

三、峰度

峰度（Kurtosis）指数据分布的集中程度或分布曲线的尖峭程度。峰度系数用 K 表示，其计算公式为

$$K = \frac{m_4}{\sigma^4} - 3 = \frac{\sum_{i=1}^{n}(x_i - \overline{x})^4 f_i}{\sigma^4 \sum_{i=1}^{n} f_i} - 3 \quad\quad\quad (4\text{-}40)$$

式中，k 为峰度系数，m_4 为 4 阶中心矩，σ 为标准差，$\overline{x}$ 为样本均值，其他变量意义同式（4-36）。

数据分布的集中程度或分布曲线的尖峭程度往往是与正态分布相比较的。在正态分布条件下，$K=0$。将不同数据分布的尖峭程度与正态分布比较，当 $K>0$ 时，表示数据分布的形状比正态分布更瘦高，称为尖峰分布；当 $K<0$ 时，表示数据分布的形状比正态分布更扁平，称为平峰分布，如图 4-5 所示。

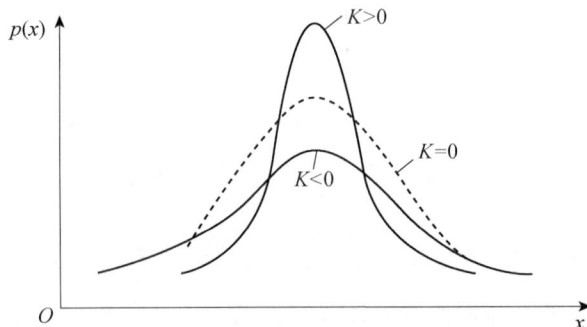

图 4-5　尖峰分布与平峰分布图

小资料-4

思考与练习

1. 如何理解平均数在统计学中的地位？

2. 一组数据的分布特征可以从哪些方面进行测定？集中趋势和离散趋势的测度指标各有哪些？

3. 在测定数据的离散趋势时，为什么要计算离散系数？它与标准差有什么不同？

4. 简述众数、中位数和算术平均数的特点及应用场合，它们之间有什么关系？

5. 在分析实际经济问题时，平均数和标准差是最常用的集中趋势和离散趋势的测度指标，为什么？

6. 试计算下列三组数据的众数和中位数：

A 组：5　6　10　20　23　9　16　19　　6

B 组：5　6　10　20　23　9　16　19　10

C 组：6　7　11　15　17　9　8　6　25

7. 某地区为了解居民的收入情况，采用抽样调查方法对其所辖地区的 1 000 个家庭的月人均收入情况进行了调查。结果发现，月人均收入为 600～800 元的家庭占 20%，为 800～1 000 元的家庭占 21%，为 1 000～1 200 元的家庭占 25%，为 1 200～1 400 元的家庭占 19%，为 1 400～1 600 元的家庭占 10%，为 1 600 元以上的家庭占 5%。你认为要分析该地区的家庭月人均收入情况，用众数、中位数和平均数中的哪个测度值比较好？说明理由。

8. 现有以下 5 个数据组成的样本：10　20　12　17　16，试计算其平均数和中位数。

9. 现有以下 6 个数据组成的样本：12　4　8　14　4　15，试计算其众数、中位数和平均数。

10. 假如某天你到三个菜市场买牛肉，其每千克的单价分别为 10 元、13 元和 15 元。如果在每个菜市场各买 5 千克牛肉，其平均价格是多少？如果各买 100 元的牛肉，则牛肉的平均价格又是多少？

11. 某商场所售某种商品的销售单价和销售额资料如表 4-17 所示。

表 4-17　某商场所售某种商品的销售单价和销售额资料

等级	单价（元/公斤）	销售额（万元）
一级	20	216
二级	16	115.2
三级	12	72

试求该商品的平均销售价格。

12. A、B 两个企业生产三种相同的产品，这三种产品的单位成本和总成本资料如表 4-18 所示。

表 4-18 三种产品的单位成本和总成本资料

产品	单位成本（元/件）	总成本（元）	
		A 企业	B 企业
甲	10	2 200	3 765
乙	20	3 000	1 500
丙	30	1 500	1 500

试比较生产三种产品的总平均成本 A、B 企业哪个高，并说明原因。

13. 某企业三个车间第一季度生产情况如下：

第一车间实际产量为 190 件，完成计划 95%；第二车间实际产量为 250 件，完成计划 100%；第三车间实际产量为 609 件，完成计划 105%。三个车间产品产量的平均计划完成程度为

$$\frac{95\% + 100\% + 105\%}{3} = 100\%$$

另外，第一车间产品单位成本为 18（元/件），第二车间产品单位成本为 12（元/件），第三车间产品单位成本为 15（元/件），则三个车间平均单位成本为

$$\frac{18 + 12 + 15}{3} = 15 \ （元/件）$$

以上平均指标的计算是否正确？如不正确，请说明理由并改正。

14. 某企业有甲、乙两个生产小组，每组有 5 个工人，某天的产量如表 4-19 所示。

表 4-19 甲、乙小组某天产量

工人	甲组（件）	乙组（件）
A	8	10
B	10	12
C	11	14
D	13	15
E	15	16

计算各组的算术平均数、全距、平均差、标准差和标准差系数，并说明哪个组的平均数更具有代表性。

15. 某省各地区"十二五"期间经济发展水平（人均 GDP）的分组资料如表 4-20 所示。

表 4-20 某省各地区"十二五"期间人均 GDP 分组资料

人均 GDP（万元）	地区数（个）
1~3	1
3~5	3
5~7	5
7~9	2
9~11	1

试根据表中资料计算该省各地区经济发展水平的标准差系数。

16. 设甲、乙两单位职工的工资资料如表 4-21 所示。

表 4-21　甲、乙两单位职工的工资资料

甲		乙	
月工资（元）	职工人数（人）	月工资（元）	职工人数（人）
600 以下	2	600 以下	1
600～700	4	600～700	2
700～800	10	700～800	4
800～900	7	800～900	12
900～1 000	6	900～1 000	6
1 000～1 100	4	1 000～1 100	5
合计	33	合计	30

试比较哪个单位的职工工资差异程度小。

17. 某集团公司有三个生产同种产品的企业，该产品的市场销售单价均为 60 元。甲、乙、丙三个企业的生产工人数、人均产量和单位产品生产成本如表 4-22 所示。

表 4-22　甲、乙、丙三个企业的生产数据

企业	工人数（人）	人均产量（箱）	单位产品成本（元/箱）
甲	200	600	50
乙	300	800	40
丙	340	1 000	55

试计算：

（1）该集团公司三个企业的人均产量和单位产品成本。

（2）如果每个企业的人均产量都达到丙企业的水平，则该集团公司可增加多少产量和产值？

（3）如果各企业的单位生产成本都达到乙企业的水平，则该集团公司可节约多少资金？

18. 某企业某种产品的生产需要经过四道工序才能完成。如果第一道工序的产品合格率为 90%，第二道工序的产品合格率为 85%，第三道工序的产品合格率为 95%，第四道工序的产品合格率为 98%，则该产品的平均合格率为多少？

19. 某集团公司下属三个企业的销售额和销售利润率资料如表 4-23 所示。

表 4-23　三个企业的销售额和销售利润率资料

企业	销售利润率（%）	销售额（万元）
甲	8	2 000
乙	10	1 800
丙	12	4 000

试计算该集团公司三个企业的平均利润率。

20. 某集团公司下属三个企业的利润额和销售利润率资料如表 4-24 所示。

表 4-24　三个企业的利润额和销售利润率资料

企业	销售利润率（%）	利润额（万元）
甲	8	200
乙	10	220
丙	12	280

试计算该集团公司三个企业的平均利润率。

第五章　抽样估计与假设检验

20 世纪，统计学为人类带来了独特进步，统计学的普遍存在及其在开拓新知识领域方面的应用已远远超过 20 世纪内的任何技术或科学发现。

——现代统计学奠基人、现代人类遗传学创立者 R·A·费歇（R.A.Fisher）

统计学的目的是揭示总体的数量规律性，为达到这个目的，通常可以采用全面调查（如普查）或非全面调查（如抽样调查）方法。总量指标与相对指标、平均指标与变异指标等综合指标（主要是平均数、比率和方差）的计算需要收集所有总体单位的数据，但在实际工作中，很多现象不可能采用全面调查，如产品的使用寿命、产品质量、导弹的命中精度和杀伤力等，有些现象虽然可以采用全面调查，但需要花费巨大的人力、时间和费用，如对原材料、零部件的质量检验，对全国森林资源的调查，对顾客满意度的调查，对居民家庭收入与支出的调查等，而且由于调查人员的责任心、专业素质等存在差异的原因，调查有时会产生较大的误差。因此，在实际工作中，一般采用抽样调查以获得样本数据，然后进行统计推断。

第一节　抽样调查与抽样估计

一、概率抽样与非概率抽样

在社会经济以及其他一些领域，我们经常需要利用抽样调查来估计总体的参数。在实际问题中，待估计的总体参数主要有总体均值、总体比例、总体方差等。在实际抽样调查中，从总体中抽取样本的方法主要有概率抽样和非概率抽样两类。

（一）概率抽样

概率抽样又称随机抽样，就是按随机原则从总体中抽取样本。随机原则指的是总体中的每个单位都有一定的概率被选为样本单位，每个总体单位能否被选为样本单位是随机的。从理论上讲，概率抽样是最理想、最科学的抽样方法，它能保证样本对总体的代表性，而且能够将调查误差中的抽样误差限制在一定范围之内。但相对于非概率抽样来说，概率抽样也是一种成本较大的抽样方法。概率抽样有以下几种：

1. 简单随机抽样（Simple Random Sampling）

简单随机抽样也称为纯随机抽样，即完全随机地选择样本，是最基本的抽样形式。这种抽样方法要求有一个完美的抽样框，或者总体中有个体的详尽名单。然后对总体单位不进行任何划分或排队，完全随机地直接从总体中抽取样本单位，使每个总体单位都有完全均等的机会被抽取。简单随机抽样是其他抽样方法的基础，因为它在理论上最容易处理，并且当总体单位数 N 不太大时实施起来比较简单。当 N 很大时实施就很困难，主要是由于编制一个包含全部总体单位 N 个抽样单元的抽样框通常很不容易。另外当 N 很大时所抽到的样本单元往往很分散，使调查极不方便，因此在大规模的抽样调查中很少单独采用简单随机抽样。日常生活中经常使用的抽签法、随机数表取数法等都是简单随机抽样。

一般所说的抽样调查即指简单随机抽样。简单随机抽样在社会经济工作和科学研究中被广泛采用。在不可能、不必要进行全面调查时，一般采用简单随机抽样获得样本信息来推断总体。除特别说明外，本书所称的样本均指简单随机样本。

2. 分层抽样（Stratified Sampling）

分层抽样也叫分类抽样、类型抽样，即根据调查目的，确定某个主要标志，并根据这个标志将总体单位划分为若干层或类型，然后从各层（类型）中按随机原则分别抽取一定数目的单位构成样本。或者说，分层抽样是将总体中的抽样单元按某种原则划分为若干子总体，每个子总体称为层，在每个层内独立地进行抽样。如果在每层内均采用简单随机抽样，就称为分层随机抽样。一般来说，当总体单位很多，而且各单位观测值差异很大时，分层抽样更有优势。例如，农产品产量抽样调查，可按地形条件将一个地区的全部播种面积分为山地、丘陵、平原三个类型，然后从各类型中分别抽取一定数量的播种面积构成样本。又如，城市职工收入调查，可先按行业对全部职工进行分类，再从各行业中抽取若干职工来调查。

类型（或层）划分后，具体抽样时首先要确定各层的抽样数目。各层的抽样数目可以相等（称为等比例抽样），也可以不相等（称为不等比例抽样）。分层抽样是统计分组法和抽样原理的结合，可提高样本的代表性，进而提高抽样推断的准确性；还可获得总体指标的估计值，并由各子样本指标推算相应的子总体指标。因此，分层抽样能够加深对总体内部差异性较大的现象的认识、满足分层次管理的需要。

3. 二阶抽样（Two Stage Sampling）与多阶抽样（Multi-Stage Sampling）

为了抽样方便，在实际工作中，有时需要把总体分成两个级别的抽样单元，即初级抽样单元和次级抽样单元。总体由若干初级单元组成，每个初级抽样单元由若干次级抽样单元组成，先按某种方法在由初级单元构成的一级抽样框中抽样，然后在中选的初级单元中对由次级单元构成的二级抽样框进行抽样，整个抽样过程分为两个阶段，这种抽样方法称为二阶抽样。例如，在一个地区的企业职工收入调查中，把企业作为初级抽样单元，职工作为次级抽样单元，先对企业进行抽样，再在被抽取的企业内对职工进行抽样，然后对被抽取的职工进行调查，这就是二阶抽样。如果总体可以划分成多个级别的抽样单元，每一级别的抽样单元由若干下一级别的抽样单元组成，相应地就存在多个级别的抽样框，抽样时先在一级抽样框中对一级单元抽样，再在中选的一级单元中对二级单元抽样，依次类推，这种抽样方法称为多阶抽样。多阶抽样实施方便，而且不需要对每个高级别的抽样单元建立关于低级别抽样单元的抽样框，调查费用也比较低。例如，在省抽县、县抽乡、乡抽村、村抽户的农产量四阶抽样中，未被抽取的县、乡、村就不必编制关于乡、村、户的抽样框。多阶抽样的主要缺点是估计量的结构比较复杂，估计量方差的估计也很难。

在二阶抽样中，如果对初级单元不再进行随机抽样，让所有初级单元都入样，而是在初级单元中对次级单元进行随机抽样，这样的二阶抽样就是分层随机抽样，层即初级单元。

4. 整群抽样（Cluster Sampling）

在二阶抽样中，如果把初级抽样单元称作由次级抽样单元组成的群，在抽取的群内不再对次级单元进行抽样而是进行普查，那么这种抽样方法就称为整群抽样。当总体包含的次级单元为数众多且又缺少必要的档案资料，因而无法直接对次级单元编制抽样框，而由次级单元组成的群的抽样框是现成的或者很容易编制时，常常采用整群抽样。整群抽样的优点是只需具备群（即初级抽样单元）的抽样框即可，无须具备关于次级单元的抽样框。整群抽样的效率与群的划分密切相关，如果总体划分成群后，群内差异小而群间差异大，那么估计精度就比较低。因此群的划分原则应是：尽量扩大群内差异，使每个群都有较好的代表性。由此可知，划分群的原则正好和分层的原则相反。例如，在某城市市场调查的入户调查中，把居民区作为初级抽样单元，在抽样时，对抽取的居民区的每家每户进行调查，而未被选作抽样单元的居民区则不进行调查。整群抽样的缺点是估计精度较差。

5. 系统抽样（Systematic Sampling）

若总体中的抽样单元都按一定顺序排列，在规定的范围内随机抽取一个单元作为初始单元，然后按照一套事先定好的规则确定其他样本单元，这种抽样方法即系统抽样。与其他几种抽样方法不同的是，系统抽样只有初始单元是随机抽取的，其他样本单元都随着初始单元的确定而确定。最简单的系统抽样是在取得一个初始单元后按相等的间隔抽取后继样本单元，这种系统抽样又称为等距抽样。等距抽样的优点是实施简单，整个样本中只有初始单元需随机抽取，其余单元皆由此决定。另外，等距抽样有时甚至不需要编制抽样框，而只需给出总体抽样单元的一个排列即可。如果对总体抽样单元的排列规则有所了解并正确利用，那么等距抽样就能达到相当高的精度。系统抽样在流水线生产的质量检查中比较常用，有时还可与整群抽样和分层抽样结合使用。例如，可采用系统抽样去抽取"群"或个体，也可在某一"层"的范围内进行系统抽样。等距抽样的主要缺点是估计量方差的估计比较难。

以上对几种常用抽样方法作了简单的介绍。在实际运用中会有许多变化，例如，在某些抽样方法中，抽取样本单元可采用不放回抽样（或不重复抽样），也可采用放回抽样（或重复抽样）；可采用等概率抽样，也可采用不等概率抽样。设计具体抽样方案时还应考虑多种因素，以进行抽样方法的选择和组合。

（二）非概率抽样

非概率抽样也称非随机抽样，是指从研究目的出发，根据调查者的经验、知识或判断，从总体中有意识地不完全按随机原则抽取若干单位构成样本。如果我们要及时了解总体的大致情况，总结经验教训，进行大规模调查前的试点等，采用非概率抽样比较合适。非概率抽样主要有以下三种：①由调查人员自由选择被调查者的非随机抽样。例如，在购物中心采访 100 位妇女，这 100 位被调查者可以非随机选择。②通过某些条件过滤选择被调查者参与调查的判断抽样。在许多情况下，由于研究对象可能仅限于一部分居民，因而采用这种方法能节省大量时间和经费。③大多数种类的研究，如果不是为了推断总体的需要而进行的调查，均可使用非概率抽样，如产品测试、座谈会、方便抽样等。

（三）抽样框

抽样框是指抽样调查所涉及的全部抽样单位的名单框架。编制抽样框是实施抽样的基础。抽样框的好坏通常会直接影响到抽样调查的随机性和调查的效果。

编制高质量的抽样框是保证抽样调查达到预期目的的前提条件之一。一般地，抽样框的类型主要有以下三种：①名单抽样框，即列出全部总体单位的名录一览表，如职工名单、企业名单等。②区域抽样框，即按地理位置把总体范围划分为若干小区域，并以小区域为抽样单位。例如，农作物产量抽样调查，可将土地划分为大地块—小地块—标号。③时间表抽样框，即把总体的时间过程分为若干小的时间单位，并按时间顺序对总体单位进行抽样，如流水线产品质量检查。

二、抽样误差及其测度

在抽样调查中，由于受各种因素的影响，难免会产生误差。一般来说，抽样误差指样本指标与被它估计的未知的总体参数（总体特征值）之差，如样本平均数 $\bar{x}$ 与总体平均数 μ 的差，样本成数 p 与总体成数 π 的差（$p - \pi$）。再如，某地区全部小麦平均亩产为 400 千克，而抽样调查得到的平均亩产为 391 千克或 403 千克，则样本平均亩产与总体平均亩产之间的误差为 –9 千克或 3 千克。

（一）抽样误差的种类

抽样误差按产生的原因可以分为登记性误差和代表性误差两大类。

登记性误差指在统计调查和整理、汇总过程中，由于观察、测量、登记、计算等方面的差错或者被调查者提供虚假资料而产生的误差。登记性误差不是抽样调查特有的，任何一种统计调查方式都存在登记性误差。一般来说，调查范围越大，调查单位越多，产生登记性误差的可能性就越大。登记性误差是一种可以避免的误差。

代表性误差指用样本指标推断总体指标时，由于样本结构与总体结构不一致、样本不能完全代表总体而产生的误差。这类误差又可以分为系统性误差和随机性误差两类。系统性误差（也叫偏差必然性误差）是由非随机因素引起的样本代表性不足，或者说是由于在抽样调查时，违反抽样调查的随机原则而产生的误差。如抽样框与目标总体不一致、有意多选较好或较差的单位等，其结果是样本估计量的值系统性地偏高或偏低。由于它是由人们的主观因素造成的一种必然性的代表性误差，因此是可以避免的。而随机性误差（也叫偶然性误差）是指抽样调查时虽然遵循了随机抽样原则，但受各种随机因素影响（偶然性因素）而引起的代表性误差。这种随机因素使人们在抽样时抽到各种不同的样本。这种误差是不可避免的，但可以控制，即用数学方法，确定其具体的数量界限，并通过抽样设计程序加以控制。

在抽样估计中所说的误差就是随机性误差。由于登记性误差和系统性误差都是可以避免的，因此在抽样调查中都应该尽量避免。在计算抽样误差时，通常假定不存在登记性误差和系统性误差。

影响抽样误差的因素主要有以下四个方面：①总体各单位观测值的差异程度。总体各单位观测值差异程度越大则抽样误差越大，差异程度越小则抽样误差越小。②样本单位数。在其他条件相同的情况下，样本单位数越多，则抽样误差越小。③抽样方法。抽样方法不同，抽样误差也不同。一般情况下，重复抽样的抽样误差比不重复抽样的抽样误差要大一些。④抽样调查的组织形式。不同的组织形式会导致不同的抽样误差。

（二）抽样误差的度量

对抽样误差可从不同方面进行度量，具体方法包括实际抽样误差、抽样平均误差和抽样极限误差三种。

1. 实际抽样误差

实际抽样误差是某一具体样本的样本估计值 $\hat{\theta}$ 与总体参数的真实值 θ 之差（$\hat{\theta}-\theta$）。由于 θ 是未知的，而且样本是随机抽取的，因此样本估计量是随样本不同而不同的随机变量。又因为每一次抽样都会得到一个样本估计值，所以实际抽样误差也是一个随样本不同而不同的随机变量。此外，总体参数的真实值一般未知，实际抽样误差无法估计出来，因此在实际应用中，抽样误差一般用抽样平均误差和抽样极限误差来度量。

2. 抽样平均误差

前面说过，某一变量的变量值与其均值的平均差异程度一般用标准差来测定。在抽样调查中，我们可以用样本估计量的标准差来反映所有可能的样本估计值与总体参数的平均差异程度，即所有可能样本的实际抽样误差的一般水平。所以在统计上，把样本估计量 $\hat{\theta}$ 的标准差定义为抽样平均误差。

$$\sigma_{(\hat{\theta})} = \sqrt{\frac{\sum_{i=1}^{n}(\hat{\theta}-\theta_i)^2}{n}} \tag{5-1}$$

式中，n 为可能的样本数，$\hat{\theta}$ 为样本估计量，θ 为总体参数的真实值。

抽样平均误差是反映抽样误差一般水平的指标，其实质是反映抽样指标和总体指标间的平均误差程度。因此，抽样平均误差也被称为统计量的标准误差。抽样平均误差可用于衡量样本对总体的代表性。抽样平均误差越小，说明样本估计量的分布越集中在总体参数的附近，样本对总体的代表性就越大。在计算抽样平均误差时，由于抽样有重复抽样和不重复抽样两种情况，因此平均数抽样和成数抽样的平均误差的计算方法也不一样，具体计算公式见表 5-1。

表 5-1 平均数抽样和成数抽样的平均误差的计算公式

	平均数抽样	成数抽样
重复抽样	$\mu_x = \dfrac{\sigma}{\sqrt{n}}$	$\mu_p = \sqrt{\dfrac{\pi(1-\pi)}{n}}$
不重复抽样	$\mu_x = \sqrt{\dfrac{\sigma^2}{n}\left(1-\dfrac{n}{N}\right)}$	$\mu_p = \sqrt{\dfrac{\pi(1-\pi)}{n}\left(1-\dfrac{n}{N}\right)}$
重复抽样和不重复抽样条件下抽样平均误差的区别	在其他条件相同的情况下，重复抽样和不重复抽样仅差一个修正因子的平方根（$\sqrt{\left(1-\dfrac{n}{N}\right)}$）。由于 $\sqrt{1-\dfrac{n}{N}}<1$，所以不重复抽样的平均误差小于重复抽样的平均误差的 $\sqrt{1-\dfrac{n}{N}}$ 倍。$\dfrac{n}{N}$ 又称抽样比例或抽样强度。	

重复抽样，又称重置抽样或有放回的抽样，指从总体的 N 个单位中随机抽取一个容量为 n 的样本，每次抽取的单位经记录其有关标志表现后放回总体中，重新参加下一次抽样。每次从总体中抽取一个单位都可看作一次试验，连续进行 n 次试验的结果就构成了一个样本。因此，重复抽样的样本是经过 n 次相互独立的连续试验后形成的，每次试验均在相同的条件下完全按照随机原则进行。

不重复抽样又称不重置抽样或无放回的抽样，指从总体的 N 个单位中随机抽取一个容量为 n 的样本，每次抽取的单位经记录其有关标志表现后不再放回总体中参加下一次抽样。经过连续 n 次不重复抽样构成样本，相当于一次性从总体中抽取 n 个单位构成样本。上一次的抽样结果会直接影响下一次抽样，因此，不重复抽样的样本是经过 n 次相互联系的连续试验后形成的。

3. 抽样极限误差

抽样极限误差也叫允许误差，指在一定概率下抽样误差的可能范围，即样本指标与总体指标之间误差可允许的最大范围。抽样平均误差反映的是抽样的可能误差范围，而实际上每次抽样推断中只抽一个样本，因此实际上的抽样误差可能大于抽样平均误差，也可能小于抽样平均误差。误差太大或太小都会给抽样调查工作造成不利影响，因而在抽样估计时，应根据研究对象的变异程度和任务的要求确定可允许误差的范围，这一允许范围称为极限误差，用 Δ 表示。用绝对值表示即

$$|\hat{\theta}-\theta| \leqslant \Delta_{\hat{\theta}} \qquad (5-2)$$

平均数和比例的抽样极限误差分别用 Δ_x、Δ_p 表示，即

$$|\bar{x}-\mu| \leqslant \Delta_{\bar{x}} \qquad (5-3)$$

$$|p-\pi| \leqslant \Delta_p \qquad (5-4)$$

【例 5-1】某企业有 5 个工人的日产量分别为 6，8，10，12，14（单位：件），用重复抽样的方法，从中随机抽取两个工人的日产量，用以代表这 5 个工人的总体水平，则抽样

平均误差为多少？

解：根据题意可得 $\mu = \dfrac{6+8+10+12+14}{5} = 10$（件）。

总体标准差 $\sigma = \dfrac{\sqrt{\sum\limits_{i=1}^{5}(X_i-\mu)^2}}{\sqrt{N}} = \dfrac{\sqrt{40}}{\sqrt{5}} = \sqrt{8}$（件）。

因此，抽样平均误差为 $\mu_x = \dfrac{\sigma}{\sqrt{n}} = \dfrac{\sqrt{8}}{\sqrt{2}} = 2$（件）。

答：抽取两个工人的日产量进行调查的抽样平均误差为两件。

【**例 5-2**】根据历史经验，在正常情况下某企业生产某种产品的合格率为 90%，现从 5 000 件产品中抽取 50 件进行检验，求该产品合格率的抽样平均误差。

解：根据题意，在重复抽样条件下，合格率的抽样平均误差为

$$\mu_p = \sqrt{\frac{\pi(1-\pi)}{n}} = \sqrt{\frac{0.9\times0.1}{50}}$$
$$= 4.24\%$$

在不重复抽样条件下，合格率的抽样平均误差为

$$\mu_p = \sqrt{\frac{\pi(1-\pi)}{n}\left(1-\frac{n}{N}\right)} = \sqrt{\frac{0.9\times0.1}{50}\left(1-\frac{50}{5\,000}\right)}$$
$$= 4.22\%$$

答：抽取 50 件产品进行检验，该产品合格率的抽样平均误差为 4.22%。

三、样本统计量

虽然样本提供了总体的信息，但这些信息是分散的，不便于直接、有效地对总体进行推断。为了有效地推断总体，必须对样本进行"加工"，即把样本中所包含的有关总体某一特征的信息"提取"出来并"聚集"在一起，这就要求根据问题的需要构造样本的适当函数。不同的样本函数反映总体的不同特征，一旦有了样本观测值就可以由此给出总体特征的推断值，因此，要求这种样本函数不包含任何未知参数，这种不包含任何未知参数的样本函数称为统计量（Statistic）。

设（x_1, x_2, …, x_n）是总体 X 的容量为 n 的样本，若样本函数 $T = T(x_1, x_2, …, x_n)$ 中不含任何未知参数，则称 T 为一个统计量。例如，

$$\bar{x} = \frac{1}{n}\sum_{i=1}^{n}x_i \tag{5-5}$$

就是一个统计量，称为样本均值（Sample Mean）。

$$S^2 = \frac{1}{n-1}\sum_{i=1}^{n}(x_i-\bar{x})^2 \tag{5-6}$$

也是统计量，称为样本方差（Sample Variance）。

四、抽样分布

（一）抽样分布的概念

根据样本统计量估计总体参数，必须首先确定样本统计量的分布。从理论上说，某个样本统计量的抽样分布，就是在重复选取容量为 n 的样本时，由每一个样本计算出的该统计量的具体数值的频数分布或概率（频率）分布。因此，抽样分布指样本统计量的概率分布。样本统计量是由 n 个随机变量构成的样本的函数，因此，抽样分布属于随机变量函数的分布，它反映了样本指标的分布特征，是抽样推断的重要依据。

假定总体有 N 个单位，从中抽取 n 个单位进行调查，即可抽取 N^n 个样本，可以得到 N^n 个不完全相同的样本平均数。如果把所有可能的样本平均数及其出现的概率依次排列起来，就可以得到样本平均数的概率分布，即平均数的抽样分布。同理可以得到样本比例的概率分布（比例的概率分布）和样本方差的概率分布（方差的概率分布）。

对抽样分布，可以通过计算其均值和方差（或标准差）等数值特征来反映这种分布的集中和离散趋势。根据抽样分布的规律，能够揭示样本指标与总体指标之间的关系，估计抽样误差，并说明抽样推断的可靠度。

由于在实际抽样工作中不可能将所有的样本都抽出来，因此抽样分布实际上是一种理论分布。在抽样推断中，统计量一般都服从正态分布或以正态分布为渐进分布。正态分布是最常用的分布，此外还有 χ^2 分布、t 分布和 F 分布等精确分布。

（二）样本平均数的抽样分布

从单位数为 N 的总体中抽取样本量为 n 的随机样本，在重复抽样条件下共有 N^n 个可能的样本；在不重复抽样条件下共有 $C^n = \dfrac{N!}{n!(N-n)!}$ 个可能样本。对于每一个样本，都可以计算出样本均值 $\bar{x}$（或 S^2 或 p），因此，样本均值 $\bar{x}$（或 S^2 或 p）是一个随机变量。所有的样本均值 $\bar{x}$（或 S^2 或 p）形成的分布就是样本均值（方差、成数）的抽样分布。

【例 5-3】假设一个总体共有 4 个个体（元素），即 $N=4$，每个个体的取值分别为 $X_1=1$，$X_2=2$，$X_3=3$，$X_4=4$。总体分布为均匀分布，如图 5-1 所示。

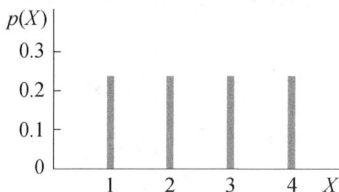

图 5-1　共有 4 个个体（元素）的总体的分布

已知总体中每个个体的数值，可得

总体均值 $\mu = \dfrac{\sum\limits_{i=1}^{N} X_i}{N} = \dfrac{10}{4} = 2.5$；

总体方差 $\sigma^2 = \dfrac{\sum\limits_{i=1}^{N}(X_i - \overline{X})^2}{N} = \dfrac{(1-2.5)^2+(2-2.5)^2+(3-2.5)^2+(4-2.5)^2}{4} = 1.25$。

若采取重复抽样，样本量 n=2，则共有 $4^2=16$ 个可能样本（见表 5-2），每个样本被抽取的概率相同，均为 $\dfrac{1}{16}$。样本均值的抽样分布如表 5-3 和图 5-2 所示。

表 5-2　16 个可能样本及其均值

样本序号	样本元素	样本均值	样本序号	样本元素	样本均值
1	1，1	1	9	3，1	2
2	1，2	1.5	10	3，2	2.5
3	1，3	2	11	3，3	3
4	1，4	2.5	12	3，4	3.5
5	2，1	1.5	13	4，1	2.5
6	2，2	2	14	4，2	3
7	2，3	2.5	15	4，3	3.5
8	2，4	3	16	4，4	4

表 5-3　16 个样本均值的抽样分布

$\overline{x}$	f_i	$\dfrac{f_i}{\sum\limits_{i=1}^{n}f_i}=p(\overline{x})$
1.0	1	0.062 5
1.5	2	0.125 0
2.0	3	0.187 5
2.5	4	0.250 0
3.0	3	0.187 5
3.5	2	0.125 0
4.0	1	0.062 5
合计	16	1.000 0

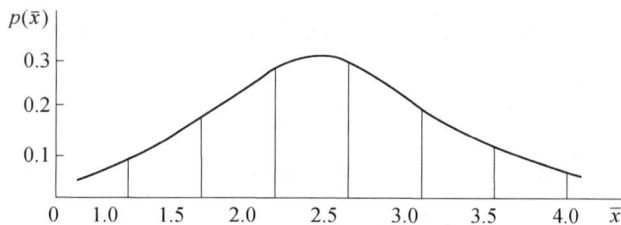

图 5-2　16 个样本均值的抽样分布

样本均值 $\overline{x}$ 的抽样分布与总体分布的形状很不一样，这与抽取样本的总体分布和样本量 n 有关。如果抽取样本的总体是正态分布，则无论样本量的大小如何，样本均值的抽样分布都服从正态分布。如果总体分布是非正态分布，则样本均值的抽样分布形态取决于样本量的大小，当样本量 n 较小时，其分布为非正态分布；当样本量 n 不断增大，达到大样本（通常要求 $n \geqslant 30$）时，则样本均值的分布趋于服从正态分布，其分布的数学期望为总体均值 μ，方差为总体方差的 $1/n$，这就是著名的中心极限定理（Central Limit Theorem）。

中心极限定理可表述为：从均值为 μ、方差为 σ^2 的任意总体中，抽取容量为 n 的随机样本，当 n 充分大（一般要求 $n \geqslant 30$）时，样本均值 $\bar{x}$ 的抽样分布近似服从均值为 μ、方差为 $\dfrac{\sigma^2}{n}$ 的正态分布。该定理可用图 5-3 来说明。

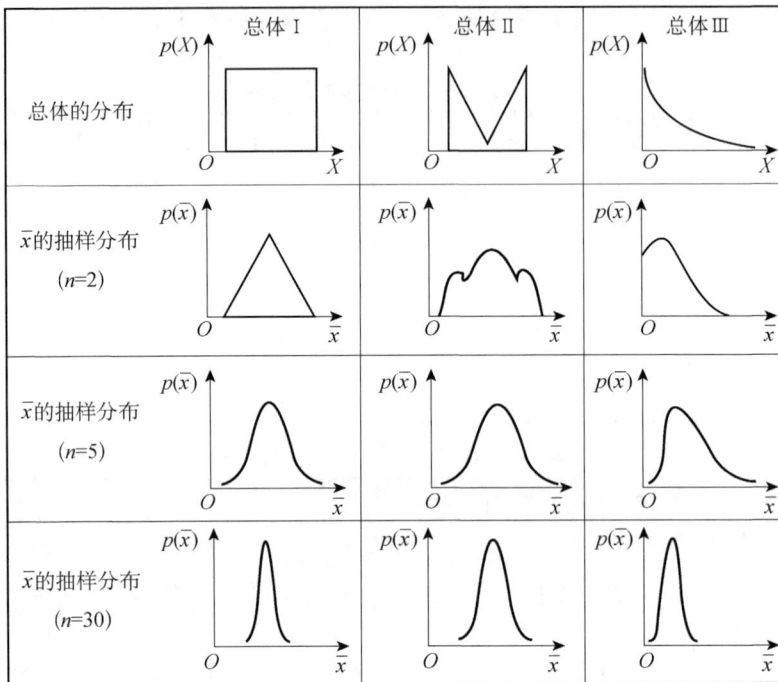

图 5-3　样本均值 $\bar{x}$ 的抽样分布趋于正态分布的过程

从统计推断的角度看，抽样分布的特征主要是均值和方差。下面我们来看样本均值 $\bar{x}$ 的抽样分布的特征：数学期望和方差。

设总体共有 N 个元素，其均值为 μ，方差为 σ^2，从中抽取容量为 n 的样本，样本均值的数学期望记为 $E(\bar{x})$、方差记为 $\sigma_{\bar{x}}^2$。无论是重复抽样还是不重复抽样，样本均值的数学期望总是等于总体均值，即

$$E(\bar{x}) = \mu \tag{5-7}$$

而样本均值的方差则与抽样方法有关。在重复抽样条件下，样本均值的方差为总体方差的 $1/n$，即

$$\sigma_{\bar{x}}^2 = \frac{\sigma^2}{n} \qquad （重复抽样） \tag{5-8}$$

即 $\bar{x} \sim N\left(\mu, \dfrac{\sigma^2}{n}\right)$，等价的有 $\dfrac{\bar{x} - \mu}{\sigma/\sqrt{n}} \sim N(0,\ 1)$。

在不重复抽样条件下，样本均值的方差需要用修正因子 $\left(\dfrac{N-n}{N-1}\right)$ 来调整，即

$$\sigma_{\bar{x}}^2 = \frac{\sigma^2}{n}\left(\frac{N-n}{N-1}\right) \qquad （不重复抽样） \tag{5-9}$$

即 $\bar{x} \sim N\left[\mu, \dfrac{\sigma^2}{n}\left(\dfrac{N-n}{N-1}\right)\right]$。式中，$\sigma_{\bar{x}}^2$ 为样本方差，σ^2 为总体方差，n 为样本量，N 为总体单位数。

对于无限总体样本均值的方差，不重复抽样也可按重复抽样来处理；对于有限总体样本均值的方差，当 N 很大而 n/N 很小时，修正系数 $\dfrac{N-n}{N-1}$ 趋于 1，不重复抽样也可按重复抽样来处理。

样本均值 $\bar{x}$ 抽样分布的特征——数学期望和方差的计算公式，可以通过例 5-3 加以验证。

$$\text{样本均值的均值} = \frac{1.0+1.5+\ldots+3.5+4.0}{16} = \frac{40}{16} = 2.5 = \mu ;$$

$$\text{样本均值的方差 } \sigma_{\bar{x}}^2 = \frac{\sum_{i=1}^{10}(\bar{x}_i - \mu)^2}{16} = \frac{10}{16} = \frac{1.25}{2} = \frac{\sigma^2}{n} 。$$

（三）样本比例的抽样分布

在商务、管理等经济活动中，经常要对总体比例做出估计，即通过样本比例 p 推断总体比例。比例也称比率或成数，有总体比例和样本比例之分。总体比例指某一现象总体中具有某种特征的单位数占全部单位数的比例（比重），用 π 表示。而样本中具有相同特征的单位数占全部样本单位数的比例（比重）称为样本比例，用 p 表示，如产品合格率、某种商品的市场占有率等。根据定义，总体比例和样本比例的计算公式分别为

$$\text{总体比例 } \pi = \frac{N_0}{N} \tag{5-10}$$

式中，N_0 为总体中具有某种特征的单位数；N 为总体单位数。

$$\text{样本比例 } p = \frac{n_0}{n} \tag{5-11}$$

式中，n_0 为样本中具有某种特征的单位数；n 为样本单位数。

样本比例 p 的抽样分布服从二项分布，但当 n 足够大时，样本比例 p 的抽样分布又与正态分布近似。对于样本比例 p，若 $np \geqslant 5$ 且 $n(1-p) \geqslant 5$，就可以认为样本量足够大。样本比例 p 的抽样分布的特征——数学期望和方差分别为

$$E(p) = \pi \tag{5-12}$$

$$\sigma_p^2 = \frac{\pi(1-\pi)}{n} \qquad \text{（重复抽样）} \tag{5-13}$$

$$\sigma_p^2 = \frac{\pi(1-\pi)}{n}\left(\frac{N-n}{N-1}\right) \qquad \text{（不重复抽样）} \tag{5-14}$$

样本比例的方差与样本均值分布的方差一样，对于无限总体，不重复抽样也可按重复抽样来处理；对于有限总体，当 N 足够大且 $n/N \leqslant 5\%$ 时，修正系数 $\dfrac{N-n}{N-1}$ 趋于 1，不重复抽样也可按重复抽样来处理。

五、参数估计的一般问题

（一）参数估计的概念

在许多实际问题中，总体被理解为所研究的统计指标，在一定范围内以一定的概率取各种数值，并形成一个概率分布，但是这个概率分布往往是未知的。例如，为了制定绿色食品的有关制度，需要研究蔬菜中残留农药的分布状况，但我们对这个分布属于何种类型并不清楚。有时可以断定分布的类型，例如，在农民收入调查中，根据实际经验和理论分析（如概率论中的中心极限定理），可以断定农民收入服从正态分布，但分布中的参数取何值却是未知的，这就引出了统计估计问题。统计估计专门研究由样本估计总体的未知分布或分布中的未知参数，直接对总体的未知分布进行的估计称为非参数估计；当总体分布类型已知时，对分布的未知参数进行的估计称为参数估计。在参数估计中，假定抽样方法为放回简单随机抽样，样本的每个分量都与总体同分布，每个样本之间相互独立。

参数估计就是用样本统计量去估计总体参数。在进行参数估计时，有必要对估计量（Estimator）与估计值（Estimated Value）概念予以区分。总体的特征数在参数估计中被称作总体参数，用 θ 表示。用来估计总体参数的统计量被称为估计量，如样本均值、样本比例、样本方差等。估计量是一个不包含任何未知参数的函数，用 $\hat{\theta}$ 表示，是一个随着抽样波动而波动的随机变量。抽取样本后，把样本数据代入估计量公式计算出的具体数值即估计值。

（二）点估计与区间估计

参数估计，从估计形式来看，可分为点估计与区间估计；从构造估计量的方法（即估计方法）来看，可分为矩估计法、最小二乘估计法、似然估计法、贝叶斯估计法等。

1. 点估计

设总体 X 的分布类型已知，但包含未知参数 θ，从总体中抽取一个简单随机样本 $(X_1, X_2, \cdots, X_n)$ 并利用样本提供的信息对总体未知参数 θ 进行估计。可以构造一个适当的统计量 $\hat{\theta} = T(X_1, X_2, \cdots, X_n)$，作为 θ 的估计量，称 $\hat{\theta}$ 为未知参数 θ 的点估计量（Point Estimate）。当已有一个具体的样本观测值 $(x_1, x_2, \cdots, x_n)$ 时，将其代入估计量就可得到估计量的一个具体观测值 $T(x_1, x_2, \cdots, x_n)$，称为参数 θ 的一个点估计值。一般来说，用样本估计量的值直接作为总体参数的估计值的估计称为点估计，例如，对某地区的水稻亩产量进行估计，抽取一个样本后得到的平均亩产量为 600 千克，就把该产量作为该地区的水稻亩产量，并以此估计该地区的水稻总产量。

2. 区间估计

在参数估计中，虽然点估计可以给出未知参数的一个估计量（或估计值），但不知道 $\hat{\theta}$ 与 θ 到底相差多少，这就引出了区间估计问题。为此人们希望利用样本的点估计值给出一个总体参数的取值范围，并要求该取值范围以足够大的可靠程度包含待估计参数的真值，这就是区间估计（Interval Estimation）问题。

设 θ 是未知参数，$(x_1, x_2, \cdots, x_n)$ 是来自总体的样本，构造两个统计量 $\hat{\theta}_1 = T_1(x_1, x_2, \cdots, x_n)$，$\hat{\theta}_2 = T_2(x_1, x_2, \cdots, x_n)$，对于给定的 α（$0<\alpha<1$），若 $\hat{\theta}_1$、$\hat{\theta}_2$ 满足 $p\{\hat{\theta}_1 \leqslant \theta \leqslant \hat{\theta}_2\} = 1-\alpha$，则称随机区间 $[\hat{\theta}_1, \hat{\theta}_2]$ 是参数 θ 的置信水平（Confidence Level）为 $1-\alpha$ 的置信区间（Confidence Interval），$1-\alpha$ 称为 $[\hat{\theta}_1, \hat{\theta}_2]$ 的置信系数（置信水平或置信度），$\hat{\theta}_1$，$\hat{\theta}_2$ 称为置信限（Confidence Limit），其中 $\hat{\theta}_1$ 称为置信下限，$\hat{\theta}_2$ 称为置信上限。α 是所构造的置信区间不包含总体参数的概率，一般称为显著性水平，通常取 0.05、0.01 或 0.1。

对区间估计的理解需要注意以下几点：

（1）区间 $[\hat{\theta}_1, \hat{\theta}_2]$ 的端点 $\hat{\theta}_1$、$\hat{\theta}_2$ 及长度 $\hat{\theta}_2 - \hat{\theta}_1$ 都是样本的函数，从而都是随机变量，因此 $[\hat{\theta}_1, \hat{\theta}_2]$ 是一个随机区间。

（2）$p\{\hat{\theta}_1 \leqslant \theta \leqslant \hat{\theta}_2\} = 1-\alpha$ 是指随机区间 $[\hat{\theta}_1, \hat{\theta}_2]$ 以 $1-\alpha$ 的概率包含未知参数的真值，区间长度 $\hat{\theta}_2 - \hat{\theta}_1$ 描述估计的精度，置信水平 $1-\alpha$ 描述估计的可靠度。

（3）因为未知参数 θ 是非随机变量，所以不能说 θ 落入区间 $[\hat{\theta}_1, \hat{\theta}_2]$ 的概率是 $1-\alpha$，而应该说随机区间 $[\hat{\theta}_1, \hat{\theta}_2]$ 包含 θ 的概率是 $1-\alpha$。更准确地说，在 100 次抽样中，平均有 $100(1-\alpha)$ 次抽样的估计区间 $[\hat{\theta}_1, \hat{\theta}_2]$ 包含 θ，但对一次抽样而言，随机区间 $[\hat{\theta}_1, \hat{\theta}_2]$ 要么包含 θ，要么没有包含 θ。

通俗地说，在点估计的基础上，给出总体参数的一个有一定程度把握的范围就是区间估计。

（三）评价估计量的标准

总体参数可用若干方式估计，例如，如果要估计总体的均值 μ，可采用以下 5 种方法：①只从总体中抽取一个样本值，即用 x_1 估计 μ；②用样本的中位数进行估计；③用样本的众数估计；④在样本 $(x_1, x_2, \cdots, x_n)$ 中取一个最大值和一个最小值，并用最大值与最小值之差的平均值（即 $\frac{x_{\max} - x_{\min}}{2}$）估计 μ；⑤用样本平均数 $\bar{x}$ 估计 μ。这 5 种估计方法中，哪种方法的估计值比较好？或者说对于所估计的均值，哪个更接近总体均值的真实值？这就引出了对估计量的评价标准问题。主要的评价标准有三个，即无偏性、有效性和一致性。

1. 无偏性（Unbiasedness）

对于参数 θ，若有一个估计量 $\hat{\theta}$ 满足 $E(\hat{\theta})=\theta$，则称 $\hat{\theta}$ 为 θ 的无偏估计量。无偏性是衡量点估计量好坏的一个评价标准，其意义是：由于抽样的随机性，基于一次具体抽样所得的参数估计值未必等于参数真值，但当进行一系列抽样时，所有样本计算的 $\hat{\theta}$ 值都分布在 θ 附近，且 $E(\hat{\theta})=\theta$，即无系统偏差，如图 5-4 所示。当大量使用该估计量对参数进行估计时，一系列估计值的平均值应该与待估计的参数真值相等，这就从平均效果角度对估计量的优劣给出了一个评价标准。若 $E(\hat{\theta})>\theta$，将会产生正偏差，如图 5-5 所示；若 $E(\hat{\theta})<\theta$，将会产生负偏差，如图 5-6 所示。

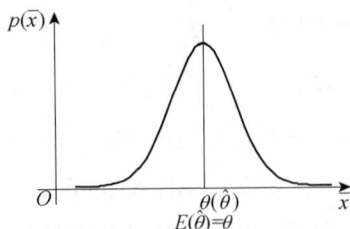

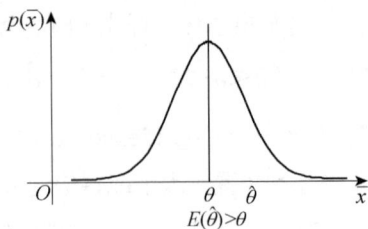

图 5-4　无偏估计　　　　　　图 5-5　有偏估计（正偏）　　　　图 5-6　有偏估计（负偏）

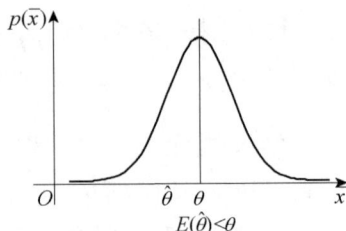

2. 有效性（Efficiency）

若有 $E(\hat{\theta}_1)=\theta$，$E(\hat{\theta}_2)=\theta$，且 $\mathrm{Var}(\hat{\theta}_1)<\mathrm{Var}(\hat{\theta}_2)$，则相对 $\hat{\theta}_2$ 来说，$\hat{\theta}_1$ 是 θ 的有效估计量。

因为 $E(x_i)=\mu$，$E(\bar{x})=\mu$，$\mathrm{Var}(x_i)=\sigma^2$，$\mathrm{Var}(\bar{x})=\dfrac{\sigma^2}{n}$，所以有 $\mathrm{Var}(x_i)>\mathrm{Var}(\bar{x})$，因此，相对 x_i 来说，$\bar{x}$ 是 μ 的更有效估计量，如图 5-7 所示。其实际意义是，因为 $\bar{x}$ 的方差小，所以一次抽样中 $\bar{x}$ 比单个 x_i 离 μ 值近的可能性更大。无偏估计量并不意味着该估计量非常接近被估计的参数，它还必须与总体参数的离散程度比较小。对同一总体参数的两个无偏估计量而言，方差小者更有效。在众多无偏估计量中，称具有最小方差的估计量为最佳无偏估计量。

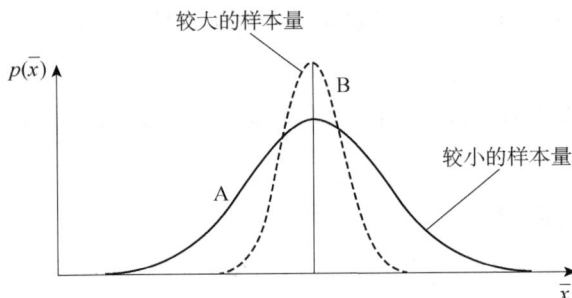

图 5-7　有效性示意图

3. 一致性（Consistency）

一致性也称相合性，指随着样本量的增大，点估计量的值越来越接近总体参数的真值。也就是说，当给定一个任意小的 $\varepsilon>0$ 时，有 $\underset{n\to\infty}{\mathrm{Lim}}\,p\{|\hat{\theta}-\theta|<\varepsilon\}=1$，即当 $n\to\infty$，$\hat{\theta}$ 依概率收敛于 θ，则称 $\hat{\theta}$ 为 θ 的一致估计量，$\hat{\theta}$ 具有一致性。

可以证明，$\bar{x}$、S^2 分别是 μ 和 σ^2 的一致估计量，但样本中位数不是总体均值 μ 的一致估计量。由定义可知，一致性只在样本量很大时才起作用。

六、一个总体参数的区间估计

（一）总体均值的区间估计

1. 正态总体、方差已知，或非正态总体、方差未知、大样本情况

如果所分析的总体为正态总体，或虽然为非正态总体，但是是在大样本的情况下，样

本均值的抽样分布呈正态分布，其数学期望为总体均值 μ，方差为 $\dfrac{\sigma^2}{n}$，则 $\overline{x} \pm Z_{\alpha/2} \dfrac{\sigma}{\sqrt{n}}$ 称为总体均值在 $1-\alpha$ 置信水平下的置信区间。

设样本 $(x_1,x_2,\cdots,x_n)$ 来自正态总体 $N(\mu,\sigma^2)$，μ 是总体均值，σ^2 是总体方差。当 σ^2 已知时，数理统计已证明 $\overline{x}$ 服从正态分布 $N(\mu,\dfrac{\sigma^2}{n})$，从而 $Z=\dfrac{\overline{x}-\mu}{\sigma/\sqrt{n}}$ 服从标准正态分布 $N(0,1)$，对给定的置信系数 $1-\alpha$，查正态分布表，可得上 $\alpha/2$ 分位点 $Z_{\alpha/2}$，使得

$$p\left\{\left|\frac{\overline{x}-\mu}{\sigma/\sqrt{n}}\right| \leqslant Z_{\alpha/2}\right\}=1-\alpha$$

从而有

$$p\left\{\overline{x}-Z_{\alpha/2}\frac{\sigma}{\sqrt{n}} \leqslant \mu \leqslant \overline{x}+Z_{\alpha/2}\frac{\sigma}{\sqrt{n}}\right\}=1-\alpha \tag{5-15}$$

则 $\left[\overline{x}-Z_{\alpha/2}\dfrac{\alpha}{\sqrt{n}},\ x+Z_{\alpha/2}\dfrac{\sigma}{\sqrt{n}}\right]$ 即 μ 的置信水平为 $1-\alpha$ 的置信区间。

【例 5-4】某保险公司从投保人中随机抽取 36 人，算得 36 人的平均年龄 $\overline{x}=39.5$ 岁，已知投保人平均年龄近似服从正态分布，标准差为 7.2 岁，试求全体投保人平均年龄的置信水平为 99% 的置信区间。

解： 已知 $\overline{x}=39.5$，$\sigma=7.2$，$n=36$，$1-\alpha=0.99$，$\alpha=0.01$，查正态分布表，得 $Z_{\alpha/2}=2.575$。

根据式（5-15）得

$$\overline{x} \pm Z_{\alpha/2}\frac{\sigma}{\sqrt{n}}=39.5 \pm 2.575 \times \frac{7.2}{\sqrt{36}}=39.5 \pm 3.09$$

故全体投保人平均年龄的置信水平为 99% 的置信区间为[36.41，42.59]。

在不重复抽样条件下，总体均值在 $1-\alpha$ 置信水平下的置信区间为

$$\left[\overline{x}-Z_{\alpha/2}\frac{\sigma}{\sqrt{n}}\sqrt{\frac{N-n}{N-1}},\ x+Z_{\alpha/2}\frac{\sigma}{\sqrt{n}}\sqrt{\frac{N-n}{N-1}}\right] \tag{5-16}$$

【例 5-5】某食品公司每天生产袋装食品若干，按规定每袋的重量应为 100g。为对产品重量进行检测，该企业质检部门采用抽样技术，每天抽取一定数量的食品，以分析每袋重量是否符合要求。现从某一天生产的 8 000 袋食品中随机抽取了 25 袋（不重复抽样），测得它们的重量，如表 5-4 所示。已知产品重量服从正态分布，且总体标准差为 10g。试估计该批袋装食品平均重量的置信区间（置信水平为 95%）。

表 5-4　某食品公司抽查的 25 袋袋装食品的重量　　　　单位：g

112.5	101	103	102	100.5
136.8	116.6	100	102.6	107.5
123.5	95.4	97.8	101.5	93.3

（续表）

| 105 | 102.2 | 115.6 | 98.4 | 108.6 |
| 101.6 | 95 | 102 | 97.8 | 101.5 |

解： 已知 $\sigma^2 = 100g$，$n = 25$，$1 - \alpha = 95\%$，$Z_{\alpha/2} = 1.96$。

根据表 5-4 中的样本资料计算的样本均值为

$$\overline{x} = \frac{\sum_{i=1}^{n} x_i}{n} = \frac{2\,634}{25} = 105.36$$

根据式（5-16）得

$$\overline{x} \pm Z_{\alpha/2} \frac{\sigma}{\sqrt{n}} \sqrt{\frac{N-n}{N-1}} = 105.36 \pm 1.96 \times \sqrt{\frac{100}{25}} \times \sqrt{\frac{8\,000-25}{8\,000-1}} = 105.36 \pm 3.91$$

该批袋装食品的平均重量在95%置信水平下的置信区间为[101.45，109.27]。

在总体为非正态总体，但是样本为大样本的情况下，若总体方差 σ^2 未知，可用样本方差 S^2 代替。

【例 5-6】 某职业介绍所从申请某一职业的 1 000 名申请者中采用不重复抽样方式随机抽取了 200 人，以此来估计 1 000 人的平均成绩。这 200 人的平均成绩为 78 分，由以往经验知总体标准差为 90 分，但不知道总体服从何种分布。要求在置信水平为 90% 的条件下建立 1 000 名申请者平均成绩的置信区间。

解： 由题意知 $\overline{x} = 78$，$\sigma = 90$，$\alpha = 0.1$，查表得 $Z_{\alpha/2} = 1.645$，则

$$\overline{x} \pm z_{\alpha/2} \sqrt{\frac{\sigma^2}{n}\left(\frac{N-n}{N-1}\right)} = 78 \pm 1.645 \sqrt{\frac{90}{200}\left(\frac{1\,000-200}{1\,000-1}\right)} = 78 \pm 0.99$$

因此，这 1 000 名申请者平均成绩的置信水平为90%的置信区间为[77.01，78.99]。

2. 正态总体、方差未知、小样本情况

如果总体服从正态分布，则无论样本量大小如何，样本均值的抽样分布都服从正态分布。只要总体方差已知，即使在小样本情况下，也可以按式（5-15）或式（5-16）来计算总体均值的置信区间。如果总体方差 σ^2 未知，需用样本方差 S^2 代替。在小样本情况下，应用 t 分布来建立总体均值的置信区间。

t 分布是类似正态分布的一种对称分布，通常比正态分布平坦和分散。随着自由度的增大，t 分布逐渐趋于正态分布。

在已知总体服从正态分布，但方差未知、小样本情况下，总体均值在 $1 - \alpha$ 置信水平下的置信区间为

$$\left[\overline{x} - t_{\alpha/2}(n-1)\frac{s}{\sqrt{n}},\ \overline{x} + t_{\alpha/2}(n-1)\frac{s}{\sqrt{n}}\right] \qquad \text{（重复抽样条件下）} \qquad (5\text{-}17)$$

$$\left[\overline{x} - t_{\alpha/2}(n-1)\frac{s}{n}\sqrt{\frac{N-n}{N-1}},\ \overline{x} + t_{\alpha/2}(n-1)\frac{s}{\sqrt{n}}\sqrt{\frac{N-n}{N-1}}\right] \quad \text{（不重复抽样条件下）} \quad (5\text{-}18)$$

式（5-17）和式（5-18）中，$t_{\alpha/2}(n-1)$ 为 t 分布临界值，可以通过查 t 分布临界值表得到。

【例 5-7】为了估计电视台播放一分钟广告的平均费用，现在抽出 15 家电视台进行调查，得到这 15 家电视台播放一分钟广告的平均费用为 10 000 元，标准差为 2 000 元。假设总体近似服从正态分布，试在置信水平为 95% 的条件下建立广告平均费用的置信区间。

解：根据题意，已知 $\bar{x} = 10\,000$，$s = 2\,000$，$\alpha = 0.05$，查 t 分布表，有

$$t_{\alpha/2}(n-1) = t_{0.025}(14) = 2.14$$

$$\bar{x} \pm t_{\alpha/2} \frac{s}{\sqrt{n}} = 10\,000 \pm 2.14 \times \frac{2\,000}{\sqrt{15}} = 10\,000 \pm 1\,106\,（元）$$

即电视台播放一分钟广告的平均费用的置信水平为 95% 的置信区间为[8 894，11 106]。

（二）总体比例的区间估计

样本比例的抽样服从二项分布，但在大样本（一般经验规则：$np \geq 5$ 或 $n(1-p) \geq 5$）条件下，样本比例的抽样分布近似正态分布。在这种情况下，数理统计已经证明如下结论：

置信水平为 $1-\alpha$ 的置信区间为

$$\left[p - Z_{\alpha/2}\sqrt{\frac{p(1-p)}{n}},\ p + Z_{\alpha/2}\sqrt{\frac{p(1-p)}{n}} \right] \quad （重复抽样） \quad (5\text{-}19)$$

$$\left[p - Z_{\alpha/2}\sqrt{\frac{p(1-p)}{n}\left(\frac{N-n}{N-1}\right)},\ p + Z_{\alpha/2}\sqrt{\frac{p(1-p)}{n}\left(\frac{N-n}{N-1}\right)} \right] \quad （不重复抽样） \quad (5\text{-}20)$$

【例 5-8】某城市要估计下岗职工中女性所占的比例，采取重复抽样方法随机抽取了 100 名下岗职工，其中 65 人为女性。试以 95% 的置信水平估计该城市下岗职工中女性所占比例的置信区间。

解：由题意，已知 $n = 100$，$Z_{0.025} = 1.96$，$p = \frac{65}{100} = 65\%$。

根据式（5-19）得

$$p \pm Z_{\alpha/2}\sqrt{\frac{p(1-p)}{n}} = 65\% \pm 1.96 \times \sqrt{\frac{65\% \times (1-65\%)}{100}}\sqrt{b^2 - 4ac} = 65\% \pm 9.35\%$$

答：在 95% 的置信水平下该城市下岗职工中女性所占比例的置信区间为[55.65%，74.35%]。

【例 5-9】某企业共有职工 1 000 人，企业准备实行一项改革措施并在职工中征求意见，采用不重复抽样方法随机抽取了 200 人作为样本，调查结果显示，有 150 人表示赞成这项措施，有 50 人表示反对。试以 95% 的置信水平确定赞成改革的人数比例的置信区间。

解：根据题意，已知 $n = 200$，$Z_{0.025} = 1.96$，$p = \frac{150}{200} = 75\%$。

根据式（5-20）得

$$p \pm Z_{\alpha/2}\sqrt{\frac{p(1-p)}{n}\left(\frac{N-n}{N-1}\right)} = 75\% \pm 1.96 \times \sqrt{\frac{75\%(1-75\%)}{200}\left(\frac{1\,000-200}{1\,000-1}\right)} = 75\% \pm 5.37\%$$

答：95% 的置信水平下赞成改革的人数比例的置信区间为[69.63%，80.37%]。

【例 5-10】某企业存在职工流动性问题，为了弄清原因，该企业从原职工中随机抽取了 200 人进行访问调查，有 140 人表示离开的原因是工资太低。试以 95%的置信水平对企业因工资太低而离开的职工比例进行区间估计。

解：由题意知 $p = \dfrac{n_1}{n} = \dfrac{140}{200} = 0.7$，$\alpha = 0.05$，查表得 $Z_{0.025} = 1.96$。则

$$p \pm Z_{\alpha/2} \sqrt{\frac{p(1-p)}{n}} = 0.7 \pm 1.96 \sqrt{\frac{0.7 \times (1-0.7)}{200}} = 0.7 \pm 0.064$$

答：在 95%的置信水平下，该企业由于工资太低而离开的职工比例的置信区间为 [63.6%，76.4%]。

【例 5-11】某灯泡生产企业为检验灯泡的质量，对一批灯泡抽取 1%进行检验，测得这批灯泡的平均寿命为 1 010 小时，抽样平均误差为 5.6 小时；合格率为 92%，抽样平均误差为 2.4%。要求在 95%的可靠程度下，对该批灯泡的平均寿命和合格率进行区间估计。

解：由题意知 $\bar{x} = 1010$，$\sigma_{\bar{x}} = 5.6$，$p = 92\%$，$\sigma_p = 2.4\%$。

由于 $1-\alpha = 95\%$，$\alpha = 0.05$，查表得 $Z_{0.025} = 1.96$。

将已知条件代入式（5-15），得

灯泡的平均寿命：

$$1010 - 1.96 \times 5.6 \leqslant \mu \leqslant 1010 + 1096 \times 5.6$$

即

$$999.02 \leqslant \mu \leqslant 1020.98$$

将已知条件代入式（5-19），得

灯泡的合格率：

$$92\% - 1.96 \times 2.4\% \leqslant \pi \leqslant 92\% + 1.96 \times 2.4\%$$

即

$$87.3\% \leqslant \pi \leqslant 96.7\%$$

答：在 95%的可靠程度下，该批灯泡的平均寿命在 999.02 小时到 1 020.98 小时之间，合格率在 87.3%和 96.7%之间。

一个总体的总体均值和总体比例的区间估计总结如表 5-5 所示。

表 5-5　一个总体的总体均值与总体比例的区间估计

待估计参数	已知条件	置信区间
总体均值（μ）	正态总体，σ^2 已知	$\bar{x} \pm Z_{\alpha/2} \dfrac{\sigma}{\sqrt{n}}$
	正态总体，σ^2 未知，$n < 30$	$\bar{x} \pm t_{\alpha/2}(n-1) \dfrac{S}{\sqrt{n}}$
	非正态总体，σ^2 未知，$n \geqslant 30$	$\bar{x} \pm Z_{\alpha/2} \dfrac{S}{\sqrt{n}}$
	有限总体，$n \geqslant 30$，不放回抽样	$\bar{x} \pm Z_{\alpha/2} \dfrac{S}{\sqrt{n}} \sqrt{\dfrac{N-n}{N-1}}$
总体比例（π）	重复抽样，$np \geqslant 5$ 且 $n(1-p) \geqslant 5$	$p \pm Z_{\alpha/2} \sqrt{\dfrac{p(1-p)}{n}}$
	不重复抽样，$np \geqslant 5$ 且 $n(1-p) \geqslant 5$	$p \pm Z_{\alpha/2} \sqrt{\dfrac{p(1-p)}{n} \left(\dfrac{N-n}{N-1} \right)}$

七、样本量的确定

（一）影响样本量的因素

在参数区间估计的讨论中，估计值 $\hat{\theta}$ 和总体的参数 θ 之间存在一定的差异，这种差异是由样本的随机性产生的。在样本量不变的情况下，若要增加估计的可靠度，置信区间就会扩大，估计的精度就会随之降低。若要在不降低可靠度的前提下，提高估计的精度，只能增大样本量。当然，增大样本量受到人力、物力和时间等条件的限制，所以需要在满足一定精度的条件下，尽可能恰当地确定样本量。一个常用的准则是在使精度得到保证的前提下寻求使成本最低的样本量。由于成本通常是样本量的正向线性函数，故使成本最低的样本量也就是使精度得到保证的最小样本量。一般来说，影响样本量的因素有以下几个：

1. 总体的变异程度（总体方差 σ^2）

在其他条件相同的情况下，方差较大的总体其样本量应该大一些，反之则应该小一些。例如，在正态总体均值的估计中，抽样平均误差 $\sigma/\sqrt{n}$ 反映了样本均值相对于总体均值的离散程度。因此，当总体方差较大时，样本量也要相应增大，这样才会使 $\sigma/\sqrt{n}$ 较小，以保证估计的精度。

2. 允许误差的大小

允许误差指允许的抽样误差，记为 $|\hat{\theta}-\theta|=\Delta_\theta$，例如，样本均值与总体均值之间的允许误差可以表示为 $|\bar{x}-\mu|=\Delta_x$。允许误差以绝对值的形式体现了抽样误差的可能范围，所以又称为误差。允许误差体现了估计的精度，在其他条件不变的情况下，如果要求估计的精度高，允许误差就要小，那么样本量就要大一些；如果要求的精度不高，允许误差可以大些，样本量就可以小一些。

3. 置信水平的大小

置信水平即估计的可靠度。在其他条件不变的情况下，如果要求可靠度较高，就要增大样本量；反之，可以相应减小样本量。

4. 抽样方法不同

在相同的条件下，重复抽样的抽样平均误差比不重复抽样的抽样平均误差大，所需要的样本量也就不同，重复抽样需要更大的样本量，而不重复抽样的样本量则可以小一些。此外，必要的抽样数目还受抽样组织方式的影响，这是因为不同的抽样组织方式有不同的抽样平均误差。

（二）样本量的计算

1. 估计总体均值时样本量的计算

在简单随机重复抽样的条件下，设样本 $(x_1, x_2, \cdots, x_n)$ 来自正态总体 $N(\mu, \sigma^2)$，总体均值 μ 的点估计为样本均值 $\bar{x}$。如果要求以 $\bar{x}$ 估计 μ 时的绝对误差为 d，可靠度为 $1-\alpha$，即要求 $p\{|\bar{x}-\mu| \leqslant d\} = 1-\alpha$。

由
$$P\left\{\left|\frac{\overline{x}-\mu}{\sigma/\sqrt{n}}\right| \leqslant Z_{\alpha/2}\right\}=1-\alpha$$

知
$$P\left\{\left|\overline{x}-\mu\right| \leqslant Z_{\alpha/2}\frac{\sigma}{\sqrt{n}}\right\}=1-\alpha$$

故只需取绝对误差

$$d = Z_{\alpha/2}\frac{\sigma}{\sqrt{n}} \tag{5-21}$$

从而解得样本量为

$$n = \frac{z_{\alpha/2}^2\sigma^2}{d^2} \quad （在重复抽样条件下） \tag{5-22}$$

同理，在简单随机不重复抽样条件下，估计总体均值时样本量的计算公式为

$$n = \frac{Nz_{\alpha/2}^2\sigma^2}{(N-1)d^2 + z_{\alpha/2}^2\sigma^2} \quad （在不重复抽样条件下） \tag{5-23}$$

由式（5-22）和式（5-23）可知，在其他条件相同的情况下，重复抽样所需要的样本量大于不重复抽样所需要的样本量。

【例 5-12】在某企业中采用简单随机抽样调查职工月度平均奖金额，设职工月度奖金额服从标准差为 10 元的正态分布，要求估计的绝对误差为 3 元，可靠度为 95%，则应抽取多少职工进行调查？

解： 根据题意知 $\sigma = 10$，$d = 3$，$1-\alpha = 0.95$，$z_{\alpha/2} = 1.96$。

如果采用重复抽样，则 $n = \dfrac{z_{\alpha/2}^2\sigma^2}{d^2} = \dfrac{1.96^2 \times 10^2}{3^2} = 42.68 \approx 43$（人）。

答：该企业需抽取 43 名职工作为样本进行调查。

【例 5-13】某食品厂要检验某月生产的 10 000 袋某产品的重量，根据以往资料，这种产品每袋重量的标准差为 25 克。如果要求在 95.45% 的置信水平下，平均每袋重量的误差不超过 5 克，应抽查多少袋产品？

解： 由题意可知 $N = 10\,000$，$\sigma = 25$ 克，$\Delta_{\overline{x}} = 5$ 克，根据置信水平 $1-\alpha = 95.45\%$，有 $Z_{\alpha/2} = 2$。

在重复抽样的条件下

$$n = \frac{Z_{\alpha/2}^2\sigma^2}{\Delta_x^2} = \frac{2^2 \times 25^2}{5^2} = 100 \quad （袋）$$

在不重复抽样的条件下

$$n = \frac{Z_{\alpha/2}^2\sigma^2 N}{\Delta_x^2 N + Z_{\alpha/2}^2\sigma^2} = \frac{2^2 \times 25^2 \times 10\,000}{5^2 \times 10\,000 + 2^2 \times 25^2} = 99 \quad （袋）$$

从计算的结果可知，重复抽样应该抽 100 袋，而不重复抽样应该抽 99 袋，可见，在相同条件下，重复抽样需要的样本量更大。

在计算样本量时，必须知道总体的方差，而在实际抽样调查前，总体的方差往往是未知的。在实际操作时，可以使用过去的资料，若过去曾有若干方差，应该选择最大的，以保证抽样估计的精度；也可以进行一次小规模的调查，用调查所得的样本方差来替代总体的方差。

2. 估计总体比例时样本量的计算

在简单随机重复抽样的条件下，估计总体比例时，根据数理统计原理，可以定义绝对误差

$$d = Z_{\alpha/2} \sqrt{\frac{\pi(1-\pi)}{\pi}}$$

从而得到样本量

$$n = \frac{Z_{\alpha/2}^2 \pi(1-\pi)}{d^2} \qquad （在重复抽样条件下） \qquad (5\text{-}24)$$

同理，在简单随机不重复抽样的条件下，估计总体比例时样本量的计算公式为

$$n = \frac{N Z_{\alpha/2}^2 \pi(1-\pi)}{(N-1)d^2 + Z_{\alpha/2}^2 \pi(1-\pi)} \qquad （在不重复抽样条件下） \qquad (5\text{-}25)$$

【例 5-14】根据以往的生产统计，某企业某种产品的合格率为 90%，现要求绝对误差不超过 5%，在置信水平 95% 时，应抽取多少件产品作为样本？

解： 已知 $\pi = 90\%$，$d = 5\%$，$Z_{\alpha/2} = 1.96$。

则 $\quad n = \dfrac{Z_{\alpha/2}^2 \pi(1-\pi)}{d^2} = \dfrac{1.96^2 \times 0.9 \times (1-0.9)}{0.05^2} = 139 （件）。$

答： 该企业应抽取 139 件产品作为样本进行调查。

在估计成数时，计算样本量需要总体的成数，但是总体的成数通常是未知的，因而在实际进行抽样调查时，可先进行小规模的试调查，求得样本的成数并以此来代替，也可用历史资料。如果有若干成数可供选择，则应选择最靠近 50% 的成数，这样可以使样本成数的方差最大，以保证估计的精度。

第二节　假　设　检　验

参数估计和假设检验是统计推断的两个组成部分，它们都是利用样本对总体进行某种推断，只是推断的角度不同。参数估计是在总体参数未知的情况下用样本统计量估计总体参数的。假设检验是先对总体参数提出一个假设，然后利用样本信息去检验这个假设是否成立的，如果成立，就接受这个假设，否则就放弃。

假设检验是抽样推断的继续和必要补充，在推断统计中起重要作用。假设检验也叫显著性检验，即事先对总体参数或总体分布形式作出一个假设，然后利用样本信息来判断该

假设是否合理，即判断样本信息与原假设是否有显著差异，从而决定应该接受还是否定原假设。比如，对于某机器设备，生产工艺改变后要检验新工艺对产品的某个主要指标是否有影响时，就需要抽样检验总体的某个参数（如均值、比例、方差等）是否等于生产工艺改变前的参数值，这类问题就属于假设检验问题。

假设检验可分为参数检验（或参数假设检验）和非参数检验（或自由分布检验）两类，前者是对总体参数的检验，如对总体均值、总体比例和总体方差的检验，以及回归系数检验、回归方程的显著性检验等；后者是对分布形式的检验，主要分为总体分布形式的假设检验、随机变量独立性的假设检验等。这里仅介绍参数检验。

一、假设检验的基本思想

假设检验的基本思想是带有概率性质的反证法。所谓反证法，即为了检验某个假设是否成立，先假设它是正确的，然后根据抽样理论和样本信息，观察由这个假设而导致的结果是否合理，从而决定是否接受这个假设。而判断结果合理与否的依据是"小概率事件实际上不可能发生"原理。如果对总体的某种假设是真实的，那么不利于或不能支持这一假设的事件（小概率事件）在一次试验中几乎不可能发生；如果在一次试验中该小概率事件发生了，就有充分理由怀疑该假设的真实性，从而拒绝这一假设。这个"小概率"也就是置信概率（或显著性水平）。

二、假设检验的步骤

下面通过一个例子来说明假设检验的基本步骤。

【例 5-15】某企业生产一种零件，过去的大量资料表明，零件的平均长度为 5 厘米，标准差为 0.1 厘米。为了提高零件的精度，该企业对这种零件的生产工艺进行了改革。改革工艺后抽查了 100 个零件，测得样本平均长度为 4.94 厘米。问：①工艺改革前后零件的长度是否发生了显著变化？②工艺改革后的零件长度是否比原来的短？③工艺改革后的零件长度是否比原来的长？

1. 提出原假设和备择假设

对每个假设检验问题，一般可同时提出两个相反的假设，即原假设和备择假设。原假设又称零假设，是待检验的、研究者想收集证据予以反对的假设，记为 H_0；备择假设是拒绝原假设后可供选择的、研究者想收集证据予以支持的假设，记为 H_1。原假设和备择假设是相互对立的，检验结果二者必取其一。接受 H_0 则必须拒绝 H_1；反之，拒绝 H_0 则必须接受 H_1。

原假设和备择假设不是随意提出的，而应根据所检验问题的具体背景而定。在实际中常遵循"不轻易拒绝原假设"原则，即把没有充分理由就不能轻易否定的命题作为原假设，而相应地，把没有充分理由就不能轻易肯定命题作为备择假设。

一般地，假设有三种形式：

（1）H_0：$\mu=\mu_0$；H_1：$\mu\neq\mu_0$。这种形式的假设检验称为双侧检验。例如，对例 5-16 中的第一个问题可提出假设 "H_0：$\mu=5$ 厘米；H_1：$\mu\neq5$ 厘米"。

（2）H_0：$\mu=\mu_0$；H_1：$\mu<\mu_0$（或 H_0：$\mu\geqslant\mu_0$；H_1：$\mu<\mu_0$）。这种形式的假设检验称为左侧检验。例如，对例 5-16 中的第二个问题可提出假设 "H_0：$\mu=5$ 厘米（或 $\mu\geqslant5$ 厘米）；H_1：$\mu<5$ 厘米"。

（3）H_0：$\mu=\mu_0$；H_1：$\mu>\mu_0$（或 H_0：$\mu\leqslant\mu_0$；H_1：$\mu>\mu_0$）。这种形式的假设检验称为右侧检验。例如，对例 5-16 中的第三个问题可提出假设 "H_0：$\mu=5$ 厘米（或 $\mu\leqslant5$ 厘米）；H_1：$\mu>5$ 厘米"。

左侧检验和右侧检验统称为单侧检验。采用哪种假设要根据所研究的实际问题而定，如果对所研究问题只需判断有无显著差异或要求同时注意总体参数偏大或偏小的情况，则采用双侧检验；如果所关心的是总体参数是否比某个值偏大（或偏小），则采用单侧检验。

2. 选择适当的统计量，并确定其分布形式

不同的假设检验问题需选择不同的统计量。用于假设检验问题的统计量称为检验统计量。选择什么统计量作为检验统计量，应根据具体问题和条件而定，例如，用于进行检验的样本是大样本还是小样本，总体方差已知还是未知，等等。

3. 选择显著性水平 a，确定临界值

显著性水平表示原假设 H_0 为真时拒绝原假设的概率，即拒绝原假设所犯错误的概率，一般用 α 表示。统计上把 α 称为假设检验中的显著性水平（Significant Level），即决策中所面临的风险。换句话说，显著性水平指当原假设正确时人们却把它拒绝了的概率或风险。这个概率是由人们事前确定的，通常取 0.05、0.01 或 0.1。如果显著性水平取 0.05（或 0.01，0.1），意味着，当做出接受原假设的决定时，正确的可能性（概率）为 95%（或 99% 或 90%）。

在进行检验时，如何给定显著性水平需要考虑所检验问题的性质或检验结论的重要性。如果检验的问题（或称试验）中难以控制的因素较多，试验误差可能较大，则所选显著性水平应该低些，即 α 值应该大些；反之，如果所进行的试验耗费较大，对精度的要求较高且不容反复，或者试验结论的应用事关重大（如药品研制、手术治疗方法等），则所选显著性水平应该高些，即 α 值应该小些。显著性水平 α 对假设检验的结论有直接影响，所以应在试验开始前就确定下来。

给定显著性水平 α，也就确定了原假设 H_0 的接受区域和拒绝区域。通过查分布表，可得到临界值，这个临界值就是接受区域和拒绝区域的临界点。

对于不同形式的假设，H_0 的接受区域和拒绝区域也有所不同。双侧检验的拒绝区域位于统计量分布曲线的两侧，如图 5-8（a）所示；左侧检验的拒绝区域位于统计量分布曲线的左侧，如图 5-8（b）所示；右侧检验的拒绝区域位于统计量分布曲线的右侧，如图 5-8（c）所示。

(a) 双侧检验

(b) 左侧检验

(c) 右侧检验

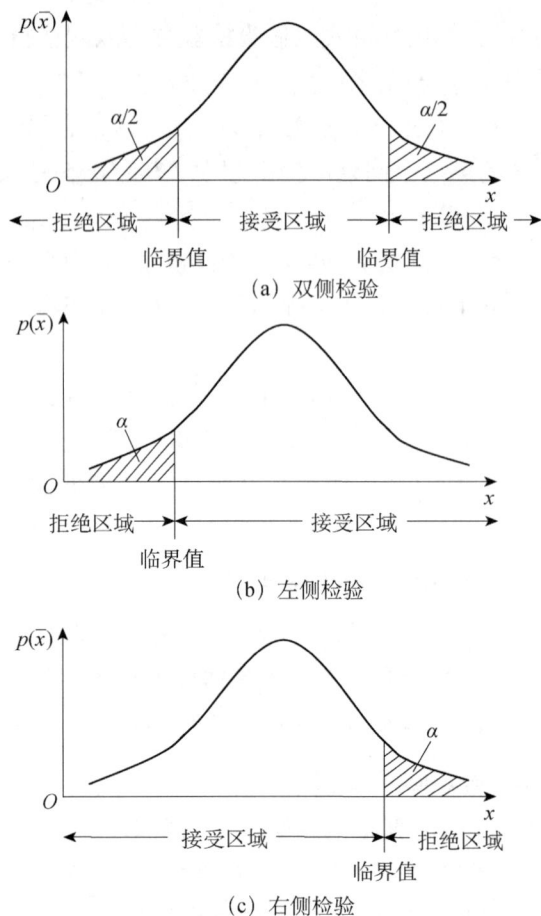

图 5-8　假设检验的接受区域和拒绝区域

4. 作出结论

根据样本资料，计算出检验统计量的具体值，并与临界值比较，作出接受或拒绝原假设 H_0 的结论。如果检验统计量的值落在拒绝区域内，就拒绝原假设；反之，则接受原假设，如图 5-8 所示。

三、假设检验中的两类错误

假设检验过程是比较样本观察结果与总体假设的差异的过程。样本统计量落在拒绝区域，则表明差异显著，超过了临界点，所以拒绝 H_0；反之，样本统计量落在置信区间，则表明差异不显著，不拒绝 H_0。由于接受或拒绝原假设 H_0 的结论是基于样本信息作出的，而样本具有随机性，因此假设检验有可能出现两类错误。

1. 第 I 类错误——拒真错误，发生概率为 α

在原假设 H_0 为真时，由于样本的随机性，样本统计量落入拒绝区域，从而作出拒绝原假设的结论，这时就犯了第 I 类错误。犯第 I 类错误的概率为拒真概率，即 $p\{$拒绝 $H_0|H_0$ 为真$\}=\alpha$。

2. 第 II 类错误——取伪错误，发生概率为 β

当原假设 H_0 为不真时，由于样本的随机性，样本统计量落入接受区域，从而作出接受原假设的结论，这时就犯了第 II 类错误。犯第 II 类错误的概率为取伪概率，即 $p\{$ 接受 $H_0|H_0$ 为不真 $\}=\beta$。

假设检验中的四种情况如表 5-6 所示。

表 5-6　假设检验中的四种情况

检验决策	H_0 为真	H_0 不真
拒绝 H_0	第 I 类错误（概率 α）拒真	正确
接受 H_0	正确	第 II 类错误（概率 β）取伪

3. 两类错误概率 α 与 β 的关系

由于样本的随机性，在实际情况中不可能完全避免两类错误，只能尽可能地控制犯错误的概率。虽然最好的检验法则是犯两类错误的概率都很小，但 α 与 β 是一种互为消长的关系，在样本量一定的条件下，α 大 β 就小，α 小 β 就大，因此，在具体应用时，一般根据所犯类型错误对结果的影响大小来取舍。如果犯第 I 类错误对检验结果的影响大，就控制 α；如果犯第 II 类错误对检验结果的影响大，就控制 β。

四、一个总体参数的假设检验

在假设检验中，当研究一个总体时，需要检验的参数主要有总体均值 μ、总体比率 π 和总体方差 σ^2。

（一）总体均值的假设检验

1. 总体方差已知时对正态总体均值的假设检验

设正态总体 $X\sim N(\mu,\sigma^2)$，总体方差 σ^2 已知，$(x_1,\ x_2,\ \cdots,\ x_n)$ 为正态总体的一个样本，样本平均数为 $\bar{x}$，对总体均值 μ 进行假设检验，即检验 $H_0:\mu=\mu_0$（或 $\mu\leq\mu_0$，$\mu\geq\mu_0$）。

根据抽样分布定理，样本平均数 $\bar{x}$ 服从 $N\left(\mu,\dfrac{\sigma^2}{n}\right)$，所以，当 H_0 成立时，检验统计量 Z 及其分布为

$$Z=\frac{\bar{x}-\mu_0}{\sigma/\sqrt{n}}\sim N(0,1) \tag{5-26}$$

利用服从正态分布的统计量 Z 进行的假设检验称为 Z 检验法。根据已知的总体方差 σ^2、样本量 n 和样本平均数 $\bar{x}$，计算出检验统计量 Z 的值。对于给定的检验水平，查正态分布表可得临界值，将所计算的 Z 值与临界值比较，便可作出检验结论。

【例 5-16】根据过去大量资料可知，某公司所生产产品的使用寿命服从正态分布 $N(1\,020,100^2)$。该公司在进行技术革新后，需要检验技术革新后的产品使用寿命是否有显著增加，现从最近生产的一批产品中随机抽取 16 件，测得样本平均寿命为 1 080 小时。试在 0.05 的显著性水平下判断这批产品的使用寿命是否有显著增加？

解：根据题意，已知 $\bar{x}=1\,080$，$\sigma=100$，$n=16$，$\alpha=0.05$。

提出假设 H_0：$\mu \leqslant 1\,020$；H_1：$\mu>1\,020$。

检验统计量 $Z=\dfrac{\bar{x}-\mu_0}{\sigma/\sqrt{n}}=\dfrac{1\,080-1\,020}{100/\sqrt{16}}=2.4$。

由 $\alpha=0.05$，查表得临界值 $Z_{0.05}=1.645$。

由于 $Z=2.4>Z_{0.05}=1.645$，所以应拒绝 H_0 而接受 H_1，即这批产品的使用寿命确有显著增加。

2. 总体方差未知时对正态总体均值的假设检验

设正态总体 $X \sim N(\mu,\sigma^2)$，但总体方差 σ^2 未知，此时对总体均值的检验不能用上述 Z 检验法，因为此时的检验统计量 Z 中包含未知参数 σ。为了得到一个不含未知参数的检验统计量，需要用总体方差的无偏估计量（即样本方差 S^2）来代替 σ^2。在小样本情况下，采用 t 统计量进行检验。检验统计量 t 及其分布为

$$t=\frac{\bar{x}-\mu_0}{S/\sqrt{n}} \sim t(n-1) \tag{5-27}$$

利用服从 t 分布的统计量检验总体均值的方法称为 t 检验法。其具体做法是：根据题意提出假设（与 Z 检验法中的假设形式相同）；构造检验统计量 t 并根据样本信息计算其具体值；对于给定的显著性水平 α，由 t 分布表查得临界值；将所计算的 t 值与临界值比较，作出检验结论。

双侧检验时，若 $|t|>t_{\alpha/2}$，则拒绝 H_0，接受 H_1。

左侧检验时，若 $t<-t_\alpha$，则拒绝 H_0，接受 H_1。

右侧检验时，若 $t>t_\alpha$，则拒绝 H_0，接受 H_1。

【例 5-17】从长期的资料可知，某厂生产的某种电子元器件的使用寿命服从均值为 200 小时、标准差未知的正态分布。改变部分生产工艺后，抽得 10 件产品作为样本来检验其使用寿命是否有所增加，经测定，这 10 件产品的使用寿命为（小时）

202，209，213，198，206，210，195，208，200，207

解：根据题意，检验目的是考察电子元器件的平均使用寿命是否有所增加，因此，可建立如下假设：

$$H_0：\mu \leqslant 200 ; \qquad H_1：\mu>200$$

根据已知数据求得 $\bar{x}=204.8$，$S=5.789$，$n=10$。

检验统计量 $t=\dfrac{\bar{x}-\mu_0}{S/\sqrt{n}}=\dfrac{204.8-200}{5.789/\sqrt{10}}=2.622$。

由 $\alpha=0.05$，查表得临界值 $t_\alpha(n-1)=t_{0.05}(10-1)=1.8331$。

由于 $t=2.622>t_\alpha(n-1)=1.8331$，所以拒绝 H_0 接受 H_1，即可以接受"改变部分生产工艺后，这种电子元器件的平均使用寿命有所增加的假设"。

t 检验法适用于小样本情况下总体方差未知时对正态总体均值的假设检验。随着样本量 n 的增大，t 分布趋近于标准正态分布，所以在大样本情况下（$n>30$）总体方差未知时对正态

总体均值 μ 的假设检验通常近似采用 Z 检验法。同理，在大样本情况下非正态总体均值的检验也可用 Z 检验法，因为根据大样本的抽样分布定理，总体分布形式不明或为非正态总体时，样本平均数趋近于正态分布。这时，检验统计量 Z 中的总体标准差 σ 用样本标准差 S 来代替。

【例 5-18】 某公司称其应收账款金额的均值为 260 万元，审计师希望通过选取一个容量为 36 的样本并计算样本均值来检验是否如此。已知样本的应收账款金额均值为 240 万元，标准差为 $S=43$ 万元，试在 0.05 显著性水平下检验该公司所称的应收账款金额均值为 260 万元是否可信。

解： 根据题意，提出假设 $H_0: \mu=260$；$H_1: \mu \neq 260$。

已知 $\bar{x}=240$，$S=43$，$\alpha=0.05$，$n=36$。

$Z_{\alpha/2}=Z_{0.025}=1.96$。

$$Z=\frac{\bar{x}-\mu}{S/\sqrt{n}}=\frac{240-260}{43/\sqrt{36}}=-2.79。$$

由于 $Z=-2.79<-1.96$，因此拒绝原假设，即该公司所称的应收账款金额均值为 260 万元不可信。

（二）总体比率的假设检验

由比例的抽样分布定理可知，样本比例服从二项分布，因此可由二项分布来确定对总体比例进行假设检验的临界值，但其计算十分繁琐。在大样本情况下，二项分布近似服从正态分布，因此，对总体比例的检验通常是在大样本情况下进行的，即采用 Z 检验法、根据正态分布来近似确定临界值。其检验步骤与均值检验的步骤相同，只是检验统计量不同。

首先提出待检验的假设：

$$H_0: \pi=\pi_0（或 \pi \geqslant \pi_0, \ \pi \leqslant \pi_0）；H_1: \pi \neq \pi_0（或 \pi<\pi_0, \pi>\pi_0）$$

检验统计量为

$$Z=\frac{p-\pi_0}{\sqrt{\dfrac{p(1-p)}{n}}} \sim N(0,1)$$

【例 5-19】 调查人员在调查某企业的主要生产线时，被告知其产品性能良好、生产稳定，产品合格率可达 99%。调查人员随机抽查了 200 件产品，其中 195 件产品合格，试判断厂方的说法是否可信（$\alpha=0.1$）。

解： 依题意，可建立如下假设：

$$H_0: \pi=0.99；H_1: \pi \neq 0.99$$

样本比例 $p=\dfrac{195}{200}=0.975$。

由于样本量相当大，所以可近似采用 Z 检验法。

$$Z=\frac{p-\pi_0}{\sqrt{\dfrac{p(1-p)}{n}}}=\frac{0.975-0.99}{\sqrt{\dfrac{0.975 \times 0.025}{200}}}=-1.359$$

给定 $\alpha=0.1$，查正态分布表得 $Z_{\alpha/2}=Z_{0.05}=1.645$。

由于 $|Z| < Z_{\frac{\alpha}{2}} = 1.645$，应接受原假设，即认为厂方的说法是可信的。

（三）总体方差的假设检验

在实际生产活动或生活实践中，仅仅知道样本均值或比率维持在一个特定的范围内是不够的，因为这不足以保证整个过程（如生产线）的稳定性。在生产产品的过程中，产品的方差大就意味着产品质量或生产线的性能不稳定，但由于抽样中会受到偶然因素的影响，所观察到的样本信息（如样本均值或比率）可能恰好提供了符合质量要求的产品，从而使管理人员作出错误的判断。因此，总体方差的检验也是一项重要内容。

与总体均值、总体比率的检验不同，在总体方差检验中，不论样本量 n 大还是小，都要求总体服从正态分布，这是因为总体方差的检验统计量的抽样分布为 χ^2（卡方）分布。用 σ_0^2 表示假定的总体方差的某一数值，则总体方差的假设形式、检验统计量和拒绝域如图 5-9 和表 5-7 所示。

$$\frac{(n-1)S^2}{\sigma_0^2} \sim \chi^2(n-1) \tag{5-28}$$

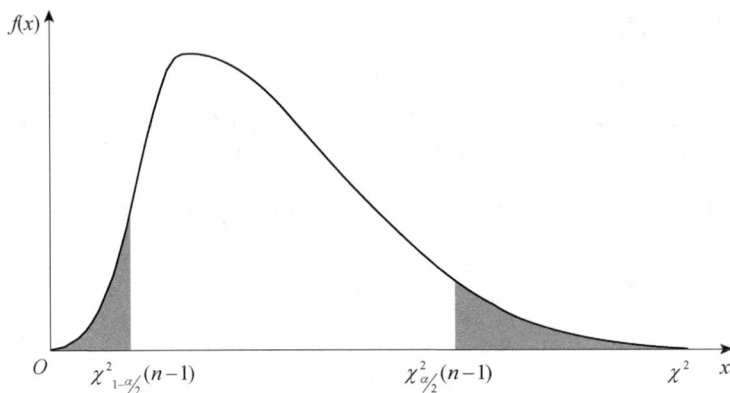

图 5-9 总体方差检验的拒绝域

表 5-7 总体方差的检验方法

假设	双侧检验	左侧检验	右侧检验
假设形式	$H_0: \sigma^2 = \sigma_0^2$ $H_1: \sigma^2 \neq \sigma_0^2$	$H_0: \sigma^2 \geqslant \sigma_0^2$ $H_1: \sigma^2 < \sigma_0^2$	$H_0: \sigma^2 \leqslant \sigma_0^2$ $H_1: \sigma^2 > \sigma_0^2$
统计量	$\chi^2 = \dfrac{(n-1)S^2}{\sigma_0^2}$		
拒绝域	$\chi^2 > \chi^2_{\frac{\alpha}{2}}(n-1)$ $\chi^2 < \chi^2_{1-\frac{\alpha}{2}}(n-1)$	$\chi^2 < \chi^2_{1-\alpha}(n-1)$	$\chi^2 > \chi^2_\alpha(n-1)$

【例 5-20】某电工器材厂生产保险丝，为保证质量的稳定，需要控制保险丝融化时间的方差。厂家希望其方差不超过也不低于 60 分钟，方差太大则说明生产质量不稳定；而太小

则说明生产精度太高，厂家所花费的成本太高。从中抽出 10 根保险丝进行检验，测得样本方差为 104 分钟。以 0.1 为显著性水平检验该厂生产的保险丝融化时间的方差是否符合要求。

解：根据题意，可作如下假设：

$$H_0:\sigma_0^2=60 \; ; \quad H_1:\sigma_0^2 \neq 60$$

已知 $n=10$，$S^2=104$ 分钟，$\sigma_0^2=60$ 分钟。

则检验统计量为 $\chi^2 = \dfrac{(n-1)s^2}{\sigma_0^2} = \dfrac{(10-1)\times 104}{60} = 15.6$（分钟）。

由 $\alpha=0.1$，查 χ^2 分布表，得

$$\chi^2_{\alpha/2}(n-1) = \chi^2_{0.05}(9) = 16.919$$

$$\chi^2_{1-\alpha/2}(n-1) = \chi^2_{0.95}(9) = 3.325$$

由于 3.325<15.6<16.919，所以没有显著证据表明保险丝融化时间的方差不符合要求。

【例 5-21】某公司生产的某种型号的电池，其寿命（以小时计）长期以来服从方差 $\sigma^2=5\,000$ 的正态分布。现有一批这种电池，从生产情况来看，其寿命的波动性有所改变。随机取 25 只电池，测出其寿命的样本方差 $S^2=9\,200$。问：根据这一数据能否推断这批电池的寿命的波动性较以往有显著变化（取 $\alpha=0.02$）？

解：根据题意，已知 $S^2=9\,200$，$\sigma^2=5\,000$，$n=25$。

$\alpha=0.02$，则

$$\chi^2_{\alpha/2}(n-1) = \chi^2_{0.01}(24) = 44.314$$

$$\chi^2_{1-\alpha/2}(n-1) = \chi^2_{0.99}(24) = 11.524$$

提出假设　$H_0:\sigma_0^2=5000 \; ; \quad H_1:\sigma_0^2 \neq 5\,000$。

$$\chi^2 = \frac{(n-1)S^2}{\sigma_0^2} = \frac{(25-1)\times 9\,200}{5\,000} = 44.16$（小时）$$

因为 11.524<44.16<44.314，所以没有显著证据表明这批电池的寿命的波动性较以往有显著变化。

第三节　方差分析

从前面的分析可以看出，利用假设经验，可以对两个总体分布的均值是否相等进行检验，但在实际经济活动中，如果需要检验多个总体的均值是否相等，又应如何处理呢？

一个思路是对多个总体的均值进行两两比较，但这样做十分麻烦，而且还要面临降低自由度、增加犯Ⅰ类错误的概率等问题。若显著性水平为 0.05，即犯Ⅰ类错误的概率为 0.05，不犯Ⅰ类错误的概率为 1-0.05=0.95，c 次检验不犯Ⅰ类错误的概率为 $(0.95)^c$，c 次检验犯Ⅰ类错误的概率为 $1-0.95^c$。例如，如果采用前面的假设检验方法，对 4 个总体的总体均值

是否相等进行检验，则需要检验 6 次，即犯 I 类错误的概率为 1−0.95⁶=0.185 5。所以，检验多个总体的均值是否相等时不能简单地进行两两比较。

另一个思路是采用方差分析（Analysis Of Variance，ANOVA）方法对多个总体的均值同时进行检验。方差分析方法也是一种很有用的统计分析方法。所谓方差分析，就是通过对多个总体的均值是否相等进行检验，判断分类型的自变量对数值型的因变量的影响是否显著。方差分析的基本思想是，把全部观测值间的变异按设计和需要分解成两个或多个组成部分，然后将各部分的变异与随机误差进行比较，判断各部分的变异与随机误差相比是否具有统计学意义。

方差分析概念和检验方法是 1923 年英国统计学家费歇首先提出的，当时他构建了方差分析方法，以此对影响农作物产量的因素进行分析，并确定了影响农作物产量的主要因素。费歇于 1935 年出版了《试验设计》专著，开创了"试验设计"这门新的应用技术科学。20 世纪 30、40 年代，英、美、苏把试验设计推广到采矿、冶金、建筑、纺织、机械和医药等行业，并取得了很好的经济效益。第二次世界大战后，日本从英、美引进了这一技术。1949 年，日本的田口玄一博士在试验设计的基础上又发明了"正交试验设计"方法。日本的电子产品能够打进美国市场、畅销世界各国的秘诀之一，就是运用了正交试验设计和产品三次设计等工具。如今，方差分析方法已广泛应用于科学实验、军事、医学、工业生产、管理等多个领域。

一、方差分析的基本问题

下面通过一个例子来分析方差分析的基本问题。

【例 5-22】某饮料生产企业开发了一种新型饮料，该饮料共有 4 种：无色、粉色、橘黄色、绿色。这 4 种饮料的营养含量、味道、价格、包装等可能影响销售量的因素全部相同。为了试验颜色对该新型饮料销售量是否有影响，该公司将这种饮料在一些超市试销了一个月。现从这些试销的超市中随机抽取 5 家超市，收集该种饮料的销售情况，如表 5-8 所示。试确定颜色是否对饮料的销售量有显著影响。

表 5-8　某种新型饮料不同颜色试销一个月的销售量 x_{ij}　　　　　　单位：件

	无色	粉色	橘黄色	绿色
超市 1	26.5	31.2	27.9	30.8
超市 2	28.7	28.3	25.1	29.6
超市 3	25.1	30.8	28.5	32.4
超市 4	29.1	27.9	24.2	31.7
超市 5	27.2	29.6	26.5	32.8
样本量（n_j）	5	5	5	5
列合计 $\sum x_{ij}$	136.6	147.8	132.2	157.3
列平均数 $\overline{x_j}$	27.32	29.56	26.44	31.46
总均值 $\overline{x}$	$\dfrac{26.5+28.7+\cdots+31.7+32.8}{20}=28.695$			

为了分析颜色对饮料销售量是否有影响，我们可以把每种颜色的饮料可能达到的销售量看作一个总体现象，这样每一家超市的销售量就分别构成了 4 个样本。4 种颜色对饮料的促销影响力是否相等的问题，可以通过判定 4 个总体的平均数是否相等来解决。如果 4 种颜色所实现的平均销售量相等，那么我们就可以认为这 4 种颜色对饮料的促销影响力相等；如果 4 种颜色所实现的平均销售量不相等，那么就可以认为这 4 种颜色对饮料的促销影响力有显著的差异。

在科学试验和生产实践中，影响事物的因素往往有很多，每一因素的改变都有可能影响产品的数量、质量和销售情况。有些因素产生的影响较大，有些则较小。为了使生产过程得以稳定，保证优质、高产、高销量，就有必要找出对产品质量、销量等有显著影响的主要因素，为此需要进行试验。方差分析就是对试验的结果进行分析，从而鉴别各有关因素对试验结果是否有显著影响的有效方法。

方差分析对多个总体均值是否相等这一假设进行检验，涉及两类变量。因变量是在方差分析中实际测量的、作为结果的变量。自变量是把观测结果作为原因、分成几个组以进行比较的变量。在方差分析中，自变量也被称为因素（Factor），因素是方差分析研究的对象，是一个可以控制的条件，如例 5-22 中的颜色。因素的不同表现，即因素中所包含的内容，称为因素的"水平"或"处理"（Treatment）。因此，方差分析通过分析多个总体的均值是否相等，来判断分类型的自变量（如例 5-22 中的颜色）对数量型的因变量（如例 5-22 中的销售量）的影响是否显著。

方差分析有多种类型。根据分析的对象可以分为单因素方差分析（只对一个可控因素进行分析）、双因素方差分析（对两个可控因素进行分析）以及多因素方差分析（同时对多个可控因素进行分析）。例 5-22 所分析的颜色对饮料销售量的影响力的案例，就是一个单因素 4 水平的方差分析。本节主要介绍单因素方差分析。

在方差分析中，有如下三个基本假定：

（1）每个总体中的因变量都服从正态分布。即对于因素的每个水平（A_i）上的随机变量 X_i 的分布都是正态分布，即服从 $N(\mu_i, \sigma^2)$，但 μ_i（$i = 1, 2, \cdots, n$）和 σ^2 未知。每个水平上的一系列观测值，可以看作取自该水平正态总体的一个容量为 n 的简单随机样本。

（2）k 个水平上的 k 个总体方差相等，都是 σ^2（方差齐次性）。也就是说，各组观测数据是从具有相同方差的总体中抽取的。如果数据不满足方差齐次性要求，就需要对数据进行转换。数据转换方法有以下几种：①平方根转换。适用于总体方差与平均数成正比的情形，如总体服从泊松分布。②对数转换。适用于总体标准差与平均数成正比的情形，各样本方差的差异较大，而变异系数相近。③反正弦转换（角转换）。适用于总体方差与[平均数×（平均数–1）]成正比的情形，如总体服从二项分布。反正弦转换常用于百分率的转换，可以使两端的百分率向中间靠近，当百分率都是 30%～70%时则不必转换。④倒数转换。适用于总体标准差与（平均数^2）成正比的情形，常用于以反映时间为指标的数据。

（3）各个观测值 X_{ij} 相互独立。

二、单因素方差分析

（一）数据结构

在单因素方差分析中，用 A 来表示因素，因素的 k 个水平（总体）用 A_1，A_2，…，A_k 来表示，观测值用 x_{ij}（$i=1$，2，…，k；$j=1$，2，…，n）来表示，x_{ij} 即表示第 i 个水平的第 j 个观测值。例如，x_{32} 表示第 3 个水平的第 2 个观测值。在方差分析中，从不同水平中抽取的样本量可以相等，也可以不相等。单因素方差分析的数据结构如表 5-9 所示。

表 5-9 单因素方差分析的数据结构

观测序号（j）	因素（i）			
	A_1	A_2	…	A_k
1	X_{11}	X_{21}	…	X_{k1}
2	X_{12}	X_{22}	…	X_{k2}
…	…	…	…	…
n	X_{1n}	X_{2n}	…	X_{kn}

（二）分析步骤

由于方差分析的目的是检验自变量对因变量是否有显著影响，因此首先要提出"两个变量在总体中没有关系"的原假设，然后构造一个统计量来检验这个假设是否成立。方差分析的具体步骤包括提出假设、构造检验统计量、决策分析等。

1. 提出假设

若可控因素的不同水平对试验结果无显著影响，那么观测值 X_{ij} 应该来自同一正态总体，即 $X_{ij} \sim N(\mu, \sigma^2)$。所以检验对应的原假设是：

H_0：$\mu_1 = \mu_2 = \cdots = \mu_k$　　　　　　自变量对因变量没有显著影响

H_1：μ_i（$i=1$，2，…，k）不全相等　　自变量对因变量有显著影响

式中，μ_i 为第 i 个总体的均值。

如果不拒绝 H_0，则不能认为自变量与因变量之间有显著关系；如果拒绝 H_0，则认为自变量对因变量有显著影响。需要注意的是，拒绝 H_0，只是表明至少有两个总体的均值不相等，而非所有的均值都不相等。

2. 构造检验统计量

为检验 H_0 是否成立，需要确定检验统计量，并以此来判别不同水平对试验结果有无显著影响。下面通过例 5-22 来说明如何构造和计算检验统计量。

（1）计算各样本的均值。假定从第 i 个总体中抽取一个容量为 n_i 的简单随机样本，设 $\overline{x_i}$ 为第 i 个总体的样本均值，则有

$$\overline{x}_i = \frac{\sum\limits_{j=1}^{n} x_{ij}}{n_i} \quad (i=1,2,\cdots,k) \tag{5-29}$$

式中，n_i 为第 i 个总体的样本观测值个数，x_{ij} 为第 i 个水平的第 j 个观测值。

根据表 5-8 中的数据，计算出无色饮料的样本均值，为

$$\overline{x}_1 = \frac{\sum\limits_{j=1}^{5} x_{1j}}{n_1} = \frac{26.5+28.7+25.1+29.1+27.2}{5} = 27.32$$

同样，可以计算出粉色饮料、橘黄色饮料和红色饮料的均值，计算结果见表 5-8。

（2）计算全部观测值的总均值。即把全部观测值加总后除以观测值的总个数。设总均值为 $\overline{\overline{x}}$，则有

$$\overline{\overline{x}} = \frac{\sum\limits_{i=1}^{k}\sum\limits_{j=1}^{n} x_{ij}}{n} = \frac{\sum\limits_{i=1}^{k} n_i \overline{x}_i}{n} \quad (i=1,2,\cdots,k) \tag{5-30}$$

式中，$n=n_1+n_2+\cdots+n_k$。

根据表 5-8 中的数据，计算出总均值，为
$$\overline{\overline{x}} = \frac{26.5+28.7+\cdots+31.7+32.8}{20} = 28.695$$

（3）计算误差平方和。在方差分析中，需要计算三个误差平方和。

① 总误差平方和（Sum of Squares for Total，SST）。它是全部观测值 x_{ij} 与总平均值 $\overline{\overline{x}}$ 的误差平方和，反映了全部观测值的离散程度，其计算公式为

$$SST = \sum\limits_{i=1}^{k}\sum\limits_{j=1}^{n}(x_{ij}-\overline{\overline{x}})^2 \tag{5-31}$$

根据表 5-8 中的数据已经计算得到 $\overline{\overline{x}}=28.695$，则其总误差平方和为
$$SST = (26.5-28.695)^2 + (28.7-28.695)^2 + \cdots + (31.7-28.695)^2 + (32.8-28.695)^2$$
$$= 115.929$$

② 水平项误差平方和（Sum of Squares for Factor A，SSA）。它是各组均值 $\overline{x}_i$（$i=1,2,\cdots,k$）与总均值 $\overline{\overline{x}}$ 的误差平方和，反映了各总体的样本均值之间的差异程度，所以又称为组间平方和。又因为它反映的是自变量（颜色）对因变量（销售量）的影响，所以也被称为自变量效应或因子效应。其计算公式为

$$SSA = \sum\limits_{i=1}^{k} n_i(\overline{x}_i-\overline{\overline{x}})^2 \tag{5-32}$$

根据表 5-8 中的数据计算得

$$SSA = \sum\limits_{i=1}^{4} n_i(\overline{x}_i-\overline{x})^2$$
$$= 5\times(27.32-28.695)^2 + 5\times(29.56-28.695)^2 + 5\times(26.44-28.695)^2 + 5\times(31.46-28.695)^2$$
$$= 76.846$$

③ 误差项平方和（Sum of Squares for Error，SSE）。它是每一水平或组的各样本数据与其组均值 $\overline{x}_i$（$i=1$，2，…，k）误差的平方和，反映了每个样本各观测值的差异程度，或者说反映了除自变量对因变量的影响之外，其他因素对因变量的总影响，因此又称为组内平方和或残差平方和。SSE 实际反映的是随机误差的大小，因为各总体的样本观测值（销售量）是不同的，可认为其差异是由随机抽取超市造成的，因此相同颜色的饮料销售量不同可以看成是由抽样的随机性造成的，由此组内误差也被称为随机误差或残差效应。其计算公式为

$$SSE=\sum_{i=1}^{k}\sum_{j=1}^{n}(x_{ij}-\overline{x}_i)^2 \tag{5-33}$$

根据表 5-8 中的数据，可以分别计算出各种颜色的饮料销售量与其均值的误差平方和，然后把 4 种颜色的误差平方和加总，即 SSE。

无色饮料：

$$\sum_{j=1}^{5}(x_{1j}-\overline{x}_1)^2=(26.5-27.32)^2+(28.7-27.32)^2+(25.1-27.32)^2$$
$$+(29.1-27.32)^2+(27.2-27.32)^2=10.688$$

粉色饮料：

$$\sum_{j=1}^{5}(x_{2j}-\overline{x}_2)^2=(31.2-29.56)^2+(28.3-29.56)^2+(30.8-29.56)^2$$
$$+(27.9-29.56)^2+(29.6-29.56)^2=8.572$$

橘黄色饮料：

$$\sum_{j=1}^{5}(x_{3j}-\overline{x}_3)^2=(27.9-26.44)^2+(25.1-26.44)^2+(28.5-26.44)^2$$
$$+(24.2-26.44)^2+(26.5-26.44)^2=13.192$$

绿色饮料：

$$\sum_{j=1}^{5}(x_{4j}-\overline{x}_4)^2=(30.8-31.46)^2+(29.6-31.46)^2+(32.4-31.46)^2$$
$$+(31.7-31.46)^2+(32.8-31.46)^2=6.632$$

因此，SSE=10.688+8.572+13.192+6.632=39.084。

从分析和计算过程可以看出，三个误差平方和之间有以下关系：

$$\sum_{i=1}^{k}\sum_{j=1}^{n}(x_{ij}-\overline{\overline{x}})^2=\sum_{i=1}^{k}n_i(\overline{x}_i-\overline{\overline{x}})^2+\sum_{i=1}^{k}\sum_{j=1}^{n}(x_{ij}-\overline{x}_i)^2 \tag{5-34}$$

即 SST=SSA+SSE。

上面的实例计算也可以验证这一点：115.929=76.846+39.084。

（4）计算检验统计量。

根据前面的分析可知，SSA 度量的是随机误差和系统误差，而 SSE 度量的仅仅是随机误差，SST 度量的则是对全部观测值总误差程度。因此，方差分析是建立在总误差的分解

基础之上的。由于各误差平方和的大小与观测值的多少有关，因此为消除观测值对误差平方和大小的影响，需要用各平方和除以各自所对应的自由度后得到的均方（Mean Square）来表示其平均误差。各误差平方和 SST、SSA 和 SSE 的自由度（Degrees of Freedom）如下：

SST 的自由度为 $n-1$。其中 n 为全部观测值的个数。

SSA 的自由度为 $k-1$。其中 k 为因素水平（总体）的个数。

SSE 的自由度为 $n-k$。

三个自由度之间具有以下关系：$n-1=(n-k)+(k-1)$。

如果原假设成立，即 H_0：$\mu_1=\mu_2=\cdots=\mu_k$ 为真，则表明不存在系统误差，即组间平方和 SSA 除以其自由度后的均方（称为组间均方，记为 MSA）与组内平方和 SSE 除以其自由度后的均方（称为组内均方，记为 MSE）之间的差异应该不大。如果原假设不成立，则表明存在系统误差，组间均方与组内均方之间的差异就比较大。因此可以通过组间均方与组内均方的对比来构造检验统计量 F。当 H_0 为真时，两者的比值服从第一自由度为 $(k-1)$、第二自由度为 $(n-k)$ 的 F 分布，即

$$F=\frac{\text{SSA}/(k-1)}{\text{SSE}/(n-k)}=\frac{\text{MSA}}{\text{MSE}}\sim F(k-1,\ n-k) \tag{5-35}$$

在 H_0 成立的条件下，$F=\dfrac{\text{MSA}}{\text{MSE}}$ 应接近 1。当 F 值很大时，说明组间均方大于组内均方，则不能认为 k 个总体服从同一个正态分布，即拒绝 H_0，否则接受 H_0。

根据前面得到的数据，可以分别计算出 MSA 和 MSE 的值：

$$\text{MSA}=\frac{\text{组间平方和}}{\text{自由度}}=\frac{\text{SSA}}{K-1}=\frac{76.846}{4-1}=25.615$$

$$\text{MSE}=\frac{\text{组内平方和}}{\text{自由度}}=\frac{\text{SSE}}{n-k}=\frac{39.084}{20-4}=2.443$$

因此 $F=\dfrac{\text{MSA}}{\text{MSE}}=\dfrac{25.615}{2.443}=10.486$。

3. 统计决策

计算出检验统计量后，将统计量的值与给定显著性水平 α 的临界值 F_α 进行比较，从而作出对 H_0 的决策。根据给定显著性水平 α，在 F 分布表中查找第一自由度为 $k-1$、第二自由度为 $n-k$ 的临界值 $F_\alpha(k-1,\ n-k)$。

若 $F<F_\alpha$，则不拒绝 H_0，即没有证据表明 μ_i（$i=1,2,\cdots,k$）之间有显著差异，也就是说，没有证据支持所检验的因素（颜色）对观测值（饮料的销售量）有显著影响。若 $F>F_\alpha$，则拒绝 H_0，即 $\mu_1=\mu_2=\cdots=\mu_k$ 不成立，表明 μ_i（$i=1,2,\cdots,k$）之间的差异是显著的，即所检验的因素（颜色）对观测值（饮料的销售量）有显著影响。

根据上面的计算结果，计算出 $F=10.486$。假定取显著性水平 $\alpha=0.05$，根据第一自由度为 $k-1=4-1=3$，第二自由度为 $n-k=20-4=16$，查 F 分布表得临界值 $F_{0.05}(3,16)=3.24$。由于 $F>F_\alpha$，故拒绝原假设 H_0，即 $\mu_1=\mu_2=\mu_3=\mu_4$ 不成立，表明 μ_1，μ_2，μ_3，μ_4 之间有显著差异，即认为颜色对饮料销售量的影响有显著差异。

颜色对饮料销售量影响的差异来自两个方面，一方面是由不同颜色的差异造成的，即不同的饮料颜色对销售量产生了影响。另一方面是由抽取样本的随机性造成的，即各颜色内的随机误差，例如，相同颜色的饮料在不同的商场中销售量不同。

4. 方差分析表

为了使上述计算过程更加清晰，可以把其内容放在一张表内，即方差分析表（见表5-10）。根据表5-8计算的结果列成方差分析表，如表5-11所示。

表5-10　方差分析表的一般形式

误差来源	平方和 SS	自由度 df	均方 MS	F 值	F 临界值
组间（因素影响）	SSA	$k-1$	MSA	MSA/MSE	$F_\alpha(k-1,\ n-k)$
组内（误差）	SSE	$n-k$	MSE		
总和	SST	$n-1$			

表5-11　根据表5-8计算的结果列成的方差分析表

误差来源	平方和 SS	自由度 df	均方 MS	F 值	F crif
组间	76.846	3	25.615	10.486	3.24
组内	39.084	16	2.443		
总和	115.929	19			

三、方差分析中的多重比较

通过前面的分析，我们得到的结论是不同颜色的饮料销售量的均值是不全相等的，但究竟哪些均值之间不相等呢？引起均值不全相等的饮料颜色有哪些呢？要弄清这些问题，就需要采用多重比较方法（Multiple Comparison Procedures）进行进一步的分析。多重比较方法是通过对总体均值之间的配对比较来检验哪些均值之间存在差异的方法，其中应用较多的是由费歇提出的最小显著差异方法（Least Significant Difference，LSD）。采用 LSD 方法检验的具体步骤如下。

第一步，提出检验的原假设和备择假设：H_0：$u_i = u_j$，H_1：$u_i \neq u_j$。

第二步，计算检验统计量：$\overline{x_i} - \overline{x_j}$。

第三步，计算 LSD，其计算公式为

$$\text{LSD} = t_{\alpha/2} \sqrt{\text{MSE}\left(\frac{1}{n_i} + \frac{1}{n_j}\right)} \tag{5-36}$$

式中，$t_{\alpha/2}$ 为 t 分布的临界值，通过查 t 分布表得到，其自由度为（$n-k$），k 为因素中水平的个数，MSE 为组内均方，n_i 和 n_j 是第 i 个样本和第 j 个样本的容量。

第四步，统计决策。根据给定的显著性水平 α 作出决策：如果 $|\overline{x_i} - \overline{x_j}| > \text{LSD}$，则拒绝 H_0；如果 $|\overline{x_i} - \overline{x_j}| < \text{LSD}$，则不拒绝 H_0。

【例 5-23】根据例 5-22，对 4 种颜色的销售量均值作多重比较（$\alpha = 0.05$）。

第一步，提出如下假设。

检验 1　H_0：$u_1=u_2$，H_1：$u_1\neq u_2$；

检验 2　H_0：$u_1=u_3$，H_1：$u_1\neq u_3$；

检验 3　H_0：$u_1=u_4$，H_1：$u_1\neq u_4$；

检验 4　H_0：$u_2=u_3$，H_1：$u_2\neq u_3$；

检验 5　H_0：$u_2=u_4$，H_1：$u_2\neq u_4$；

检验 6　H_0：$u_3=u_4$，H_1：$u_3\neq u_4$。

第二步，计算检验统计量。

$|\bar{x}_1-\bar{x}_2|=|27.32-29.56|=2.24$；

$|\bar{x}_1-\bar{x}_3|=|27.32-26.44|=0.88$；

$|\bar{x}_1-\bar{x}_4|=|27.32-31.46|=4.14$；

$|\bar{x}_2-\bar{x}_3|=|29.56-26.44|=3.12$；

$|\bar{x}_2-\bar{x}_4|=|29.56-31.46|=1.9$；

$|\bar{x}_3-\bar{x}_4|=|26.44-31.46|=5.02$。

第三步，计算 LSD。

根据前面的计算，已知 MSE=2.443，α=0.05，根据自由度 $n-k$=20-4=16，查 t 分布表，得 $t_{0.025}$ =2.119 9，由于 4 种颜色的样本量相同，因此只需计算一个 LSD：

$$\text{LSD} = t_{\alpha/2}\sqrt{\text{MSE}\left(\frac{1}{n_i}+\frac{1}{n_j}\right)} = 2.119\,9\times\sqrt{2.443\times\left(\frac{1}{5}+\frac{1}{5}\right)} = 2.1199\times0.9885 = 2.0955$$

第四步，作出决策。

$|\bar{x}_1-\bar{x}_2|=2.24>2.095\,5$，拒绝 H_0，无色与粉色的饮料销售量之间有显著差异；

$|\bar{x}_1-\bar{x}_4|=4.14>2.095\,5$，拒绝 H_0，无色与绿色的饮料销售量之间有显著差异；

$|\bar{x}_2-\bar{x}_3|=3.12>2.095\,5$，拒绝 H_0，橘黄色与粉色的饮料销售量之间有显著差异；

$|\bar{x}_3-\bar{x}_4|=5.02>2.095\,5$，拒绝 H_0，橘黄色与绿色的饮料销售量之间有显著差异；

$|\bar{x}_1-\bar{x}_3|=0.88<2.0955$，不拒绝 H_0，无色与橘黄色的饮料销售量之间无显著差异；

$|\bar{x}_2-\bar{x}_4|=1.9<2.095\,5$，不拒绝 H_0，粉色与绿色的饮料销售量之间无显著差异。

小资料-5

思考与练习

1. 什么是重复抽样和不重复抽样？

2. 比较简单随机抽样、分层抽样、系统抽样和整群抽样各自的特点，看看有何异同之处。

3. 样本平均数抽样分布的两个主要特征值是什么？它们与总体参数有什么关系？

4. 什么是抽样分布？

5. 样本统计量的抽样分布与总体分布有什么关系？

6. 简述抽样误差的含义与计算方法。

7. 什么是抽样平均误差、抽样极限误差？两者在抽样估计中发挥了什么作用？

8. 类型抽样中的分组和整群抽样中的分群有什么不同意义和要求？

9. 什么是抽样估计？抽样估计的方法有哪些？

10. 在抽样估计中，为什么说准确性的要求和可靠性的要求是一对矛盾？在实际估计中如何解决这对矛盾？

11. 评价抽样估计量好坏的标准是什么？

12. 为什么说对总体指标的区间估计只能是一种可能范围估算，而不是绝对范围估算？

13. 简述假设检验的基本思想。

14. 什么是原假设？原假设与备择假设有什么不同？

15. 第Ⅰ类错误与第Ⅱ类错误有何不同？

16. 参数估计与假设检验是一回事吗？若不是，两者的关系如何？

17. 什么是方差分析？方差分析与假设检验有什么异同？

18. 从均值为 300，标准差为 25 的总体中，抽取样本量为 100 的简单随机样本，用样本均值 $\bar{x}$ 估计总体均值：

（1）$\bar{x}$ 的数学期望是多少？

（2）$\bar{x}$ 的标准差是多少？

（3）$\bar{x}$ 的抽样分布是什么？

19. 已知某种产品的合格率为 90%，现在采用重复抽样方法从该批产品中抽取 300 件进行调查，求该批产品样本合格率的平均抽样误差。

20. 从一个正态总体中抽取容量为 10 的样本，各样本观测值分别为

10　5　8　12　14　6　11　13　4　16

试以 95% 的置信水平估计总体均值的置信区间。

21. 某公司为了解职工从家到公司的距离（km），随机抽取了 15 名职工作为样本进行调查，这 15 名职工从家到公司的距离分别为

2　4　6　5　10　8　7　9　12　14　3　5　7　9　11

试以 95% 的置信水平求该公司职工从家到公司的平均距离的置信区间。

22. 某冰箱生产公司为调查其生产的冰箱在某市居民家庭中受青睐的程度，随机抽取了 200 个家庭进行调查，结果有 120 个家庭拥有该公司生产的冰箱。试以 95% 的置信水平估计该市家庭拥有该公司所生产的冰箱的置信区间。

23. 某大学在校生有 9 000 人，学校想了解每个学生一个月的生活消费金额，准备采用不重复抽样方法进行抽样调查。根据前几届学生的资料，平均每个学生生活费支出金额的标准差约为 40 元，抽样误差

不超过 15 元。如果本次抽样调查确定的置信水平为 95%，则这次调查应该抽取多少名学生？

24. 某大学声称，该校 2017 届的毕业生有 6 000 人，毕业生的就业率为 90%。某社会机构对该大学的就业率表示怀疑，于是从该校毕业生中采取抽样方法来验证该大学关于就业率的说法。

（1）为验证该大学的就业率是否真实，应该采用什么方法？试说明验证的思路。

（2）写出该问题的原假设和备择假设。

（3）如果该社会机构随机抽取了 300 名该大学毕业生进行调查，结果显示只有 210 人就业了。试在 $\alpha=0.05$ 的显著性水平下，检验该大学的就业率是否达到了 90%。

（4）该社会机构了解到以往该大学就业率为 85%，现在要求抽样误差不超过 5%，在求 95% 的置信区间时，应抽取多少名毕业生作为样本？

25. 某商场销售一种产品，原来的周销售量服从平均值为 75、方差为 14 的正态分布。销售方案更新后，该商场为了考察销售量是否有所提高，抽查了 6 周的销售量，求得平均销售量为 78。假定方差不变，在显著性水平为 0.05 的条件下，试判断销售方案更新后周销售量是否有显著提高？

26. 某品牌笔记本电脑的说明书声称电池平均充电次数可达 4 200 次。为验证其真实性，现随机抽取样本进行调查，结果显示平均充电次数为 4 200 次，样本标准差为 200 小时。假定一般电脑的电池充电次数服从正态分布，在 5% 的显著性水平下，检验说明书是否属实。

27. 某保龄球馆在过去几个月中，有 20% 的顾客是女性。为了提高女性顾客的比例，球馆采取了一些措施来吸引女性顾客。一周后随机抽取 400 名顾客作为样本，其中有 100 名女性顾客。据此判断：在 0.05 的显著性水平下，该球馆女性顾客的比例是否有所提高？

28. 某养鸡场生产鸡蛋，该养鸡场生产鸡蛋的直径近似服从正态分布，其总体均值为 $\mu_0=5.18$cm，总体标准差为 $S=1.02$。现养鸡场准备引进一种新产蛋鸡品种 QQ，淘汰原有的品种；抽取 $n=200$ 只 QQ 品种新产蛋鸡进行检验，得到的鸡蛋平均直径为 5.06cm。试问：新产蛋鸡产蛋的直径均值与以前相比有无显著差异？（$\alpha=0.05$）

29. 某林场欲从种苗场购进一批树苗，根据合同规定，树苗平均高度不能低于 120cm。已知树苗高度服从正态分布，标准差为 14cm。在总体中随机抽取 100 棵树苗，测得样本均值为 112cm。试问：林场是否应该购买这批树苗？（$\alpha=0.05$）

30. 某食品厂采用自动包装机分装食品，假定每包食品的重量服从正态分布，每包标准重量为 1 000g。某日随机抽查了 9 包，测得样本平均重量为 986g，样本标准差为 24g。试问：在 0.05 的显著性水平下，能否认为该日的自动包装机工作正常？

31. 某研究者估计本市居民家庭的宠物拥有率为 30%。现随机抽查 200 个家庭，其中 68 个家庭拥有宠物。试问：研究者的估计是否可信？（$\alpha=0.05$）

32. 根据长期正常生产的资料可知，某制药厂所产药品的某有效成分含量服从正态分布，其方差为 0.002 5。现从某日生产的药品中随机抽取 20 份，测得样本的方差为 0.004 2。试问：该日药品有效成分的波动与平日相比有无显著差异？（$\alpha=0.05$）

33. 某屠宰场收购了一批商品猪，一位有经验的收购人员估计这批猪的平均体重为 100kg。现随机抽取 10 头猪进行称重，得到的体重（单位：kg）数据如下：

115　98　105　95　90　110　104　108　92　118 试检验此收购人员的估计是否正确。

34. 某生物农药生产商声称，该农药施用一周后，农田的微生物残留量大于 40 000 单位/亩。现对一个由 20 亩农田组成的随机样本做实验，测得残留量平均值为 41 000 单位/亩，标准差为 5 000 单位/亩。已知生物农药残留量的单位数服从正态分布，能否根据这些数据作出结论：该生产商的产品与其宣称的标准相符？（a=0.05）

35. 某县统计局认为，该县农村中专业农户数的比例为 8%，但省统计局认为这个数字太低，不符合实际情况。因此，省统计局随机抽查了 300 户农户的情况，发现符合专业户标准的农户有 40 户，据此，在 5%的显著性水平下，省统计局会得到什么结论？

36. 根据以往的生产统计资料，某企业生产某种产品的合格率为 80%，现在要求在误差不超过 3%的情况下，以 95%的置信水平进行区间估计，则应该抽取多少个产品作为样本进行调查？

37. 拥有 MBA 学位的毕业生年薪的标准差大约为 4 000 元，现在要以 95%的置信水平估计拥有 MBA 学位的毕业生的年薪区间，希望误差不超过 500 元，问：应该抽取多少名 MBA 毕业生作为样本进行调查？

38. 某企业某种零部件的长度服从正态分布，从某天生产的一批零件中按重复抽样方法随机抽取 10 个产品，测得其平均长度为 22cm，已知总体标准差为 σ=0.15cm，试估计该批零件平均长度的置信区间（置信水平为 95%）。

39. 已知某公司生产的某种灯泡的寿命服从正态分布，现在从一批灯泡中随机抽取 16 只进行平均寿命（单位：小时）的测定，测试结果如下：

1 200　1 250　1 280　1 350　1 400　1 460　1 510　1 490
1 380　1 480　1 520　1 510　1 550　1 470　1 530　1 460

试以 95%的置信水平估计该批灯泡平均使用寿命的置信区间。

40. 某城市管理部门要估计下岗职工中女性职工所占的比例，采取重复抽样的方法随机抽取了 200 名下岗职工进行调查，其中有 110 人为女性职工。试以 95%的置信水平估计该城市下岗职工中女性职工比例的置信区间。

41. 某公司声称，有 30%以上的消费者对其所生产的产品感到满意。现采用随机调查方式调查了 500 名消费者，其中对该公司产品满意的消费者有 180 人，试以 0.05 的显著性水平检验调查结果是否支持该公司的声明。

42. 某企业生产一种零件，过去的大量资料表明，零件的平均长度为 5cm，标准差为 0.2cm。改革工艺后，抽查了 100 个零件，测得样本平均长度为 4.94cm。现问：工艺改革前后零件的长度是否发生了显著的变化？

43. 某地区居民月收入服从正态分布，现随机抽取 10 户家庭，测得他们的月收入分别为 3 640 元、2 800 元、510 元、382 元、366 元、350 元、380 元、330 元、390 元、220 元，据此，能否认为该地区居民的月收入为 930 元？（a=0.05）

44. 对某电池生产厂家所生产的某种型号的电池进行电流强度检验，从中随机抽取 400 只电池，测得平均电流强度为 5.46 安培？标准差为 0.40 安培。问：能否认为这批电池的平均电流强度不超过 5.5 安培？（a=0.05）

45. 某市的一家连锁超市在该市三个不同的地点开设了分店，该超市为了分析地点对销售情况有没有影响，对三家分店随机抽取了 5 天的销售额进行调查，有关资料见表 5-12（单位：万元）。

表 5-12　三家分店 5 天的销售额

调查时间	分店一	分店二	分店三
1	10	8	11
2	12	11	9
3	9	10	14
4	8	12	7
5	13	9	10

试根据表 5-13 中的资料分析地点对该超市的销售额是否有影响。（$\alpha=0.05$）

46. 某公司生产某种产品，采用了红色、黄色和绿色三种不同的包装，该公司包装部门为了解不同的包装颜色是否对产品的销售量有影响，对该产品的不同包装的销售量进行了调查，得到如表 5-13 所示的数据（单位：万元）。

表 5-13　某产品三种颜色包装的销售量

调查时间	红色	黄色	绿色
1	25	21	19
2	30	24	21
3	18	20	19
4	19	17	14
5	26	22	27

试以 0.05 的显著性水平确定不同的包装颜色对该产品的销售量是否有影响。

第六章　相关分析与回归分析

统计具有处理各种复杂问题的非凡能力，它需要非常精细的方法和严谨的解释。当人类科学探索者在问题丛林中遇到难以逾越的障碍时，唯有统计工具可为其开辟一条前进的通道。

　　　　　　——弗朗西斯·高尔顿（Francis Galton，1822—1911）英国著名生物学家、统计学家

相关分析与回归分析（Correlation Analysis and Regression Analysis）是对不确定的客观现象的数量关系进行定量分析的统计分析方法，是统计推断的重要内容，也是现代统计学的重要组成部分。通过相关分析，可以判断两个或两个以上变量之间是否存在相关关系，以及相关关系的方向和密切程度。回归分析是对具有相关关系的现象间数量变化的规律性进行计算与测定的理论与方法，即通过建立一个回归方程式，利用样本信息对所建立的回归方程中的参数进行估计，分析、判断其有效性，以便对总体的数量变化做出估计和预测。如今，相关分析与回归分析已成为宏观与微观经济、企业管理、商业决策、金融分析等社会科学及很多自然科学领域的重要研究方法。

第一节　相关分析与回归分析的概念

一、相关分析的概念与相关关系的类型

1. 相关分析的概念

现实世界中的各种现象之间存在着相互联系、相互制约、相互依存的关系，某些现象发生变化时，另一个或另一些现象也随之发生变化，例如，商品价格的变化会引起该商品销售量的变化；劳动力素质的变化会引起企业效益的变化；居民收入的变化会引起市场商品需求量的变化，等等。研究这些现象之间的关系，并通过数据分析，找出现象之间的数量变化规律，可以为人们客观、科学地认识现象的发展变化规律提供依据。相关分析就是通过对客观现象依存关系的分析，找出现象间相互依存的形式、相关程度及方向，以发现这种依存关系的变动规律。

现实世界中客观现象间的相互关系大致可以分成三种类型，即函数关系、相关关系和

没有关系。不过，在现实世界中，没有关系的现象很少，下面重点说明函数关系和相关关系。

（1）函数关系。函数关系指客观现象之间存在严格的依存关系，在这种关系中，对于某一变量的一个数值，都有另一变量的确定的数值与之对应。因此，函数关系也被称为确定性关系。其数学表达式为$y=f(x)$。例如，圆的面积S与半径r是函数关系，对于每一个r值，都有确定的S值与之对应，即$S=\pi r^2$。再如，某种商品的销售额Y与该商品的销售量X、销售单价P之间的关系可以用$Y=PX$来表示，这也是一种函数关系。

（2）相关关系。相关关系指客观现象之间确实存在的、数量上不是严格对应的依存关系。相关关系也被称为统计关系、不确定关系。在这种关系中，对于某一现象的一个数值，另一现象可能有若干数值与之对应。例如，企业的产品生产成本的高低与利润的多少有密切关系，但与某一确定的成本相对应的利润却是不确定的，这是因为影响利润的因素除了成本外，还有价格、供求、消费偏好及其他偶然因素。再如，农业生产中施肥量与农产品的单位面积产量之间的关系，对于一定的施肥量，不同土地的农产品单位面积产量可能不同，因为农产品的生产需要光、热、水、土、肥料及管理等各因素紧密配合。

相关关系和函数关系既有区别，又有联系，它们可以相互转化。有些函数关系的现象由于存在观察或测量误差以及受各种随机因素的干扰等原因，在实际中常通过相关关系表现出来；而随着对其数量间规律性的了解逐渐深入，以及测量或观测技术的提高，相关关系就有可能转化为函数关系或借助函数关系来表现。

有些具有相关关系的现象可能表现为因果关系，即某一或若干现象的变化是引起另一现象变化的原因，它是可以控制、给定或确定的，称为自变量（或解释变量、原因变量）。另一个现象的变化是自变量变化的结果，它是不确定的，称为因变量（或被解释变量、结果变量）。例如，在居民收入与消费之间的关系中，前者为自变量，后者为因变量，因为居民收入的高低是引起消费变化的原因。对具有因果关系的变量之间数量关系的分析，可以采用回归分析方法。需要注意的是，具有因果关系的现象都具有相关关系，但具有相关关系的现象并不都具有因果关系，例如，一个地区的城市居民收入与农村居民收入有关系，但不存在因果关系，这是由于相关关系比因果关系包括的范围更广。

2. 相关关系的类型

现象之间的相关关系根据不同的角度可以分为不同类型。

（1）根据相关关系的程度，可分为不相关关系、完全相关关系和不完全相关关系。如果变量间彼此的数量变化互相独立，则变量之间没有关系，即不相关关系；如果一个变量的变化是由其他变量的数量变化唯一确定的，此时变量间的关系称为完全相关关系；如果变量间的关系介于不相关和完全相关之间，则称为不完全相关关系。例如，居民收入与消费支出之间就是不完全相关关系。大多数变量间的相关关系属于不完全相关关系，因此，不完全相关关系是统计研究的主要对象。

（2）根据相关关系的方向，可分为正相关关系和负相关关系。正相关关系指两个变量之间的变化方向一致，即一个变量x的值增加（或减少），另一个相关变量y的值也相应地增加（或减少）。负相关关系指两个因素或变量之间的变化方向相反，即一个变量的数值增大（或减小），另一个相关变量则随之减小（或增大）。

（3）根据变量的多少，可分为单相关关系和复相关关系。两个变量之间的相关关系称为单相关关系，而三个或三个以上变量间的相关关系称为复相关关系（或多重相关关系）。

（4）根据变量间相互关系的表现形式，可分为线性相关关系和非线性相关关系。当具有相关关系的两个变量中的一个变量 x 的值发生变动时，另一个变量 y 的值也随之发生大致均等的变动，在图形上近似地表现为一条直线形式，这种相关关系称为线性相关关系（或直线相关关系）。在两个相关现象中，一个变量 x 的值发生变动时，另一个变量 y 的值也随之发生变动，但这种变动不是均等的，在图形上表现为各种不同的曲线形式，这种相关关系称为非线性（或曲线）相关关系。

（5）根据变量间相互关系所反映的内容，可分为真实相关关系和虚假相关关系。有时两个变量之间并不存在相关关系，但却可以计算出较高的相关系数，比如，在存在另一个共同影响两变量的因素的情况下，在时间序列资料中往往会出现这种情况。有人曾对教师薪金提高和酒价上涨作了相关分析，计算得到一个较大的相关系数，这是否就表明教师薪金提高导致酒的消费量增加，从而导致酒价上涨呢？经过分析，事实是由于经济增长导致教师薪金提高和酒价上涨，而教师薪金提高和酒价上涨之间并没有什么直接关系。

原因的混杂也可能导致错误的结论。例如，有人通过计算发现，在美国，经济学学位越高的人收入越低，笼统地计算学位与收入之间的相关系数会得到负值，但分别对大学、政府机构、企业计算学位与收入之间的相关系数得到的则是正值，即对同一行业而言，学位越高，收入也越高。

另外注意，不要在相关关系据以成立的数据范围以外，推论这种相关关系仍然成立。例如，雨量大，农作物就长得好，但雨量过大，却可能损坏庄稼。又如，广告投入多，销售额就会增加，利润也会增加，但盲目加大广告投入，却未必能使销售额保持高速增长，还可能使利润减少。正相关达到某个极限时，就可能变成负相关。这个道理似乎人人都明白，但在分析问题时却容易忽视。

需要指出的是，变量之间是否存在"真实相关"，是由变量之间的内在联系所决定的。相关分析和回归分析只是定量分析的手段，通过相关分析和回归分析，虽然可以从数量上反映变量之间的联系形式及其密切程度，但是无法准确判断变量之间内在联系的存在与否，也无法判断变量之间的因果关系。因此，在具体应用中，一定要始终注意把定性分析和定量分析结合起来，在准确的定性分析的基础上展开定量分析。

二、回归分析的概念与类型

1. 回归分析的概念

"回归"一词由英国生物学家高尔顿（F. Galton）在研究人体身高的遗传问题时首先提出。根据遗传学的观点，子辈身高一般受父辈身高的影响，子辈身高与父辈身高之间存在一种相关关系。1855 年，高尔顿发表了一篇主题为"遗传的身高向平均数方向回归"的文章，分析了儿童与父母身高之间的关系，发现根据父母的身高可以预测子女的身高，当父母越高或越矮时，子女的身高会比一般儿童越高或越矮。他将这种现象拟合成一种线性关系。但通过观察，他注意到，尽管这是一种拟合较好的线性关系，但仍然存在例外，例如，个子较矮的父母所生子女比其父母要高，个子较高的父母所生子女的身高将回降到人的平均身高。换句话说，身高非常高或非常矮的父母，其子女的身高不会像父母那样极端化，其身高要比父母更接近平均身高。高尔顿把这一现象称为"向平均数方向的回归"，"回归"一词即源于此。高尔顿和他的学生 K.皮尔逊通过观察 1078 对夫妇，以每对夫妇的平均身高作为自变量，取他们的一个成年儿子的身高作为因变量，结果发现两者的关系近乎一条直线，其回归直线方程为 $y=33.73+0.516x$，该回归方程表明父母身高每增加一英寸，其成年儿子的身高将平均增加 0.516 英寸。虽然这种向中心回归的现象只是特定领域里的结论，但它所描述的一个变量为自变量、另一个变量为不确定的因变量这种变量间的关系却具有普遍性。因此，现代回归分析虽然沿用了"回归"一词，但内容已发生了很大变化。回归分析已成为一种广泛应用的分析研究方法，在经济理论研究和实证研究中发挥着重要作用。

现代意义的"回归"指关于一个因变量（或称被解释变量）对另一个或另一些自变量（或称解释变量）依存关系的研究，分析的目的是用已知或给定的自变量的值去估计（或称预测）因变量的平均值。通过回归分析，可以用一个或一些变量的变化来解释另一变量的变化。回归分析的主要内容和步骤是，首先，根据理论和对问题的分析判断，将变量分为自变量和因变量；其次，设法找出合适的数学方程式（即回归模型）来描述变量间的关系，并应用一定的方法对回归模型中的有关参数进行估计。由于涉及的变量具有不确定性，所以必须对所估计的参数和回归模型进行统计检验；统计检验通过后，再利用回归模型，根据自变量去估计、预测因变量的平均变化情况。

2. 回归分析的类型

按照不同的划分依据，回归分析主要有以下四种分类方法：

（1）按照自变量的个数来划分，回归分析可以分为一元回归分析和多元回归分析，只涉及一个自变量的回归分析就是一元回归分析，涉及两个或两个以上自变量的回归分析就是多元回归分析。

（2）按照回归曲线的形态或根据变量、参数之间的关系来划分，回归分析可以分为线性（直线）回归分析和非线性（曲线）回归分析。

（3）根据解释变量的性质来划分，回归分析可以分为方差分析、协方差分析和 Logistic 回归分析。

（4）按模型中方程数目的多少来划分，回归分析模型可以分为单一方程模型和联立方程模型。单一方程模型指只包含一个方程的回归模型，联立方程模型指由两个或两个以上回归方程构成的回归方程组模型。在本章中，我们只介绍一元线性回归模型。

三、相关分析与回归分析的关系

相关分析是用来研究现象间是否存在相互依存关系、关系的方向以及密切程度的统计分析方法；而回归分析是根据相关关系的具体形态，选择合适的数学模型，近似地表达变量间的平均变化关系的统计分析方法。研究一个随机变量与一个（或几个）可控变量之间的相关关系的统计方法称为回归分析。

相关分析与回归分析具有共同的研究对象，即变量间的相关关系。回归分析应该建立在相关分析的基础上，相关分析与回归分析的理论和方法具有一致性。

相关分析是回归分析的基础和前提，回归分析是相关分析的深入和继续。相关分析需要依靠回归分析来表现变量之间数量相关的具体形式，而回归分析则需要依靠相关分析来表现变量之间数量变化的相关程度。只有当变量之间高度相关时，进行回归分析寻求其相关的具体形式才有意义。如果在对变量之间是否相关以及相关方向和程度做出正确判断之前就进行回归分析，则很容易造成"虚假回归"。与此同时，相关分析只研究变量之间相关的方向和程度，而不能推断变量之间相关的具体形式，也无法根据一个变量的变化来推测另一个变量的变化情况，因此，在具体应用过程中，只有把相关分析和回归分析结合起来，才能达到研究和分析的目的。

二者的区别主要体现在以下三个方面：①在相关分析中涉及的变量不存在自变量和因变量的划分问题，变量之间的关系是对等的；而在回归分析中，则必须根据研究对象的性质和研究分析的目的，把变量划分为自变量和因变量。因此，在回归分析中，变量之间的关系是不对等的。②在相关分析中，所有的变量都是随机变量；而在回归分析中，自变量是给定的确定性变量，因变量是随机的。③相关分析主要通过一个指标（即相关系数）来反映变量之间线性相关程度的大小和方向，由于变量之间是对等的，因此相关系数是唯一确定的。相关分析中相关系数的确定是建立在回归分析的基础上的。而在回归分析中，对于互为因果的两个变量（如人的身高与体重、商品的价格与需求量），则有可能存在多个回归方程。

第二节　相关表、相关图与相关系数

在相关分析中，可以通过定性分析和定量分析来判别现象之间有无相关关系。所谓定性分析就是依据研究者的理论知识、专业知识和实践经验，判断客观现象之间是否存在相关关系。在定性分析的基础上，还可以编制相关表、绘制相关图，以便直观地判断现象之间相关的方向、形态及大致的密切程度。

一、相关表

相关表是一种统计表，它是根据现象之间的原始资料，将一个变量的若干变量值按一定顺序进行排列，并将另一个变量的值与之对应排列形成的统计表。

【例 6-1】某公司管理人员想了解其广告费与销售收入之间的关系，以便决定第二年是否增加广告费的投入，该公司 2017 年 1～12 月每月的广告费与销售收入数据见表 6-1。

表 6-1　某公司广告费与销售收入相关表

月份	1	2	3	4	5	6	7	8	9	10	11	12
广告费（万元）	3	2	1	2	3.5	1.5	2.8	2.3	2.4	1.8	2.5	2.5
销售收入（万元）	90	85	76	98	110	80	120	90	90	80	95	100

从表 6-1 中可以直观地看出，随着广告费的增加，销售收入也在增加，两者之间存在一定的正相关关系。

二、相关图

相关图又称散点图，它是用直角坐标系的横轴代表一个变量，纵轴代表另一个变量，将两个变量间相对应的变量值用坐标点的形式描绘出来，用以表明相关点分布状况的图形。根据表 6-1 的资料可以绘制相关图，如图 6-1 所示。

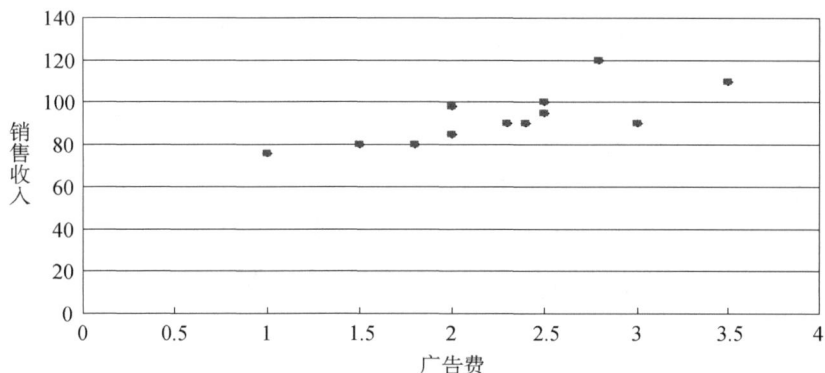

图 6-1　某公司广告费与销售收入的相关图

从图 6-1 可以直观地看出，广告费与销售收入之间存在密切的关系，且有线性正相关关系。

三、相关系数

相关表和相关图虽然可以直观地反映两个变量之间的相互关系及其相关方向，但无法确切地表明两个变量之间相关的程度。为了定量地反映变量之间相关关系的密切程度，著名统计学家卡尔·皮尔逊设计了测定变量间相关程度的统计量——相关系数。依据相关现象之间的不同特征，相关系数的名称和计算方法也有所不同。例如，将反映两个变量间线性相关关系的统计指标称为简单相关系数；将反映两个变量间曲线相关关系的统计指标称为非线性相关系数；将反映多元线性相关关系的统计指标称为复相关系数等。这里只介绍简单线性相关系数。

根据所分析的现象是总体还是样本，相关系数分为总体相关系数与样本相关系数。总体相关系数是衡量所研究的总体中变量之间相关关系的统计量。

对于所研究的总体，表示两个相互联系的变量 X 和 Y 的相关程度的总体相关系数的定义为

$$\rho = \frac{\text{Cov}(X,Y)}{\sqrt{\text{Var}(X)\text{Var}(Y)}} \tag{6-1}$$

式中，ρ 为总体相关系数；$Cov(X, Y)$ 为变量 X 和 Y 的协方差；$Var(X)$ 和 $Var(Y)$ 分别为变量 X 和 Y 的方差。

总体相关系数是反映两个变量之间线性相关程度的一种特征值，所研究的总体一经确定，总体相关系数也将唯一确定，因此总体相关系数表现为一个常数。

一般来说，总体相关系数是未知的，因此需要计算样本相关系数，并以此推断总体相关系数。样本相关系数一般用 r 表示。假定两个变量 x 和 y 之间存在线性相关关系，则其样本相关系数的计算公式为

$$r = \frac{\sum_{i=1}^{n}(x_i - \overline{x})(y_i - \overline{y})}{\sqrt{\sum_{i=1}^{n}(x_i - \overline{x})^2 \sum_{i=1}^{n}(y_i - \overline{y})^2}} \tag{6-2}$$

式中， x_i 为变量 x 的样本观测值，$\overline{x}$ 为变量 x 的均值，y_i 为变量 y 的样本观测值，$\overline{y}$ 为变量 y 的均值，$i=1, 2, \cdots, n$，n 为样本观测值个数。

样本相关系数的简化计算公式为

$$r = \frac{n\sum_{i=1}^{n}x_i y_i - \sum_{i=1}^{n}x_i \sum_{i=1}^{n}y_i}{\sqrt{n\sum_{i=1}^{n}x^2 - \left(\sum_{i=1}^{n}x_i\right)^2}\sqrt{n\sum_{i=1}^{n}y_i^2 - \left(\sum_{i=1}^{n}y_i\right)^2}} \tag{6-3}$$

式中变量意义同上。

样本相关系数的值介于–1 与+1 之间，即–1≤r≤+1。其特点如下：

（1）当 r>0 时，表示 x 和 y 之间的关系为正相关关系；当 r<0 时，表示 x 和 y 之间的关系为负相关关系。

（2）当|r|=1 时，表示 x 和 y 之间的关系为完全线性相关关系，即函数关系。

（3）当 r=0 时，表示 x 和 y 之间无线性相关关系。

（4）当 0<|r|<1 时，表示 x 和 y 之间存在一定程度的线性相关关系，且|r|越接近 1，表示 x 和 y 之间的线性相关关系越强；|r|越接近 0，表示 x 和 y 之间的线性相关关系越弱。

（5）对两个变量之间相关关系的密切程度，可根据计算出的相关系数大小进行判断。一般可按四级划分：|r|<0.3，变量之间为弱线性相关关系；0.3≤|r|<0.5，变量之间为低度线性相关关系；0.5≤|r|<0.8，变量之间为显著线性相关关系；0.8≤|r|<1，变量之间为高度线性相关关系。

根据表 6-1 的资料和式（6-3），可以计算出该公司广告费与销售收入之间的相关系数，计算过程如表 6-2 所示。

表 6-2　某公司广告费与销售收入相关系数计算表

月份	广告费（万元）	销售收入（万元）	x^2	y^2	xy
	x	y			
1	3	90	9	8 100	270
2	2	85	4	7 225	170

（续表）

月份	广告费（万元）	销售收入（万元）	x^2	y^2	xy
	x	y			
3	1	76	1	5 776	76
4	2	90	4	8 100	180
5	3.5	110	12.25	12 100	385
6	1.5	80	2.25	6 400	120
7	2.8	120	7.84	14 400	336
8	2.3	90	5.29	8 100	207
9	2.4	90	5.76	8 100	216
10	1.8	80	3.24	6 400	144
11	2.5	95	6.25	9 025	237.5
12	2.5	100	6.25	10 000	250
合计	27.3	1 106	67.13	103 726	2 591.5

把表 6-2 中相应的数据代入式（6-3），则

$$
\begin{aligned}
r &= \frac{n\displaystyle\sum_{i=1}^{n} x_i y_i - \sum_{i=1}^{n} x_i \sum_{i=1}^{n} y_i}{\sqrt{n\displaystyle\sum_{i=1}^{n} x_i^2 - \left(\sum_{i=1}^{n} x_i\right)^2}\sqrt{n\displaystyle\sum_{i=1}^{n} y_i^2 - \left(\sum_{i=1}^{n} y_i\right)^2}} \\
&= \frac{12 \times 2\,591.5 - 27.3 \times 1106}{\sqrt{12 \times 67.13 - 27.3^2} \times \sqrt{12 \times 103\,726 - 1106^2}} \\
&= \frac{904.2}{\sqrt{60.27} \times \sqrt{21\,476}} = 0.794\,8
\end{aligned}
$$

计算结果表明，相关系数为 0.794 8，说明广告投入费与月平均销售额之间有显著的线性正相关关系。

这里需要指出的是，相关系数有一个明显的缺点，即它接近 1 的程度与数据组数 n 相关，这容易造成一种假象。当 n 较小时，相关系数的波动较大，有些样本相关系数的绝对值易接近 1；当 n 较大时，相关系数的绝对值易偏小，特别是当 $n=2$ 时，相关系数的绝对值总为 1。因此，在样本量 n 较小时，仅凭相关系数较大就判定变量 x 与 y 之间有密切的线性关系是不妥当的。另外，相关系数是根据样本数据计算的，对于同一个总体，抽取不同的样本所得到的相关系数是不同的。因此，相关系数是一个随机变量，需要对其进行检验。

假定 X 和 Y 都服从正态分布，在总体相关系数 $\rho = 0$ 的假设下，构造一个与样本相关系数 r 有关的 t 统计量，该统计量服从自由度为 $n-2$ 的 t 分布：

$$
t = \frac{|r|\sqrt{n-2}}{\sqrt{1-r^2}} \sim t_{\alpha/2}(n-2) \tag{6-4}
$$

给定显著性水平 α，查自由度为 $n-2$ 的临界值 $t_{\alpha/2}$，若 $|t| \leqslant t_{\alpha/2}$，表明相关系数 r 在统计上是显著的，应否定 $\rho = 0$，而接受 $\rho \neq 0$ 的假设；反之，若 $|t| > t_{\alpha/2}$，应接受 $\rho = 0$ 的假设。

对某公司广告费与销售收入之间相关系数的检验如下：根据已知数据，计算出 t 统计量的值：

$$t = \frac{|r|\sqrt{n-2}}{\sqrt{1-r^2}} = \frac{0.7948 \times \sqrt{12-2}}{\sqrt{1-0.7948^2}} = \frac{0.7948 \times 3.162}{\sqrt{0.3682}} = 4.14$$

给定显著性水平为 0.05，则 $t_{0.025}(12-2) = 0.5760$。

所以，可以拒绝 $\rho = 0$，即某公司广告费与销售收入之间的相关系数是总体相关系数的一个估计。

第三节 一元线性回归模型

一元线性回归（Simple Linear Regression）模型又称简单直线回归模型，这类回归分析只涉及一个因变量和一个自变量，而且两个变量的增量按一定的比率变化，或者说两个变量的增长比率为常数。一元线性回归分析是回归分析中变量最少、最简单的一种回归分析，也是一种最基本、最重要的回归分析，它在二维坐标图上表现为一条直线。

一、一元线性回归模型

1. 回归线与回归函数

在两个变量 X 与 Y 间不存在确定的函数关系，而存在不确定的相关关系并且它们之间具有因果关系的情况下，如果要揭示这两个变量的具体数量规律，就必须进行回归分析。在一元线性回归分析中，变量 X 为自变量，变量 Y 为因变量。当 X 取某一固定值时，变量 Y 的取值并不确定，Y 的不同取值就会形成一定的分布，即 Y 在 X 取某一固定值时的条件分布。对 X 的每一个取值，可以对 Y 的条件分布确定其期望值，即 Y 的条件期望，可表示为 $E(Y/X_i)$（$i=1, 2, \cdots, n$，n 为自变量 X 取值的个数）；对不同的 X_i，都有一个确定的 $E(Y/X_i)$ 与之对应。在二维坐标图上，所有 $E(Y/X_i)$ 的点随 X 的不同而变化的轨迹所形成的直线或曲线，称为回归线（见图 6-2）。如果 $E(Y/X_i)$ 随 X 的变化而表现出某种规律，则可以把 $E(Y/X_i)$ 表示为 X 的某种函数，记为 $E(Y/X_i)=f(X_i)$，这就是回归函数。如果该函数是一个只有一个自变量的线性函数，即 $E(Y/X_i)= \beta_0 + \beta_1 X_i$，则该函数就称为一元线性回归函数，也称为简单线性回归函数。

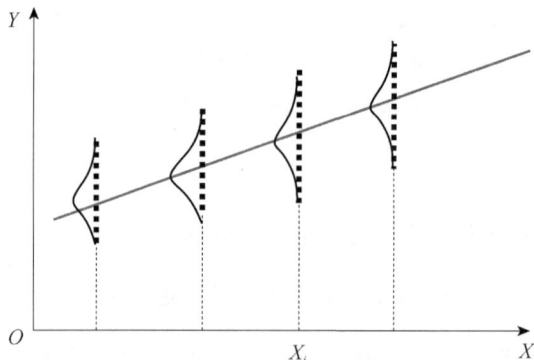

图 6-2 Y的条件分布、条件期望与回归线

2. 总体回归函数

假如所研究的某一经济现象总体中因变量 Y 和自变量 X 的每一个观测值都可以得到，那么就可以计算出该总体因变量 Y 的条件期望 $E(Y/X_i)$，并将其表示为自变量 X 的某种函数，这个函数就是总体回归函数（简记为 PRF）。总体回归函数也称为理论模型。

总体回归函数有以下两种表现形式：

（1）条件期望表现形式。如果 Y 的条件期望 $E(Y/X_i)$ 是 X 的线性函数，可表示为

$$E(Y/X_i)= \beta_0 + \beta_1 X_i \tag{6-5}$$

式（6-5）就是总体回归函数的条件期望表现形式。式中，X_i 为自变量，β_0、β_1 为待估参数。

（2）个别值表现形式。对一定的 X_i，Y_i 的个别值 Y_i 分布在 $E(Y/X_i)$ 的附近。假设各个 Y_i 值与其条件期望 $E(Y/X_i)$ 的偏差为 u_i，很明显，u_i 是一个可正可负的随机变量，也是一个不可观测的随机变量，代表排除在 X 之外的所有对 Y 的影响因素。该随机变量称为随机误差项（或随机扰动项）。如果总体回归函数是只有一个自变量的线性函数，则

$$u_i = Y_i - E(Y / X_i)$$
$$Y_i = E(Y / X_i) + u_i = \beta_0 + \beta_1 X_i + u_i \tag{6-6}$$

式（6-6）就是总体回归函数的个别值表现形式，也称为**随机设定形式**。式中，X_i 为自变量，β_0、β_1 为待估参数，u_i 为随机扰动项。

在实际经济分析中，一般来说，总体是未知的。对一个总体现象，要精确地获得总体的所有观测值或总体中 Y 的条件期望值，都是很难做到的。因此，对总体回归函数，一般根据经济理论或实践经验去进行人为的设定。例如，在分析某城市居民消费支出与可支配收入之间的数量关系时，根据经济学的消费理论，居民的可支配收入是影响消费支出的主要因素，居民的消费支出随着可支配收入的增加而增加。因此，根据凯恩斯的绝对收入假说，可以把该城市的居民消费支出与可支配收入的关系用模型表示为 $Y_i= \beta_0 + \beta_1 X_i + u_i$，式中，$Y_i$ 为消费支出，X_i 为可支配收入，β_0、β_1 为待估计参数，u_i 为随机扰动项，随机扰动项代表除可支配收入之外的所有影响该市居民消费支出的因素。

3. 随机扰动项

随机扰动项是回归模型中的一个重要变量，包含非常丰富的信息，代表未纳入模型的一切影响因变量的因素。具体来说，随机扰动项包含的信息包括未知影响因素、无法取得数据的已知影响因素、众多细小影响因素、模型的设定误差、变量的观测误差和变量内在随机性。随机扰动项的性质决定回归模型的性质。

4. 样本回归函数

在实际经济问题的研究中，总体回归函数中的参数 β_0、β_1 是未知的，因此必须用样本数据对总体参数进行估计。对于给定的自变量 X，可以对因变量 Y 的某些样本进行观测，然后利用样本提供的信息去估计总体回归函数。对于给定的因变量 Y 的样本观测值，可以计算出其条件均值。Y 的样本条件均值随 X 的变动而变动的轨迹，称为样本回归线。如果把 Y 的样本条件均值表示为 X 的某种函数，该函数就是样本回归函数（记为 SRF）。样本回归函数的

函数形式应与总体回归函数一致。如果样本回归函数为线性函数，可表示为

$$\hat{Y}_i = \hat{\beta}_0 + \hat{\beta}_1 X_i \tag{6-7}$$

式中，$\hat{Y}_i$ 为与 X_i 对应的 Y 的样本条件均值，$\hat{\beta}_0$ 和 $\hat{\beta}_1$ 分别为样本回归函数的参数。这是样本回归函数（或模型）的条件均值设定形式。

Y 的实际样本观测值 Y_i 与样本条件均值 $\hat{Y}_i$ 之间所存在的偏差，称为残差。残差的数值可以根据样本数据和样本函数估计出来，用 e_i 表示，即

$$Y_i - \hat{Y}_i = e_i \quad \text{或} \quad Y_i = \hat{\beta}_0 + \hat{\beta}_1 X_i + e_i \tag{6-8}$$

式（6-8）是样本回归函数（或模型）的个别值设定形式。

把式（6-8）与式（6-6）进行比较，可以看出，样本估计量 $\hat{\beta}_0$、$\hat{\beta}_1$ 是对总体回归模型中的未知参数 β_0、β_1 的估计，$\hat{Y}_i$ 是对总体条件均值 E（Y/X_i）的估计，e_i 可以看作对总体回归函数中的随机误差项 u_i 的估计。

当然，样本回归函数与总体回归函数是有区别的。首先，总体回归函数虽然是未知的，但却是唯一确定的。对于样本回归函数来说，由于从总体中每抽取一个样本就可以拟合出一条样本回归线，因此样本回归线是随抽样波动而变化的，是不确定的，不具有唯一性。因此，样本回归函数不是总体回归函数，而只是总体回归函数的近似表现。其次，总体回归函数中的 β_0、β_1 虽然是未知参数，但它们是确定的常数，而样本回归函数中的 $\hat{\beta}_0$ 和 $\hat{\beta}_1$ 是随抽样变化的随机变量。最后，总体回归函数中的 u_i 是一个不可观测的随机变量，而残差 e_i 却是一个可以用样本数据计算出来的数值。

二、一元线性回归模型参数的估计

回归分析的目的就是用样本回归函数去估计总体回归函数。由于样本总是存在对总体的代表性误差，而总体参数是未知的，它不可直接观测或精确计算，我们能够得到的只是变量的样本观测值。因此，我们只能选择适当方法通过变量的样本观测值近似地估计总体的回归系数，并使参数估计值"尽可能地接近"总体参数的真实值。

（一）简单线性回归的基本假定

估计线性回归模型参数的方法有很多种，如矩估计法、最小二乘法、最大似然估计法等，每一种估计方法都是以对模型的某些假定条件为前提的。在满足这些假定条件的基础上，所得到的参数估计量才具有良好的统计性质，才可以对其进行检验。对一元线性回归模型 $Y_i = \beta_0 + \beta_1 X_i + u_i$ 来说，首先假定自变量 X_i 是一个非随机变量，即在重复抽样中，X_i 都取一组固定的值；其次，假定模型的设定是正确的；再次，假定模型中的变量没有观测误差。由于 u_i 是一个随机变量，而且其分布未知，为了使参数的检验能够进行，需要对随机扰动项的分布性质做出假定。下列（除假定 5 外）都是针对最小二乘法估计参数的假定。

假定 1：在给定 X_i 的条件下，u_i 的条件均值为零，即 $E(u_i|X_i)=0$。

假定 2：在给定任意 X_i、X_j 的条件下，u_i、u_j 不相关，即 $Cov(u_i, u_j)=0$，其中 $i \neq j$。

假定 3：对于每一个 X_i，u_i 的条件方差是一个等于 σ^2 的常数，即 $Var(u_i|X_i)=\sigma^2$。

假定 4：在给定 X_i 的条件下，X_i 和 u_i 不相关，即 $Cov(u_i, X_i)=0$。

假定 5：每一个 u_i 都服从均值为零、方差为 σ^2 的正态分布，即 $u_i \sim N(0, \sigma^2)$。

上述五个方面最早由德国数学家高斯提出，因此也称为高斯假定或古典假定。满足以上假定（除假定 5 外）的线性回归模型称为古典（或称经典）线性回归模型。所谓"古典"是作为一种标准或规范来使用的，凡是不满足以上假定的回归模型都不是"古典"回归模型。按照高斯—马尔可夫定理（Gauss-Markov Theorem），在满足上述假定的情况下，用最小二乘法得到的回归参数的估计量是"最优的"。

（二）普通最小二乘法

对计量经济学模型中参数的估计有很多种方法，本章只介绍最小二乘法。满足"古典"假定的最小二乘法称为普通最小二乘法（OLS）。

利用样本回归函数估计总体回归函数，是根据一个给定的包含 n 组 X 和 Y 观测数据的样本，建立样本回归函数，使估计值 $\hat{Y}_i$ 尽可能接近观测值 Y_i。最小二乘原理就是根据使样本剩余的平方和 $\sum_{i=1}^{n} e_i^2$ 达到最小的准则，估计模型中的参数，建立样本回归函数。

由 $e_i = Y_i - \hat{Y}_i = Y_i - \hat{\beta}_0 - \hat{\beta}_1 X_i$，得

$$\sum_{i=1}^{n} e_i^2 = \sum_{i=1}^{n}\left(Y_i - \hat{\beta}_0 - \hat{\beta}_1 X_i\right)^2 \tag{6-9}$$

对于给定的样本，$\sum_{i=1}^{n} e_i^2$ 的大小取决于 $\hat{\beta}_0$ 和 $\hat{\beta}_1$ 的大小，即 $\sum_{i=1}^{n} e_i^2$ $\hat{\beta}_0$ 和 $\hat{\beta}_1$ 的函数。按照最小二乘原理，要求所估计的 $\hat{\beta}_0$ 和 $\hat{\beta}_1$ 应使 $\sum_{i=1}^{n} e_i^2$ 最小，要做到这一点，可以用微积分中求极值的方法，用 $\sum_{i=1}^{n} e_i^2$ 分别对 $\hat{\beta}_0$ 和 $\hat{\beta}_1$ 求偏导数，并令其为零，满足该条件的 $\hat{\beta}_0$ 和 $\hat{\beta}_1$ 可以使 $\sum_{i=1}^{n} e_i^2$ 最小，即

$$\frac{\partial \sum_{i=1}^{n} e_i^2}{\partial \hat{\beta}_0} = 0, \quad \frac{\partial \sum_{i=1}^{n} e_i^2}{\partial \hat{\beta}_1} = 0$$

可得到

$$\begin{cases} \sum_{i=1}^{n}\left(Y_i - \hat{\beta}_0 - \hat{\beta}_1 X_i\right) = 0 \\ \sum_{i=1}^{n}\left(Y_i - \hat{\beta}_0 - \hat{\beta}_1 X_i\right)X_i = 0 \end{cases} \tag{6-10}$$

整理后有

$$\begin{cases} \sum_{i=1}^{n} Y_i = n\hat{\beta}_0 + \hat{\beta}_1 \sum_{i=1}^{n} X_i \\ \sum_{i=1}^{n} X_i Y_i = \hat{\beta}_0 \sum_{i=1}^{n} X_i + \hat{\beta}_1 \sum_{i=1}^{n} X_i^2 \end{cases}$$ （6-11）

求解得

$$\hat{\beta}_1 = \frac{n\sum_{i=1}^{n} X_i Y_i - \sum_{i=1}^{n} X_i \sum_{i=1}^{n} Y_i}{n\sum_{i=1}^{n} X_i^2 - (\sum_{i=1}^{n} X_i)^2}$$ （6-12）

$$\hat{\beta}_0 = \frac{\sum_{i=1}^{n} Y_i}{n} - \hat{\beta}_1 \frac{\sum_{i=1}^{n} X_i}{n}$$ （6-13）

令

$$\overline{X} = \frac{\sum_{i=1}^{n} X_i}{n}, \quad \overline{Y} = \frac{\sum_{i=1}^{n} Y_i}{n}$$

则式（6-12）和式（6-13）可以简化为

$$\hat{\beta}_1 = \frac{\sum_{i=1}^{n} (X_i - \overline{X})(Y_i - \overline{Y})}{\sum_{i=1}^{n} (X_i - \overline{X})^2}$$ （6-14）

$$\hat{\beta}_0 = \overline{Y} - \hat{\beta}_1 \overline{X}$$ （6-15）

上述 $\hat{\beta}_0$ 和 $\hat{\beta}_1$ 的估计量也可以写成离差的形式。

令 $x_i = X_i - \overline{X}$，$y_i = Y_i - \overline{Y}$，则

$$\hat{\beta}_1 = \frac{\sum_{i=1}^{n} x_i y_i}{\sum_{i=1}^{n} x_i^2}$$ （6-16）

以上 $\hat{\beta}_0$ 和 $\hat{\beta}_1$ 是根据最小二乘原理求得的，故称为普通最小二乘估计量。一元线性回归模型也可以写成离差形式：

$$\hat{y}_i = \hat{\beta}_1 x_i$$ （6-17）

式中，$\hat{y}_i = \hat{Y}_i - \overline{Y}$，$x_i = X_i - \overline{X}$。

【例 6-2】某制造公司的某产品 2017 年 1～10 月的产量与生产成本的数据见表 6-3。根据表中数据，试建立该公司的产量与生产成本之间的关系模型。

表 6-3　某制造公司的产量与生产成本数据

月份		1	2	3	4	5	6	7	8	9	10
产量（百箱）	X	360	405	427	458	460	485	523	540	558	590
生产成本（百元）	Y	525	543	564	615	585	613	638	660	670.5	689

解： 企业生产成本与产量之间的关系是，生产成本随产量的变化而变化，即在单位生产成本一定的情况下，产品的生产成本随产量的增加而增加。因此，可以确定生产成本是结果变量，产量是原因变量。设生产成本为 Y，产量为 X。为了明确生产成本与产量之间的关系性质，可以用散点图来分析 X 与 Y 之间的关系（见图6-3）。从图6-3中可以看出，X 与 Y 之间呈现出大致的线性关系。因此，可以把生产成本与产量之间的总体回归模型设定为 $Y_i = \beta_0 + \beta_1 X_i + \mu_i$。

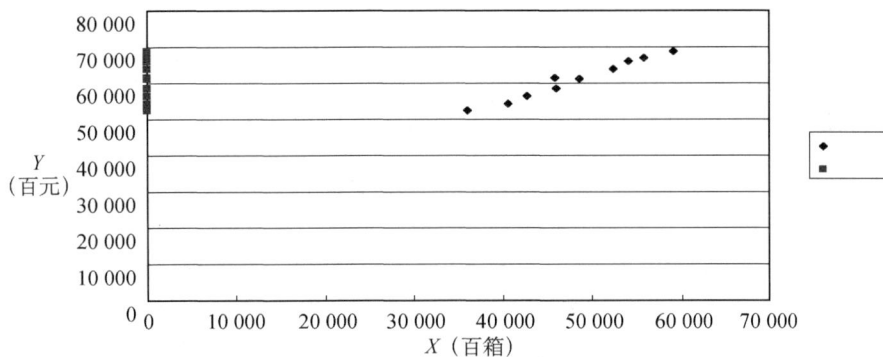

图6-3 某制造公司某产品的产量与生产成本之间的关系

根据表6-3中数据计算的结果见表6-4中第6、7列。

表6-4 某制造公司成本回归分析计算表

月份	产量 X（百箱）	生产成本 Y（百元）	$x_i = X_i - \overline{X}$	$y_i = Y_i - \overline{Y}$	$x_i y_i$	x_i^2
1	360.0	525.0	−120.6	−85.3	10 281.2	14 544.4
2	405.0	543.0	−75.6	−67.3	5 084.1	5 715.4
3	427.0	564.0	−53.6	−46.3	2 479.0	2 873.0
4	458.0	615.0	−22.6	4.8	−107.4	510.8
5	460.0	585.0	−20.6	−25.3	520.2	424.4
6	485.0	613.0	4.4	2.8	12.1	19.4
7	523.0	638.0	42.4	27.8	1 176.6	1 797.8
8	540.0	660.0	59.4	49.8	2 955.2	3 528.4
9	558.0	670.5	77.4	60.3	4 663.4	5 990.8
10	590.0	689.0	109.4	78.8	8 615.3	11 968.4
合计	4 806.0	6 102.5	—	—	35 679.5	47 372.4
均值	480.6	610.3	—	—		

把表6-4中的有关数据代入式（6-16），则

$$\hat{\beta}_1 = \frac{\sum\limits_{i=1}^{10} x_i y_i}{\sum\limits_{i=1}^{10} x_i^2}$$

$$= 35\,679.5 / 47\,372.4 = 0.753\,2$$

把 $\overline{Y} = 610.25$，$\overline{X} = 480.6$，$\hat{\beta}_1 = 0.7532$ 代入式（6-15），则

$$\hat{\beta}_0 = \overline{Y} - \hat{\beta}_1 \overline{X}$$
$$= 610.25 - 0.753\,2 \times 480.6 = 248.26$$

因此，某制造公司某产品的生产成本与产量之间的回归方程为

$$\hat{Y} = 248.26 + 0.753\,2X$$

计算结果表明，该制造公司该产品的产量每增加 100 箱，则生产成本平均增加 75.32 元。

（三）普通最小二乘估计量的统计性质

在满足古典假定的情况下，采用最小二乘法得到的参数估计量具有线性性、无偏性和有效性等优良的统计性质。

1. 线性性

所谓线性性，即采用最小二乘法得到的参数估计量是随机变量 Y_i 的线性函数。

（1）$\hat{\beta}_1$ 的线性性。

由式（6-16）得

$$\hat{\beta}_1 = \frac{\sum_{i=1}^{n} x_i y_i}{\sum_{i=1}^{n} x_i^2} = \frac{\sum_{i=1}^{n} x_i(Y_i - \overline{Y})}{\sum_{i=1}^{n} x_i^2} = \frac{\sum_{i=1}^{n} x_i Y_i}{\sum_{i=1}^{n} x_i^2} - \frac{\sum_{i=1}^{n} x_i \overline{Y}}{\sum_{i=1}^{n} x_i^2} = \frac{\sum_{i=1}^{n} x_i Y_i}{\sum_{i=1}^{n} x_i^2} = \frac{\sum_{i=1}^{n} x_i Y_i}{\sum_{i=1}^{n} x_i^2} = \sum_{i=1}^{n} \frac{x_i}{\sum_{i=1}^{n} x_i^2} Y_i$$

令 $k_i = \dfrac{x_i}{\sum_{i=1}^{n} x_i^2}$，则有

$$\hat{\beta}_1 = \sum_{i=1}^{n} k_i Y_i \qquad\qquad (6\text{-}18)$$

（2）$\hat{\beta}_0$ 的线性性。

由式（6-15）得

$$\hat{\beta}_0 = \overline{Y} - \hat{\beta}_1 \overline{X} = \frac{1}{n} \sum_{i=1}^{n} Y_i - \sum_{i=1}^{n} k_i Y_i \overline{X} = \sum_{i=1}^{n} \left(\frac{1}{n} - k_i \overline{X} \right) Y_i$$

令 $h_i = \dfrac{1}{n} - k_i \overline{X}$，则有

$$\hat{\beta}_0 = \sum_{i=1}^{n} h_i Y_i \qquad\qquad (6\text{-}19)$$

2. 无偏性

如果参数估计量 $\hat{\beta}$ 的期望值等于总体参数的真值 β，则该参数估计量是总体参数真值的一个无偏估计量，即 $E(\hat{\beta}) = \beta$。

（1）$\hat{\beta}_1$ 的无偏性。

由式（6-18）得

$$\hat{\beta}_0 = \sum_{i=1}^{n} k_i Y_i = \sum_{i=1}^{n} k_i(\beta_0 + \beta_1 X_i + \mu_i) = \beta_0 \sum_{i=1}^{n} k_i + \beta_1 \sum_{i=1}^{n} k_i X_i + \sum_{i=1}^{n} k_i \mu_i$$

因为
$$\sum_{i=1}^{n} k_i = 0, \quad \sum_{i=1}^{n} k_i X_i = 1$$

所以
$$\hat{\beta}_1 = \beta_1 + \sum_{i=1}^{n} k_i \mu_i \qquad (6\text{-}20)$$

由此可得

$$E(\hat{\beta}_1) = E(\beta_1 + \sum_{i=1}^{n} k_i \mu_i) = E(\beta_1) + E(\sum_{i=1}^{n} k_i \mu_i) = \beta_1 + \sum_{i=1}^{n} k_i E(\mu_i) = \beta_1$$

即
$$E(\hat{\beta}_1) = \beta_1 \qquad (6\text{-}21)$$

（2）$\hat{\beta}_0$ 的无偏性。

由式（6-19）可得

$$\hat{\beta}_0 = \beta_0 + \hat{\beta}_0 = \sum_{i=1}^{n} h_i Y_i \qquad (6\text{-}22)$$

$$E(\hat{\beta}_0) = \beta_0 \qquad (6\text{-}23)$$

3. 有效性（最小方差性）

在所有关于总体参数真值 β 的无偏估计量中，若估计量 $\hat{\beta}$ 具有最小方差，则 $\hat{\beta}$ 就是 β 的最佳无偏估计量。

（1）$\hat{\beta}_1$ 的有效性。

由式（6-20）可得

$$\mathrm{Var}(\hat{\beta}_1) = \mathrm{Var}(\beta_1 + \sum_{i=1}^{n} k_i \mu_i)$$
$$= \mathrm{Var}(\beta_1) + \mathrm{Var}(\sum_{i=1}^{n} k_i \mu_i)$$
$$= \sum_{i=1}^{n} \mathrm{Var}(k_i \mu_i)$$
$$= \sum_{i=1}^{n} k_i^2 \mathrm{Var}(\mu_i)$$
$$= \sigma^2 \sum_{i=1}^{n} k_i^2 \qquad (6\text{-}24)$$
$$= \sigma^2 \sum_{i=1}^{n} \left(\frac{x_i}{\sum_{i=1}^{n} x_i^2} \right)^2$$
$$= \frac{\sigma^2}{\sum_{i=1}^{n} x_i^2}$$

设 $\hat{\beta}_1^*$ 是用其他估计方法得到的关于 β_1 的线性无偏估计量。由其线性性质可知

$$\hat{\beta}_1^* = \sum_{i=1}^{n} \omega_i Y_i, \quad \text{对其求方差可得}$$

$$\text{Var}(\hat{\beta}_1^*) = \text{Var}\sum_{i=1}^{n}\{(\omega_i - k_i) + k_i\}Y_i = \sigma^2 \sum_{i=1}^{n}(\omega_i - k_i)^2 + \text{Var}(\hat{\beta}_1)$$

因为 $\sigma^2 \sum_{i=1}^{n}(\omega_i - k_i)^2 \geqslant 0$，所以有 $\text{Var}(\hat{\beta}_1^*) \geqslant \text{Var}(\hat{\beta}_1)$。

（2）$\hat{\beta}_0$ 的有效性。

同理，由式（6-19）可得

$$\text{Var}(\hat{\beta}_0) = \frac{\sum_{i=1}^{n} X_i^2}{n\sum_{i=1}^{n} x_i^2}\sigma^2 \tag{6-25}$$

与对 $\hat{\beta}_1$ 的有效性证明相同，设 $\hat{\beta}_0^*$ 是用其他估计方法得到的关于 β_0 的线性无偏估计量，可以证明：

$$\text{Var}(\hat{\beta}_0^*) \geqslant \text{Var}(\hat{\beta}_0)$$

在古典线性回归模型的假定下，最小二乘估计量在所有线性无偏估计量中具有最小方差。这一结论即著名的高斯-马尔可夫（Gauss-Markov）定理。因此，最小二乘估计量是一个最佳线性无偏估计量。

（四）估计量 $\hat{\beta}_0$ 和 $\hat{\beta}_1$ 的分布

对于一个古典正态线性回归模型，其随机扰动项 μ_i 服从正态分布。由于 Y_i 是 μ_i 的线性函数，而 $\hat{\beta}_0$ 和 $\hat{\beta}_1$ 又是 Y_i 的线性函数，根据正态分布的性质可知，$\hat{\beta}_0$ 和 $\hat{\beta}_1$ 也服从正态分布。

由以上分析可知

$$E(\hat{\beta}_0) = \beta_0, \quad E(\hat{\beta}_1) = \beta_1$$

$$\text{Var}(\hat{\beta}_0) = \frac{\sum_{i=1}^{n} X_i^2}{n\sum_{i=1}^{n} x_i^2}\sigma^2, \quad \text{Var}(\hat{\beta}_1) = \frac{\sigma^2}{\sum_{i=1}^{n} x_i^2}$$

从而有

$$\hat{\beta}_0 \sim N\left(\beta_0, \frac{\sum_{i=1}^{n} X_i^2}{n\sum_{i=1}^{n} x_i^2}\sigma^2\right) \tag{6-26}$$

$$\hat{\beta}_1 \sim N\left(\beta_1, \frac{\sigma^2}{\sum_{i=1}^{n} x_i^2}\right) \tag{6-27}$$

在前面计算 $\hat{\beta}_0$ 和 $\hat{\beta}_1$ 方差的表达式中，除了随机扰动项的方差 σ^2 之外，其他方差都是可以根据样本资料来估计的，但总体回归模型中的随机扰动项的方差 σ^2 一般是未知的，因此也需要通过样本数据来估计。可以证明，随机扰动项的方差 σ^2 的无偏估计量为

$$\hat{\sigma}^2 = \frac{\sum\limits_{i=1}^{n} e_i^2}{n-2} \qquad （6-28）$$

$\sum\limits_{i=1}^{n} e_i^2$ 为估计模型的残差平方和。因此，可以用 σ^2 的无偏估计量 $\hat{\sigma}^2$ 来代替 σ^2 计算 $\hat{\beta}_0$ 和 $\hat{\beta}_1$ 的方差。对一元线性回归模型，$\sum\limits_{i=1}^{n} e_i^2$ 可由下式计算：

$$\sum\limits_{i=1}^{n} e_i^2 = \sum\limits_{i=1}^{n} y_i^2 + \hat{\beta}_1^2 \sum\limits_{i=1}^{n} x_i^2 \qquad （6-29）$$

三、一元线性回归模型的统计检验

回归方程的一个重要作用在于根据自变量的已知值估计因变量的理论值（估计值），即利用样本回归模型 $\hat{Y}_i = \hat{\beta}_0 + \hat{\beta}_1 X_i$，在已知 X_i 值的条件下，去估计 Y_i 的平均值。$\hat{Y}_i = \hat{\beta}_0 + \hat{\beta}_1 X_i$ 虽然在一定程度上描述了 X 与 Y 之间的数量关系，但预测或估计的精度取决于回归模型对观测值的拟合程度。此外，所估计的回归模型是否真实地反映了变量 X 与 Y 之间的关系，还需要对其线性关系是否显著、对 X 和 Y 的影响是否显著等方面进行统计检验来确认。一元线性回归模型的统计检验主要包括拟合优度检验和变量的显著性检验。

（一）拟合优度检验

虽然在满足古典假定的条件下，得到的估计统计量具有良好的统计性质，但不同的估计方法得到的参数估计量是不同的。如果要评价哪种方法所得到的参数估计量比较好，就需要进行拟合优度检验。所谓拟合优度，就是回归直线对观测值的拟合情况，即回归直线与各观测点之间的接近程度。如果各观测点数据的散点都落在回归直线上，则代表这条直线对观测点数据实现了完全拟合，即回归直线能够充分代表各个观测点。在这种情况下，用回归直线来估计 Y 就不存在任何误差。反之，如果各观测点数据远离回归直线，则代表回归直线对观测点数据拟合得差，用这样的回归直线来估计 Y 就存在很大误差。

拟合优度通常用可决系数来度量。可决系数是样本回归直线对数据拟合程度的综合度量。对回归直线拟合优度的检验是建立在对因变量的总离差分解的基础上的。因变量 Y 不同取值的波动称为变差，这种变差的产生是由于受到自变量 X 的不同取值和其他因素的影响。对一个具体的观测值来说，Y 变差的大小可用实际观测值 Y 与其均值的离差（$Y - \bar{Y}$）来表示（见图6-4）。

由图6-4可知，观测值 Y_i 的离差

$$y_i = Y_i - \bar{Y} = Y_i - \hat{Y}_i + \hat{Y}_i - \bar{Y} = e_i + \hat{y}_i = \hat{y}_i + e_i$$

式中，$\hat{y}_i = \hat{Y}_i - \bar{Y}$，是样本回归直线所确定的估计值与平均值之差；

$e_i = Y_i - \hat{Y}_i$，是样本观测值与回归直线所确定的估计值之差。

$\hat{y}_i$ 越大，e_i 越小，估计值与观测值越接近，该点拟合得越好；反之，则拟合得越差。当 $y_i = \hat{y}_i$ 时，完全拟合。

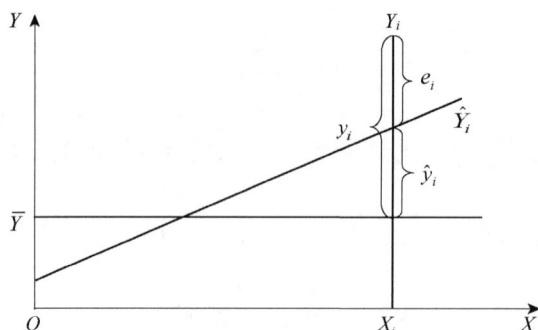

图 6-4　总变差分解图

采用 $\sum_{i=1}^{n} y_i^2$ 指标进行分析，该指标称为总变差或总离差平方和，简记为 TSS。

$$\sum_{i=1}^{n} y_i^2 = \sum_{i=1}^{n} (\hat{y}_i + e_i)^2$$
$$= \sum_{i=1}^{n} \hat{y}_i^2 + 2\sum_{i=1}^{n} e_i\hat{y}_i + \sum_{i=1}^{n} e_i^2$$

因为可以证明 $\sum_{i=1}^{n} e_i\hat{y}_i = 0$，所以有

$$\sum_{i=1}^{n} y_i^2 = \sum_{i=1}^{n} \hat{y}_i^2 + \sum_{i=1}^{n} e_i^2 \tag{6-30}$$

式中，

$\sum_{i=1}^{n} e_i^2 = \sum_{i=1}^{n} (Y_i - \hat{Y}_i)^2$，称为残差（或剩余）平方和，简记为 RSS；

$\sum_{i=1}^{n} \hat{y}_i^2 = \sum_{i=1}^{n} (\hat{Y}_i - \overline{Y})^2$，称为回归平方和，简记为 ESS。

式（6-30）也可以记为

$$\text{TSS=RSS+ESS} \tag{6-31}$$

当根据样本采用最小二乘法确定一条回归直线时，TSS 的大小是一定的。ESS 越大，RSS 越小，该回归直线与样本观测值拟合得越好；反之，拟合得越差。

把回归平方和 ESS 占总离差平方和 TSS 的比重定义为可决系数，记为 R^2。可决系数表示由回归模型做出解释的变差在总变差中所占的比重，是最常用的回归直线拟合优度的度量，即

$$R^2 = \frac{\text{ESS}}{\text{TSS}} = \frac{\text{TSS} - \text{RSS}}{\text{TSS}} \tag{6-32}$$

式（6-32）表明，剩余平方和 RSS 越小，R^2 的值就越大，拟合优度就越好；反之，RSS

越大，R^2 的值就越小，拟合优度就越差。由式（6-32）可知，R^2 是一个非负数，其取值范围是 $0 \leqslant R^2 \leqslant 1$。$R^2=1$，意味着完全拟合；$R^2=0$，意味着被解释变量与解释变量之间没有线性关系；$R^2$ 越接近 1，则拟合效果越好。

在一元线性回归模型中，可决系数 R^2 还可以按以下推导出的公式求得：

$$\hat{y}_i = \hat{Y}_i - \overline{Y} = (\hat{\beta}_0 + \hat{\beta}_1 X_i) - (\hat{\beta}_0 + \hat{\beta}_1 \overline{X}) = \hat{\beta}_1 x_i \quad (6\text{-}33)$$

$$R^2 = \frac{\text{ESS}}{\text{TSS}} = \frac{\sum_{i=1}^{n} \hat{y}_i^2}{\sum_{i=1}^{n} y_i^2} = \frac{\sum_{i=1}^{n}(\hat{\beta}_1 x_i)^2}{\sum_{i=1}^{n} y_i^2} = \hat{\beta}_1^2 \frac{\sum_{i=1}^{n} x_i^2}{\sum_{i=1}^{n} y_i^2} \quad (6\text{-}34)$$

由式（6-16）和式（6-34）可得

$$R^2 = \frac{\sum_{i=1}^{n}(x_i y_i)^2}{(\sum_{i=1}^{n} x_i^2)(\sum_{i=1}^{n} y_i^2)} \quad (6\text{-}35)$$

对于例 6-2 来说，R^2 的计算结果为

$$R^2 = \frac{\sum_{i=1}^{n}(x_i y_i)^2}{(\sum_{i=1}^{n} x_i^2)(\sum_{i=1}^{n} y_i^2)} = \frac{35\,679.5^2}{47\,372.4 \times 27\,673.73} = 0.971\,06$$

该值表示，估计出的生产成本与产量之间的线性模型对样本观测值的拟合非常好，或者说，由产量构成的部分对生产成本的解释程度达到97.1%，剩余的 2.9%由产量之外的因素解释。

（二）变量的显著性检验

变量的显著性检验就是检验自变量对因变量的影响是否显著，也就是回归系数的显著性检验。对回归模型 $Y_i = \beta_0 + \beta_1 X_i + \mu_i$ 来说，如果 $\beta_1 = 0$，回归直线为 $Y_i = \beta_0$，则意味着 X 对 Y 没有显著影响；如果 $\beta_1 \neq 0$，则意味着 X 对 Y 有显著影响。由此，可以提出检验的原假设和备择假设，并构造检验统计量，对变量的显著性进行检验。对 β_1 的显著性检验步骤如下：

1. 提出假设

H_0： $\beta_1 = 0$（自变量对因变量没有显著影响）；

H_1： $\beta_1 \neq 0$（自变量对因变量有显著影响）。

2. 计算检验统计量

通过前面的分析已经知道 $\hat{\beta}_1$ 的分布：

$$\hat{\beta}_1 \sim N\left(\beta_1, \ \frac{\sigma^2}{\sum_{i=1}^{n} x_i^2}\right)$$

针对 $\beta_1=0$，可以构造如下检验统计量：

$$t = \frac{\hat{\beta}_1}{S_{\hat{\beta}_1}} \sim t(n-2) \qquad (6\text{-}36)$$

式中，$S_{\hat{\beta}_1}$ 为 $\hat{\beta}_1$ 的标准差。

3. 确定显著性水平 α 并进行决策

确定显著性水平为 α 后，查 t 分布表，得到临界值 $t_{\alpha/2}$，当 $|t| > t_{\alpha/2}$ 时，拒绝 H_0，表明自变量对因变量有显著影响；当 $|t| \le t_{\alpha/2}(n-2)$ 时，不拒绝 H_0，表明自变量对因变量没有显著影响。

同样，可对 β_0 的显著性进行检验。

【例 6-3】对例 6-2 所估计的回归系数进行变量的显著性检验（$\alpha=0.05$）。

解： 根据例 6-2 的有关计算结果，检验回归系数显著性的步骤如下：

第 1 步，提出假设。

$$H_0: \ \beta_1=0; \quad H_1: \ \beta_1 \ne 0$$

第 2 步，计算检验统计量 t。

首先对总体的方差进行估计。

$$\hat{\sigma}^2 = \frac{\sum_{i=1}^{n} e_i^2}{n-2} = \frac{800.87}{10-2} = 100.1$$

因此，$\hat{\beta}_1$ 的方差和标准差分别为

$$S_{\hat{\beta}_1}^2 = \frac{\hat{\sigma}^2}{\sum_{i=1}^{n} x_i^2} = \frac{100.1}{47\,372.4} = 0.002\,11$$

$$S_{(\hat{\beta}_1)} = 0.04597$$

针对 $\beta_1=0$，t 检验统计量为

$$t_{\hat{\beta}_1} = \frac{\hat{\beta}_1}{S_{\hat{\beta}_1}} = \frac{0.753\,17}{0.459\,7} = 16.384$$

第 3 步，统计决策。

给定 $\alpha=0.05$，查表得 $t_{\alpha/2}(n-2)=t_{0.025}(8)=2.306$。

由于 $t=16.384 > t_{\alpha/2}(8)=2.306$，所以拒绝 H_0，表明产量对生产成本有显著影响。

同样可以对 β_0 进行显著性检验。

第 1 步，提出假设。

$$H_0: \ \beta_0=0; \quad H_1: \ \beta_0 \ne 0$$

第 2 步，计算检验统计量 t。

$\hat{\beta}_0$ 的方差和标准差分别为

$$S_{\hat{\beta}_0}^2 = \frac{\hat{\sigma}^2 \sum\limits_{i=1}^{n} X_i^2}{n \sum\limits_{i=1}^{n} X_i^2} = \frac{100.1 \times 2\,357\,136}{10 \times 47\,372.4} = 498.07$$

$$S_{\hat{\beta}_0} = 22.318$$

针对 $\beta_0 = 0$，t 检验统计量为

$$t_{\hat{\beta}_0} = \frac{\hat{\beta}_0}{S_{\hat{\beta}_0}} = \frac{248.276}{22.318} = 11.124$$

第 3 步，统计决策。

给定 $\alpha=0.05$，查表得 $t_{\alpha/2}(n-2) = t_{0.025}(8) = 2.306$。

由于 $t = 11.124 > t_{\alpha/2}(8) = 2.306$，所以拒绝 H_0，表明 β_0 显著。

（三）方程的显著性检验（F 检验）

对回归模型的显著性检验是在方差分析的基础上利用 F 检验进行的。由式（6-30）可知

$$\sum_{i=1}^{n} y_i^2 = \sum_{i=1}^{n} \hat{y}_i^2 + \sum_{i=1}^{n} e_i^2 \quad \text{或} \quad \text{TSS=ESS+ RSS}$$

总离差平方和（TSS）由回归平方和（ESS）和残差平方和（RSS）构成。每个平方和都有相应的自由度，把各平方和的自由度考虑进去，就可以将离差平方和转换为样本方差，形成如表 6-5 所示的方差分析表。要使方程整体性显著，可以考虑 ESS 与 RSS 之比。如果该比值比较大，说明模型中来源于解释变量的部分较多。当该比值大到某个程度时，就可以说，由解释变量构成的部分对因变量的整体线性影响是显著的。由此，可以构造一个统计量进行检验。

表 6-5　方差分析表

离差来源	平方和	自由度	方差
源于回归	$\text{ESS} = \sum\limits_{i=1}^{n}(\hat{Y}_i - \bar{Y})^2$	1	ESS/1
源于残差	$\text{RSS} = \sum\limits_{i=1}^{n}(Y_i - \hat{Y}_i)^2$	$n-2$	RSS/$(n-2)$
总离差	$\text{TSS} = \sum\limits_{i=1}^{n}(Y_i - \bar{Y})^2$	$n-1$	—

从方差分析的角度进行的回归模型整体性检验所采用的检验统计量是 F 统计量。检验统计量 F 反映平均回归平方和与平均残差平方和的比较。检验的假设形式为

H_0：线性关系不显著，即 $\beta_1 = 0$；

H_1：线性关系显著，即 $\beta_1 \neq 0$。

可以证明，在 H_0 成立的条件下，统计量

$$F = \frac{\text{ESS}/1}{\text{RSS}/(n-2)} = \frac{\hat{\beta}_1^2 \sum_{i=1}^{n} x_i^2}{\sum_{i=1}^{n} e_i^2 / (n-2)} \sim F(1, \ n-2) \tag{6-37}$$

即统计量 F 服从自由度为 1 和 $n-2$ 的 F 分布。利用检验统计量 F 可以对回归方程进行显著性检验，即 F 检验。

给定显著性水平 α，查第一自由度为 1、第二自由度为 $n-2$ 的 F 分布临界值 F_α，然后作出决策：若 $F > F_\alpha$，则拒绝 H_0，说明回归模型的线性关系显著；若 $F \leqslant F_\alpha$，则接受 H_0，说明回归模型的线性关系不显著（见图 6-5）。

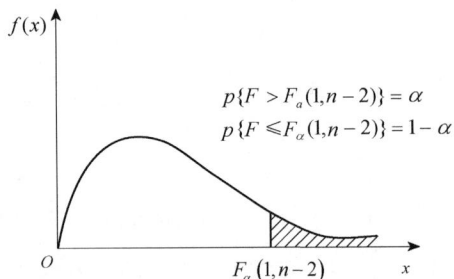

图 6-5 F 检验的拒绝域（阴影部分）

可以证明，F 与可决系数 R^2 有以下关系：

$$F = \frac{R^2}{1-R^2}(n-2) \tag{6-38}$$

由于 R^2 是一个随机变量，因此式（6-38）也是用 F 对 R^2 进行的检验。

也可以证明，F 与 $\hat{\beta}_1$ 的 t 统计量具有以下关系：

$$F = \frac{\text{ESS}/1}{\text{RSS}/(n-2)} = \frac{\hat{\beta}_1^2 \sum_{i=1}^{n} x_i^2}{\sum_{i=1}^{n} e_i^2 / (n-2)} = \frac{\hat{\beta}_1^2}{\sum_{i=1}^{n} e_i^2 / (n-2) / \sum_{i=1}^{n} x_i^2} = \frac{\hat{\beta}_1^2}{\hat{\sigma}^2 / \sum_{i=1}^{n} x_i^2}$$

即

$$F = t_{\hat{\beta}_1}^2 \tag{6-39}$$

因此，在一元线性回归分析中，如果回归系数 $\hat{\beta}_1$ 通过了变量的显著性检验，也就意味着通过了方程的整体显著性检验。

【例 6-4】对例 6-2 的估计方程进行方程的显著性检验（F 检验）。

解： 根据方程的显著性检验（F 检验）要求，检验过程如下。

第 1 步，提出假设。

H_0：$\beta_1 = 0$，线性关系不显著；

H_1：$\beta_1 \neq 0$，线性关系显著。

第 2 步，根据式（6-37）并利用样本数据计算检验统计量 F 的值

$$F = \frac{\hat{\beta}_1^2 \sum\limits_{i=1}^{n} x_i^2}{\sum\limits_{i=1}^{n} e_i^2 / (n-2)} = \frac{0.753\,17^2 \times 47\,372.4}{100.1} = 268.46$$

第 3 步，对于给定显著性水平 α=0.05，查 F 分布表，得 $F_{0.05}(1，8)$=5.32。

第 4 步，进行比较，作出判断。

因为 F=268.46 > $F_{0.05}(1，8)$=5.32，所以拒绝 β_1=0 的原假设，即表明所估计的方程显著不为零，这也意味着产量与生产成本之间的线性关系显著。

需要说明的是，在分析实际经济问题时，完全满足"古典"假定的情况是很少的，因此，对估计模型除了要进行统计检验外，还需要进行计量经济学检验。

四、一元线性回归模型的应用

回归分析的一个重要目的是对因变量的平均变化情况进行合理预测。如果根据样本观测值所拟合的回归方程通过了各种检验，并且具有经济意义，那么就可以利用所估计的模型进行预测。因变量的预测包括点预测和区间预测两个方面。需要注意的是，由于回归系数是根据样本数据估计出来的，因此用拟合的模型进行预测所得到的预测值，实际上也只是一个预测值的估计值。

（一）点预测

对于估计的回归方程 $\hat{Y} = \hat{\beta}_0 + \hat{\beta}_1 X$，如果知道了预测期的自变量的值 X_f，就可以把 X_f 代入所估计的方程，得到因变量的预测值 $\hat{Y}_f$，即

$$\hat{Y}_f = \hat{\beta}_0 + \hat{\beta}_1 X_f \tag{6-40}$$

对于该预测值，可以证明，它既是因变量条件均值的预测值，也是因变量个别值的预测值。

在对某制造公司的生产成本与产量之间数量关系的研究中，估计的回归方程为 $\hat{Y} = 248.26 + 0.753\,2X$。假设该公司当年 12 月的产量为 700 百箱，则可以计算出该公司所需要支付的生产成本为 $\hat{Y}_f = 248.26 + 0.753\,2 \times 700 = 775.5$（百元）。

（二）区间预测

对于预测问题，$\hat{Y}_f$ 是通过样本回归模型计算出来的，由于 $\hat{\beta}_0$ 和 $\hat{\beta}_1$ 都是随样本波动的随机变量，因此 $\hat{Y}_f$ 也是一个随机变量，即它不一定就是预测期因变量的真实值。在点预测的基础上，要知道预测的精度，还应对 Y_f 的置信区间作出预测，即对 Y_f 进行区间预测。对 Y_f 的区间预测包括总体条件均值预测值的区间预测和总体个别值预测值的区间预测。

1. 总体条件均值预测值的区间预测

在知道自变量预测值为 X_0 的情况下，可以得到因变量的点预测值 $\hat{Y}_0 = \hat{\beta}_0 + \hat{\beta}_1 X_0$。要对

总体条件均值预测值进行区间预测，还需要知道 $\hat{Y}_0$ 的分布，即确定其均值与方差。可以证明，该点预测值也是总体条件均值的点预测值，即

$$E(\hat{Y}_0) = E(\hat{\beta}_0) + E(\hat{\beta}_1 X_0) = \beta_0 + \beta_1 X_0 = E(Y|X_0) \tag{6-41}$$

而 $\hat{Y}_0$ 的方差为

$$\text{Var}(\hat{Y}_0) = \text{Var}(\hat{\beta}_0) + 2X_0 \text{Cov}(\hat{\beta}_0, \hat{\beta}_1) + X^2_0 \text{Var}(\hat{\beta}_1)$$

可以证明

$$\text{Cov}(\hat{\beta}_0, \hat{\beta}_1) = \frac{-\sigma^2 \overline{X}}{\sum_{i=1}^{n} x_i^2}$$

由于 $\hat{\beta}_0$ 和 $\hat{\beta}_1$ 的方差分别为

$$\text{Var}(\hat{\beta}_0) = \frac{\sum_{i=1}^{n} X_i^2}{n \sum_{i=1}^{n} x_i^2} \sigma^2 , \quad \text{Var}(\hat{\beta}_1) = \frac{\sigma^2}{\sum_{i=1}^{n} x_i^2}$$

因此

$$\text{Var}(Y_0) = \frac{\sigma^2 \sum_{i=1}^{n} X_i^2}{n \sum_{i=1}^{n} x_i^2} - \frac{2 X_0 \overline{X} \sigma^2}{\sum_{i=1}^{n} x_i^2} + \frac{X_0^2 \sigma^2}{\sum_{i=1}^{n} x_i^2}$$

$$= \frac{\sigma^2}{\sum_{i=1}^{n} x_i^2} \left(\frac{\sum_{i=1}^{n} X_i^2 - n\overline{X}}{n} + \overline{X}^2 - 2 X_0 \overline{X} + X_0^2 \right)$$

$$= \sigma^2 \left(\frac{1}{n} + \frac{(X_0 - \overline{X})^2}{\sum_{i=1}^{n} x_i^2} \right) \tag{6-42}$$

由此可知 $\hat{Y}_0$ 的分布为

$$\hat{Y}_0 \sim N \left(\beta_0 + \beta_1 X_0, \ \sigma^2 \left(\frac{1}{n} + \frac{(X_0 - \overline{X})^2}{\sum_{i=1}^{n} x_i^2} \right) \right) \tag{6-43}$$

当用 $\hat{\sigma}^2 = \dfrac{\sum_{i=1}^{n} e_i^2}{n-2}$ 代替 σ^2 时，可以证明，对 $\hat{Y}_0$ 标准化的变量服从自由度为 $(n-2)$ 的 t 分布：

$$t = \frac{\hat{Y}_0 - (\beta_0 + \beta_1 X_0)}{S_{\hat{Y}_0}} \sim t(n-2) \tag{6-44}$$

式中

$$S_{\hat{Y}_0} = \sqrt{\hat{\sigma}^2 \left(\frac{1}{n} + \frac{(X_0 - \overline{X})^2}{\sum_{i=1}^{n} x_i^2} \right)}$$

给定显著性水平 $\alpha=0.05$，查 t 分布的临界值 $t_{\alpha/2}(n-2)$，则有

$$p\{[\hat{Y}_0 - t_{\alpha/2}S_{\hat{Y}_0} < E(Y|X_0) < \hat{Y}_0 + t_{\alpha/2}S_{\hat{Y}_0}]\} = 1-\alpha \tag{6-45}$$

因此，因变量 Y 的条件均值预测值的真实值 $E(Y|X_0)$ 的置信水平为（$1-\alpha$）的预测区间为

$$E(Y|X_0) = \hat{Y}_0 \pm t_{\alpha/2}\hat{\sigma}\sqrt{\frac{1}{n} + \frac{(X_0-\overline{X})^2}{\sum_{i=1}^{n}x_t^2}} \tag{6-46}$$

2. 总体个别值预测值的区间预测

同样，要用因变量的点预测值 $\hat{Y}_0$ 对其真实值的个别值进行区间预测，需要找到 $\hat{Y}_0$ 与 Y_0 有关的统计量，并确定其概率分布。由前面的分析可知，估计模型的残差为 $e_0=Y_0-\hat{Y}_0$，即由残差建立起了 $\hat{Y}_0$ 与 Y_0 之间的关系。已知 $e_0=Y_0-\hat{Y}_0$ 服从正态分布，而且 $E(e_0)=0$，因此有

$$\text{Var}(e_0)=E(Y_0-\hat{Y}_0)^2=\sigma^2\left(1+\frac{1}{n}+\frac{(X_0-\overline{X})^2}{\sum_{i=1}^{n}x_i^2}\right) \tag{6-47}$$

即

$$Y_0-\hat{Y}_0 \sim N\left(0,\sigma^2\left(1+\frac{1}{n}+\frac{(X_0-\overline{X})^2}{\sum_{i=1}^{n}x_i^2}\right)\right) \tag{6-48}$$

由于 σ^2 未知，需要用其估计量 $\hat{\sigma}^2 = \dfrac{\sum_{i=1}^{n}e_i^2}{n-2}$ 来代替。可以证明，对 e_0 标准化后的变量服从自由度为（$n-2$）的 t 分布：

$$t = \frac{e_0-E(e_0)}{S_{Y_0-\hat{Y}_0}} = \frac{Y_0-\hat{Y}_0}{S_{Y_0-\hat{Y}_0}} \sim t(n-2) \tag{6-49}$$

式中

$$S_{Y_0-\hat{Y}_0} = \sqrt{\hat{\sigma}^2\left(1+\frac{1}{n}+\frac{(X_0-\overline{X})^2}{\sum_{i=1}^{n}x_i^2}\right)}$$

给定显著性水平 α，查 t 分布表可得自由度为（$n-2$）的临界值 $t_{\alpha/2}(n-2)$，则

$$p\{[\hat{Y}_0 - t_{\alpha/2}S_{Y_0-\hat{Y}_0} \leqslant Y_0 \leqslant \hat{Y}_0 + t_{\alpha/2}S_{Y_0-\hat{Y}_0}]\} = 1-\alpha \tag{6-50}$$

因此，一元回归模型中因变量 Y 的个别值预测值的置信水平为（$1-\alpha$）的预测区间为

$$Y_0 = \hat{Y}_0 \pm t_{\alpha/2}\sqrt{\hat{\sigma}^2\left(1+\frac{1}{n}+\frac{(X_0-\overline{X})^2}{\sum_{i=1}^{n}x_i^2}\right)} \tag{6-51}$$

【例 6-5】 根据例 6-2 的资料，当 X_0=700 百箱时，预测该公司的生产成本，并以 95%的置信水平对该制造公司生产某产品的生产成本总体均值的预测值和个别值的预测值进行区间估计。

解： 已知当 X_0=700 百箱时，$E(\hat{Y}_0)$=755.5 元，即该公司的生产成本为 755.5 百元；$\hat{\sigma}^2$=100.1，n=10，α=0.05，查表得 $t_{\alpha/2}(8)$=2.306，$\overline{X}$=480.6，$\sum_{i=1}^{n} x_i^2$=47 327.4。

（1）把有关数据代入式（6-46），得总体均值预测值的预测区间：

$$E(Y|X_0) = \hat{Y}_0 \pm t_{\alpha/2}\hat{\sigma}\sqrt{\left(\frac{1}{n} + \frac{(X_0 - \overline{X})^2}{\sum_{i=1}^{n} x_i^2}\right)}$$

$$= 755.5 \pm 2.306 \times 10 \times \sqrt{\frac{1}{10} + \frac{(700 - 480.6)^2}{47\,327.4}}$$

$$= 755.5 \pm 23.06 \times \sqrt{\frac{1}{10} + \frac{48\,136.36}{47\,327.4}}$$

$$= 755.5 \pm 24.37$$

因此，总体均值预测值的预测区间为（731.13，779.87）（百元）。

（2）把有关数据代入式（6-51），得总体个别值预测值的预测区间：

$$Y_0 = \hat{Y}_0 \pm t_{\alpha/2}\sqrt{\hat{\sigma}^2\left(1 + \frac{1}{n} + \frac{(X_0 - \overline{X})^2}{\sum_{i=1}^{n} x_i^2}\right)}$$

$$= 755.5 \pm 2.306 \times \sqrt{100.1 \times \left(1 + \frac{1}{10} + \frac{(700 - 480.6)^2}{47327.4}\right)}$$

$$= 755.5 \pm 23.06 \times 1.455$$

$$= 755.5 \pm 33.55$$

因此，总体个别值预测值的预测区间为（721.95，789.05）（百元）。

3. 对预测区间的讨论

从上述预测区间的数学推导和实际计算结果中可以看出，预测值的预测区间有以下几个特点：

（1）对因变量的预测区间不是常数，而是随给定的 X_0 的变化而变化的。当 $X_0 = \overline{X}$ 时，预测区间最窄；X_0 离 $\overline{X}$ 越远，预测区间越宽。因此，利用回归模型进行预测时，给定的 X_0 值不应偏离 $\overline{X}$ 太远，否则预测精度难以得到保证。

（2）预测区间与样本量有关。样本量越大，n 的值越大，$\sum_{i=1}^{n} x_i^2$ 也越大，预测误差的方差就越小，预测区间也就越窄。要提高预测精度，就需要增大样本量。当 $n \to \infty$ 时，不存在抽样误差，此时的预测误差只取决于随机扰动项的方差，预测区间最小。

（3）总体个别值预测值的预测区间比总体均值预测值的预测区间窄，这是由两者的预测误差不一致造成的。

第四节　可线性化的曲线回归

一、非线性相关与回归的含义

前面所分析的是具有线性关系的现象（或变量）之间的关系，但无论是自然现象还是社会现象，现象间的关系并不都是线性关系；也有些关系在较短时间内表现为非线性特征，而在长期内又表现为线性特征。在实际经济问题的分析中，如果现象之间的关系为非线性关系，就需要采用一些非线性的分析方法。对具有非线性相关关系的现象进行的相关分析称为非线性相关分析；对具有非线性相关关系的现象配之以非线性方程进行的回归分析，则称为非线性回归分析。

二、非线性回归模型的估计

对于非线性关系，需要采用相应的模型来拟合。非线性模型一般都比较复杂，但有些也可以转化为线性模型进行分析。因此，对于非线性模型的回归问题，一般先将其转化为线性模型，然后利用最小二乘法求出参数估计值，再经过适当的变换，就可得到所研究问题的回归曲线。下面是几种常见的非线性模型及其线性化方法。

1. 指数函数

指数函数曲线示意图如图 6-6 所示。

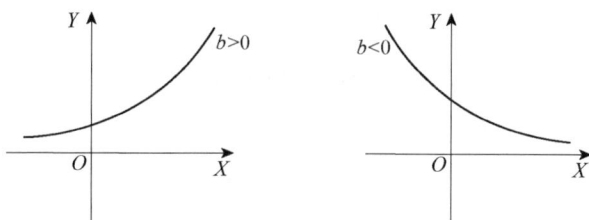

图 6-6　指数函数曲线示意图

$$Y = \alpha e^{\beta X} \tag{6-52}$$

两边同时取对数，得

$$\ln Y = \ln \alpha + \beta X \tag{6-53}$$

令 $y' = \ln Y$，则

$$y' = \ln \alpha + \beta X \tag{6-54}$$

2. 幂函数

幂函数曲线示意图如图 6-7 所示。

$$Y = \alpha X^{\beta} e^{\mu} \tag{6-55}$$

式中，参数 β 度量了变量 Y 对变量 X 的弹性，即 X 的单位百分比变动引起 Y 变动的百分比。

对式（6-55）两边同时取对数，得

$$\ln Y = \ln\alpha + \beta\ln X + \mu \tag{6-56}$$

令 $Y' = \ln Y$，$X' = \ln X$，则

$$Y' = \ln\alpha + \beta X' + \mu \tag{6-57}$$

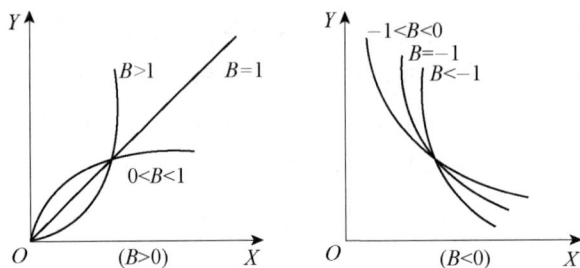

图 6-7　幂函数曲线示意图

3. 双曲函数

双曲函数曲线示意图如图 6-8 所示。

$$Y = a + b\frac{1}{X} + \mu \tag{6-58}$$

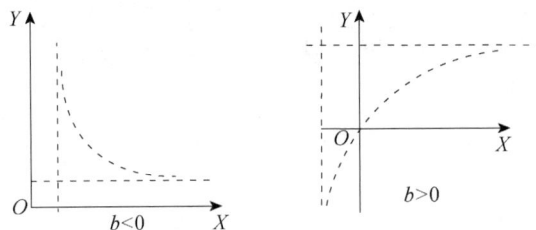

图 6-8　双曲函数曲线示意图

令 $X' = 1/X$，则

$$Y = \alpha + bX' + \mu \tag{6-59}$$

4. 对数函数

对数函数曲线示意图如图 6-9 所示。

$$Y = \alpha + \beta\ln X + \mu \tag{6-60}$$

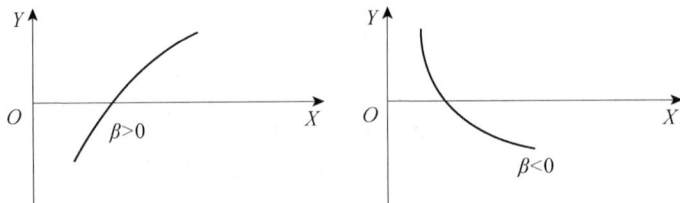

图 6-9　对数函数曲线示意图

式（6-60）中的参数 β 说明当变量 X 每变动一个百分点时，引起因变量 Y 绝对量的变

动量。

令 $X' = \ln X$ ，则

$$Y = \alpha + \beta X' + \mu \qquad (6\text{-}61)$$

5. Logistic 曲线

$$Y = \frac{1}{1 + e^{-(\beta_0 + \beta_1 X + \mu)}} \qquad (6\text{-}62)$$

令 $Y' = -\ln(\frac{1}{Y} - 1)$ ，则

$$Y' = \beta_0 + \beta_1 X + \mu \qquad (6\text{-}63)$$

6. S 形曲线

S 形曲线示意图如图 6-10 所示。

$$Y = \frac{1}{a + b e^{-X}} \qquad (6\text{-}64)$$

令 $y' = \frac{1}{Y}$ ， $x' = e^{-X}$ ，则得

$$y' = a + b x' + \mu \qquad (6\text{-}65)$$

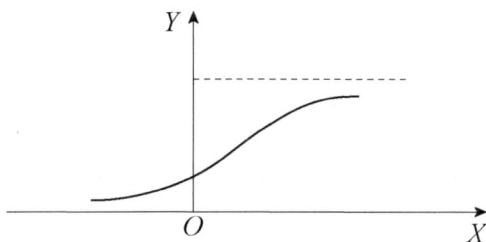

图 6-10　S 形曲线示意图

7. 多项式函数

$$Y = \alpha + \beta_1 X + \beta_2 X^2 + \cdots + \beta_k X^k + \mu \qquad (6\text{-}66)$$

令 $X = T_1$ ， $X^2 = T_2$ ， $X^3 = T_3$ ，…， $X^K = T_k$ ，则

$$Y = \alpha + \beta_1 T_1 + \beta_2 T_2 + \cdots + \beta_k T_K + \mu \qquad (6\text{-}67)$$

8. 抛物线

如描述税收与税率之间关系的拉弗曲线：

$$s = a + br + cr^2 \qquad (6\text{-}68)$$

式中， $c < 0$ ， s 为税收， r 为税率。

设 $X_1 = r$ ， $X_2 = r^2$ ，则原方程变为

$$s = a + bX_1 + cX_2 \qquad (6\text{-}69)$$

【例 6-6】某机械公司生产某种机械部件，最近 16 个月的单位生产成本与月产量的数据资料如表 6-6 所示。试分析该公司生产这种机械部件的单位生产成本与月产量之间的关系，并建立单位生产成本对月产量的回归方程。

解： 从生产边际分析，单位生产成本与产量之间成比例变动。将表 6-6 中的数据绘制成散点图，如图 6-11 所示，可以看出，随着产量（X）的增加，最初单位生产成本（Y）增加得很快，之后逐渐减慢并趋于稳定，因此两变量适宜用双曲线进行拟合。

表 6-6　某公司生产某种机械部件的单位生产成本与月产量数据资料表

月产量 X（件）	成本 Y（元/件）	月产量 X（件）	成本 Y（元/件）
4 300	346.23	6 024	310.82
4 004	343.34	6 194	306.83
4 300	327.46	7 558	305.11
5 013	313.27	7 381	300.71
5 511	310.75	6 950	306.84
5 648	307.61	6 471	303.44
5 876	314.56	6 354	298.03
6 651	305.72	8 000	296.21

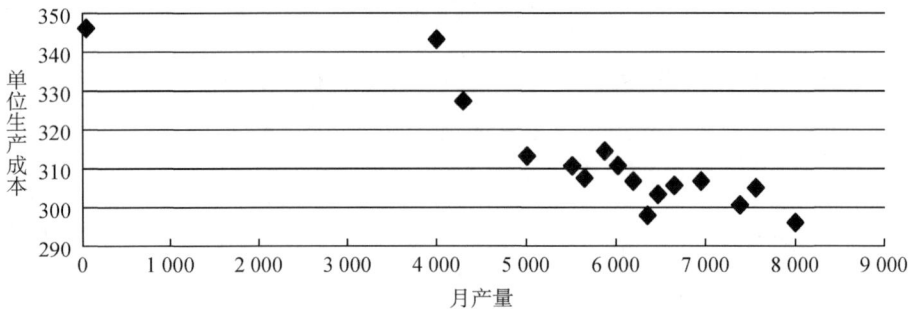

图 6-11　单位生产成本与月产量的散点图

双曲线回归方程为

$$\frac{1}{Y} = a + \frac{b}{X}$$

令

$$X' = \frac{1}{X}, \quad Y' = \frac{1}{Y}$$

则得

$$y' = a + bx' + \mu$$

为确定参数 a、b，列出回归方程计算表，如表 6-7 所示。

表 6-7　回归方程计算表

X	Y	$x' = \dfrac{1}{X}10^{-6}$	$y' = \dfrac{1}{Y}10^{-6}$	x'^2	$x'y'$
4 300	346.23	232.56	288.83	54 083.29	1 488 789
4 004	343.34	249.75	291.26	62 375.19	1 374 733
4 300	327.46	232.56	305.38	54 083.29	1 408 078
5 013	313.27	199.48	319.21	39 792.81	1 570 423
5 511	310.75	181.46	321.80	32 926.02	1 712 543
5 648	307.61	177.05	325.09	31 348.06	1 737 381
5 876	314.56	170.18	317.90	28 962.53	1 848 355
6 651	305.72	150.35	327.10	22 606.12	2 033 344

（续表）

X	Y	$x'=\dfrac{1}{X}10^{-6}$	$y'=\dfrac{1}{Y}10^{-6}$	x'^2	$x'y'$
6 024	310.82	166.00	321.73	27 556.88	1 872 380
6 194	306.83	161.45	325.91	26 064.99	1 900 505
7 558	305.11	132.31	327.75	17 505.97	2 306 021
7 381	300.71	135.48	332.55	18 355.64	2 219 541
6 950	306.84	143.88	325.90	20 702.86	2 132 538
6 471	303.44	154.54	329.55	23 881.26	1 963 560
6 354	298.03	157.38	335.54	24 768.83	1 893 683
8 000	296.21	125.00	337.60	15 625.00	2 369 680
合计		2 769.44	5 133.10	7 669 787.61	29 831 553

$$b = \frac{n\sum_{i=1}^{n}x'y' - \sum_{i=1}^{n}x'\sum_{i=1}^{n}y'}{n\sum_{i=1}^{n}x'^2 - (\sum_{i=1}^{n}x')^2} = -0.010\,56$$

$$a = \overline{y}' - b\overline{x}' = 375.816\,6$$

$$y' = 375.816\,6 - 0.010\,56x'$$

将 $x' = \dfrac{1}{X}$，$y' = \dfrac{1}{Y}$ 代入回归方程，即得双曲线回归方程：

$$\frac{1}{y_c} = 375.816\,6 - 0.010\,56\frac{1}{X}$$

小资料-6

思考与练习

1. 什么是相关关系？相关关系有哪些类型？相关关系与函数关系有什么联系和区别？

2. 什么是相关分析？

3. 什么是回归分析？相关分析与回归分析有什么联系和区别？

4. 什么是总体回归函数？什么是样本回归函数？

5. 总体回归函数与样本回归函数有什么关系？

6. 在对一元线性回归模型进行参数估计时，为什么需要设立一些假定？

7. 一元线性回归模型的统计检验包括哪些内容？

8. 为什么需要对模型进行拟合优度评价？

9. 什么是变量的显著性检验？试以一元线性回归模型为例，说明模型中斜率项的显著性检验步骤。

10. 在一元线性回归模型中随机扰动项包括什么因素？

11. 假设某企业某种产品的产量 X（万件）与单位成本 Y（元）之间存在线性关系，已知：$n=6$，$\sum_{i=1}^{6} X_i = 21$，$\sum_{i=1}^{6} x_i^2 = 79$，$\sum_{i=1}^{6} x_i y_i = 1478$，$\sum_{i=1}^{6} Y_i = 426$，$\sum_{i=1}^{6} Y_i^2 = 30\ 268$。（式中，$x$、$y$ 为 X、Y 的离差形式。）

（1）计算该企业这种产品的产量与单位成本之间的相关系数；

（2）对该产品的产量与单位成本之间的数量关系进行测定，计算其拟合优度并作出评价；

（3）当产量为 4 万件时，生产该产品的单位成本为多少？

12. 有人说，数学学得好的学生，统计学也会学得好。为了验证这个说法，某研究小组搜集了 10 名学生的数学成绩及统计学成绩（见表 6-8）。如何检验这 10 名学生的数学成绩和统计学成绩之间是否存在关系？给出你的理由。

表 6-8　10 名学生的数学成绩及统计学成绩

学生号码	数学成绩 x（分）	统计学成绩 y（分）
1	50	60
2	30	40
3	60	70
4	65	66
5	71	80
6	70	67
7	70	70
8	90	80
9	80	90
10	61	60

13. 为研究美国软饮料公司的广告费用与销售数量之间的关系，收集了美国 7 家品牌软饮料公司的有关数据，如表 6-9 所示。

表 6-9　美国 7 家品牌软饮料公司的有关数据

品牌名称	广告费用 X（百万美元）	销售量 Y（百万箱）
Coca-Cola Classic	131.3	1 929.2
Pepsi-Cola	92.4	1 384.6
Diet-Coke	60.4	811.4
Sprite	55.7	541.5
Dr.Pepper	40.2	546.9
Moutain Dew	29.0	535.6
7-Up	11.6	219.5

资料来源：[美]戴维.R. 安德森，丹尼斯·J. 斯威尼，等著. 商务与经济统计（第 8 版）. 王峰，卿前锋，等译. 北京：机械工业出版社，2003：587-588。

（1）根据表 6-9 中的数据，画出广告费用与销售量的散点图。

（2）根据散点图，你认为广告费用与销售量之间有什么关系？

（3）分析这 7 家公司的广告费用对销售量产生影响的数量关系。

（4）对所估计的回归方程的斜率进行解释。由此，你的结论是什么？

14. 美国《华尔街日报 1999 年年鉴》记载了美国各航空公司的业绩，其中包括航班正点到达的比率和每 10 万名乘客的投诉次数等数据，如表 6-10 所示。

表 6-10　美国各航空公司的业绩

航空公司名称	航班正点率（%）	投诉率（次/10 万名乘客）
西南（Southwest）航空公司	81.8	0.21
大陆（Continental）航空公司	76.6	0.58
西北（Northwest）航空公司	76.6	0.85
美国（US Airways）航空公司	75.7	0.68
联合（United）航空公司	73.8	0.74
美洲（American）航空公司	72.2	0.93
德尔塔（Delta）航空公司	71.2	0.72
美国西部（Americawest）航空公司	70.8	1.22
环球（TWA）航空公司	68.5	1.25

资料来源：[美]戴维.R. 安德森，丹尼斯·J. 斯威尼，等著. 商务与经济统计（第 8 版）. 王峰，卿前锋，等译. 北京：机械工业出版社，2003：588。

（1）根据表 6-10 中的数据，画出航班正点率与投诉率的散点图。

（2）根据散点图，你认为航班正点率与投诉率之间有什么关系？

（3）分析航班正点率对投诉率产生影响的数量关系。

（4）对所估计的回归方程的斜率进行解释。由此，你的结论是什么？

（5）如果航班正点率为 80%，那么每 10 万名乘客的投诉次数是多少？

15. 《国际金融报》2004 年 11 月 25 日第二版报道的一则消息称："从 2004 年中国国际旅游交易会上获悉，到 2020 年，中国旅游业总收入将超过 3 000 亿美元，相当于国内生产总值的 8%至 11%。"试根据这则消息问答下列问题：

（1）这个问题的研究对象是什么？应该用什么方法进行研究？

（2）对影响我国旅游业总收入的因素进行分析，并说明什么是决定性影响因素。

（3）设计一个模型来分析"中国旅游业总收入到 2020 年将超过 3 000 亿美元"这一问题。

16. 某种商品的需求量与价格资料如表 6-11 所示。

表 6-11　某种商品的需求量与价格资料

价格（元/台）	2	3	4	5	6	7	3	4	5
需求量（台）	43	42	41	38	35	30	41	40	39

（1）画出该商品价格与需求量的散点图，并说明二者之间是否存在线性相关关系；

（2）确定该商品价格与需求量的回归模型，并分析该模型回归系数的意义；

（3）对模型的拟合优度作出评价；

（4）当该商品价格为 8 元/台时，需求量为多少？并计算以 95%的置信水平估计价格为 8 元/台时其需求量的特定值的置信区间；

（5）该模型回归系数在统计上是否显著？

17. 某公司 2009 年到 2018 年的研究与发展经费和利润额资料如表 6-12 所示。

表 6-12　某公司 2009 年到 2018 年的研究与发展经费和利润额资料

年份	研究与发展经费（万元）	利润额（万元）
2009	8	90
2010	8	120
2011	10	180
2012	11	200
2013	13	190
2014	15	240
2015	10	280
2016	10	220
2017	12	300
2018	11	300

（1）对研究与发展经费和利润额之间的关系进行分析，并确定哪个是原因变量，哪个是结果变量。

（2）该公司的研究与发展经费和利润额之间呈现一种什么关系？

（3）试用回归分析方法对该公司的研究与发展经费和利润额之间的数量关系进行分析。进行回归分析后，对其斜率项的意义进行解释。

（4）假定该公司的研究与发展经费为 15 万元，则利润额为多少？

18. 某企业 2013 年到 2018 年生产某种产品的产量和单位生产成本资料如表 6-13 所示。

表 6-13　某企业 2013 年到 2018 年生产某种产品的产量和单位生产成本资料

年份	产量（千件）	单位生产成本（元/件）
2013	5	70
2014	7	69
2015	9	67
2016	8	68
2017	9	66
2018	10	64

（1）试分析并判断该企业生产某种产品的产量与单位生产成本间的相关系数；

（2）用最小二乘法建立线性回归方程，并说明回归系数的经济含义；

（3）计算估计标准误差。（以上问题均保留四位小数）

19. 根据 5 名学生"管理学"课程的学习时间（X）与考试成绩（Y）计算出如下资料：

$n=5$，$\sum_{i=1}^{5} X_i = 40$，$\sum_{i=1}^{5} Y_i = 390$，$\sum_{i=1}^{5} x_i = 370$，$\sum_{i=1}^{5} x_i y_i = 2\,740$。（式中，$x$、$y$ 为 X、Y 的离差形式。）

（1）学习时间与考试成绩之间是什么关系？

（2）试根据上述数据拟合以学习时间为自变量的直线回归方程。

（3）解释回归系数的含义。

20. 我国 1997 年到 2017 年的财政收入、财政支出、国内生产总值、货币和准货币供应量以及全社会固定资产投资（单位：亿元）数据如表 6-14 所示，试根据经济学理论对这些指标之间的关系进行分析，并按要求完成以下任务：

（1）计算各指标之间的相关系数。

（2）根据经济学理论的分析，哪些指标之间具有因果关系？

（3）对具有因果关系的指标，试通过建立一元线性回归模型对这些指标之间的关系进行拟合，然后对所估计的模型进行解释和统计检验。

表 6-14　我国 1997 年到 2017 年的财政收入、财政支出、国内生产总值、货币和准货币供应量以及全社会固定资产投资数据

年份	财政收入	财政支出	国内生产总值	货币和准货币（M2）供应量	全社会固定资产投资
1997	8 651.14	9 233.56	79 715.00	90 995.30	24 941.10
1998	9 875.95	10 798.18	85 195.50	104 498.50	28 406.20
1999	11 444.08	13 187.67	90 564.40	119 897.90	29 854.70
2000	13 395.23	15 886.50	100 280.10	134 610.30	32 917.73
2001	16 386.04	18 902.58	110 863.10	158 301.90	37 213.49
2002	18 903.64	22 053.15	121 717.40	185 007.00	43 499.91
2003	21 715.25	24 649.95	137 422.00	221 222.80	55 566.61
2004	26 396.47	28 486.89	161 840.20	254 107.00	70 477.40
2005	31 649.29	33 930.28	187 318.90	298 755.70	88 773.62
2006	38 760.20	40 422.73	219 438.50	345 577.90	109 998.20
2007	51 321.78	49 781.35	270 232.30	403 442.20	137 323.94
2008	61 330.35	62 592.66	319 515.50	475 166.60	172 828.40
2009	68 518.30	76 299.93	349 081.40	610 224.50	224 598.77
2010	83 101.51	89 874.16	413 030.30	725 851.80	251 683.77
2011	103 874.43	109 247.79	489 300.60	851 590.90	311 485.13
2012	117 253.52	125 952.97	540 367.40	974 148.80	374 694.74
2013	129 209.64	140 212.10	595 244.40	1 106 524.98	446 294.09
2014	140 370.03	151 785.56	643 974.00	1 228 374.81	512 020.65
2015	152 269.23	175 877.77	689 052.10	1 392 278.11	561 999.83
2016	159 604.97	187 755.21	743 585.50	1 550 066.67	606 465.66
2017	172 567.00	203 330.00	827 122.00	1 676 768.50	641 238.00

资料来源：《中国统计年鉴》（历年）。2017 年的数据来自《中华人民共和国 2017 年国民经济和社会发展统计公报》。

第七章　时间序列分析

　　要对一个国家形成一个正确的判断，我们必须把同一个国家的相距久远的两个时期进行对比。进步是缓慢的，有时，即使国家改良了，但我们往往因看到某种产业的凋零或某一地方的衰落，便怀疑全国的财富与产业都在退步。

——亚当·斯密《国富论》

　　所谓时间序列（Time Series），就是按照时间的先后顺序把客观现象发展变化的过程和结果记录下来所形成的数列，也称为时间数列或动态序列。对时间序列进行观察、分析、研究，找寻其发展变化的规律，预测其未来发展变化的趋势，就是时间序列分析。

　　时间序列分析（Time Series Analysis）是一种重要的分析方法。在社会经济和自然现象中，时间序列比比皆是，因此，时间序列分析具有广泛的应用范围，如国民经济宏观调控、区域发展规划、企业经营管理、市场潜力预测、气象预报、水文预报、电力负荷预测、地震前兆预报、农作物病虫害预报、环境污染控制、生态平衡、天文学和海洋学等。时间序列分析利用观察到的信息来估计总体的性质，但由于时间是不可重复的，在任何时间，我们都只能获得唯一的序列观测值，这种数据性质导致时间序列分析具有其特殊的分析方法。本章仅讲解最基本的分析方法。

第一节　时间序列及分析方法概述

一、时间序列的概念及分类

（一）时间序列的概念

　　任何社会经济现象，随着时间的推移，都会呈现出一种发展变化过程，按照时间先后顺序统计记录显示该现象随时间推移而发展变化的结果就形成了时间序列，时间序列即同一现象在不同时间的相继观测值排列而成的数列。表 7-1 所示是从 2000 年到 2017 年我国国内生产总值等社会经济指标的发展变化情况，由表 7-1 可以看出，时间序列在形式上包含两部分，一是现象所属的时间，二是现象在不同时间的观测值，这两部分是任何一个时间序列都应具备的两个基本要素。

"温故知新，宁静致远"可以说是对时间序列分析的高度概括。有了时间序列，人们才能从历史的轨迹中判断事物发展的过程和现在的状况，也只有弄清了事物发展的来龙去脉，人们才能客观地认识、把握该事物在过去时期所展现出来的规律，从而科学、可靠地预判其未来的发展变化趋势。而依据时间序列，从时间发展变化的角度研究客观事物在不同时期的发展状况，探索其随时间推移而呈现出的演变趋势和规律，揭示其数量变化和时间的关系，预测客观事物在未来可能达到的数量和规模，就是时间序列分析。因此，研究时间序列的目的就是了解过去、认识规律和预测未来。

表 7-1　2000—2017 年我国社会经济指标的发展变化情况

年份	国内生产总值（亿元）	一般公共预算收入增长速度（%）	年末总人口（万人）	一般公共预算收入（亿元）	城镇非私营单位在岗职工平均工资（元）
2000	100 280.1	17.0	126 743	13 395.23	9 333
2001	110 863.1	22.3	127 627	16 386.04	10 834
2002	121 717.4	15.4	128 453	18 903.64	12 373
2003	137 422.0	14.9	129 227	21 715.25	13 969
2004	161 840.2	21.6	129 988	26 396.47	15 920
2005	187 318.9	19.9	130 756	31 649.29	18 200
2006	219 438.5	22.5	131 448	38 760.20	20 856
2007	270 232.3	32.4	132 129	51 321.78	24 721
2008	319 515.5	19.5	132 802	61 330.35	28 898
2009	349 081.4	11.7	133 450	68 518.30	32 244
2010	413 030.3	21.3	134 091	83 101.51	36 539
2011	489 300.6	25.0	134 735	103 874.43	41 799
2012	540 367.4	12.9	135 404	117 253.52	46 769
2013	595 244.4	10.2	136 072	129 209.64	51 483
2014	643 974.0	8.6	136 782	140 370.03	56 360
2015	689 052.1	5.8	137 462	152 269.23	62 029
2016	743 585.5	4.5	138 271	159 604.97	67 569
2017	827 121.7	7.4	139 008	172 592.77	74 318

资料来源：中国统计年鉴（2018），中国统计年鉴（2010）。

（二）时间序列的分类

对于时间序列，可以根据不同的情况将其进行分类，例如，按时间序列的统计性质随着时间的推移是否具有不变性，可以把时间序列分为平稳序列和非平稳序列。平稳序列指统计性质随着时间的推移具有不变性的时间序列，而非平稳序列则指随着时间的推移，统计性质不具有不变性的时间序列。平稳序列是基本上不存在趋势的序列，各观测值基本在某个固定的水平上波动，或虽有波动，而其波动可以看成随机的，但并不存在某种规律。非平稳序列则是有趋势的序列，或者是有趋势、季节性和周期性的复合型序列，这种趋势可能是线性的，也可能是非线性的。

统计指标有绝对数、相对数和平均数之分，因此，时间序列也可分为绝对数时间序列、相对数时间序列和平均数时间序列。

1. 绝对数时间序列

绝对数时间序列又称总量指标序列，是指将反映现象总规模、总水平或工作总量的某一总量指标在不同时间的观测值按时间先后顺序排列起来所形成的序列。绝对数时间序列是计算相对指标序列和平均指标序列以及进行各种时间序列分析的基础。

按其指标所反映时间状况的不同，绝对数时间序列又分为时期序列（见表 7-1 第 2 列和第 5 列）和时点序列（见表 7-1 第 4 列）。时期序列中所排列的指标为时期指标，各时期的数值分别反映现象在这一时期内所达到的总规模、总水平或工作总量，即现象在这一时期内发展过程的累积总量，其观测值具有可加性，且数值大小与所属时期长短有密切联系的特点。时点序列中所排列的指标为时点指标，各时点的数值分别反映现象在该时点所达到的总规模、总水平，是现象在某一时点的数量表现。时点序列的观测值具有时间上的不可加性及各时点观测值大小与相邻两时点间间隔长短无密切联系的特点。

2. 相对数时间序列和平均数时间序列

相对数和平均数时间序列又称为相对指标序列和平均指标序列，是指将反映现象相对水平、平均水平的某一相对指标或平均指标在不同时间的观测值按时间先后顺序排列起来所形成的序列（分别见表 7-1 第 3 列和第 6 列）。不论是相对指标还是平均指标，都是由总量指标派生而来的，反映一种对比或平均的概念；不同时间的相对数或平均数不能相加，即相加以后没有意义。

（三）编制时间序列应注意的问题

编制时间序列的目的是为了进行时间序列分析，因而，保证序列中各项指标值具有可比性，是编制时间序列的基本原则。所谓可比性，指各指标值所属时间、总体范围、经济内容、计算方法、计算价格和计量单位等全部可比，具体含义如下。

1. 各项指标值所属时间可比

即要求各指标值所属时间具有一致性。对于时期序列，由于各指标值的大小与所属时期的长短直接相关，因此各指标值所属时间的长短应该一致，否则就不能进行对比分析。对于时点序列，虽然两时点间间隔长短与指标值无明显关系，但为了更好地反映现象的发展变化状况，两时点间的间隔也应尽可能相等。

2. 各项指标值总体范围可比

这是就各指标值所属空间范围而言的，如地区范围、隶属范围、分组范围等。当时间序列中某些指标值总体范围不一致时，必须对其进行适当调整，否则前后期指标数值就不能进行直接对比。

3. 各项指标值经济内容可比

指标的经济内容是由其理论内涵决定的，随着社会经济条件的变化，有些指标的经济内容也发生了变化。对于名称相同而经济内涵不一致的指标，尤其要注意这一点，例如，我国的工业总产值指标，有的年份包括乡村企业的工业产值，有的年份则不包括。对于这种情况，务必使各时间的指标值内涵一致，否则也不具备可比性。

4. 各项指标值的计算方法可比

对于指标名称、总体范围和经济内容都相同的指标，计算方法的不同也会导致数值差异。例如，国内生产总值（GDP）按照生产法、支出法、分配法计算的结果就有差异。因此，同一时间序列中，各个时期（时点）指标值的计算方法要统一。如果从某一时期开始，某项指标的计算方法发生了重大变化，在发布资料时必须注明，并在收集数据时进行调整，以便更好地进行动态比较分析。

5. 计算价格和计量单位可比

统计指标的计算价格有现行价格和不变价格之分。编制时间序列时如果遇到前后时期所用的计算价格不同的情况，就需要对其进行调整，使之统一。对于实物指标的时间序列，则要求其计量单位保持一致，否则也要对其进行调整。

二、时间序列分析方法

（一）时间序列分析方法概述

时间序列的分析方法有很多，如描述性分析法、频域分析法、时域分析法、回归分析法等。描述性分析法是通过对所收集到的时间序列数据进行直观的比较或作图观察，从中寻找隐藏的规律的方法，是物理学、海洋学、天文学和气候学在早期发展阶段所应用的主要方法，如探索埃及尼罗河泛滥规律、太阳黑子活动规律等。这种分析方法虽然简单、直观，但在金融、保险、人口、心理学、经济学等社会科学研究领域，随着时间的推移，变量的变化具有很强的随机性，因此仅对时间序列数据进行简单的观察，很难揭示其发展变化的规律，也很难准确预测其未来的发展变化趋势。因此，20世纪20年代以后，又发展出了新的分析方法，主要为频域分析法和时域分析法。

频域分析法（Frequency Domain Analysis）主要用于纵向数据的分析。一个时间序列可以看成各种周期扰动的叠加，频域分析就是确定各周期振动能量分配的过程，这种分配称为"谱"或"功率谱"，因此频域分析又称为频谱分析（Spectral Analysis）或谱分析。

时域分析法（Time Domain Analysis）从相关的角度揭示时间序列的发展变化规律，目的在于确定序列在不同时刻取值的相互依赖关系，即确定序列的相关结构的方法。时域分析法具有理论基础扎实、分析步骤规范、分析结果易于解释等特点，是时间序列分析的主流方法，广泛应用于自然科学、社会科学。

时域分析法的规范分析步骤：在分析时间序列特征的基础上，根据系统观测得到的时间序列数据，选择合适的数学模型对其进行拟合，之后对拟合模型的参数进行估计，并对估计的模型进行检验和优化，最后利用优化后的拟合模型推断时间序列的其他统计性质或对未来的发展变化趋势进行预测。

（二）时间序列分析最常用的方法

时间序列分析最基本、最常用的方法有两种，一是指标分析法，二是成分分析法。所谓指标分析，指通过计算一系列时间序列的分析指标来揭示现象的发展状况和发展变化程度，主要有水平指标分析与速度指标分析。

成分分析将时间序列看作由长期趋势、季节变动、循环变动和不规则变动几种因素所构成，通过对这些因素进行分解分析，揭示现象随时间变化而演变的规律，并在揭示这些规律的基础上对事物的未来发展做出预测。

时间序列的这两种基本分析方法，各有其特点和作用，揭示不同的问题和发展变化状况。在分析实际经济问题时，应根据研究的目的和任务，对二者分别采用或综合应用。

第二节　时间序列的水平指标分析

时间序列的水平分析指标包括发展水平、平均发展水平、增减量、平均增减量四种。

一、发展水平

在时间序列中，用 $t_i(i=1,2,\cdots,n)$ 表示现象所属的时间，a_i 表示现象在不同时间的指标值。$a_i(i=1,2,\cdots,n)$ 也称为现象在时间 t_i 的发展水平，表示现象在某一时间所达到的一种数量状态。若观察的时间范围为 $t_1,t_2,\cdots,t_n$，相应的观测值表示为 $a_1,a_2,\cdots,a_n$，其中 a_1 称为最初发展水平，a_n 称为最末发展水平，$a_2,a_3,\cdots,a_{n-1}$ 称为中间水平。若将整个观察期内的各指标值与某个特定时间 t_0 的观测值作比较，时间 t 可表示为 $t_0,t_1,\cdots,t_n$，相应时间的指标值表示为 $a_0,a_1,\cdots,a_n$，其中 a_0 称为基期水平，$a_i(i=1,2,\cdots,n)$ 称为报告期水平。

二、平均发展水平

平均发展水平是现象在时间 $t_i(i=1,2,\cdots,n)$ 上取值（或各时间的发展水平）的平均数，又称为序时平均数或动态平均数。它可以概括性地描述现象在一段时期内所达到的一般水平或状态。序时平均数作为一种平均数，与静态平均数有相同点，即它们都抽象了现象的个别差异，以反映现象总体的一般水平。二者又有明显的区别，主要表现为序时平均数抽象的是现象在不同时间的数量差异，因而它能够从动态上说明现象在一定时期内发展变化的一般趋势或水平；静态平均数抽象的是总体各单位某一数量观测值在同一时间的差异，因此，它能从静态上说明现象总体各单位的一般水平或状态。由于不同时间序列中观测值的表现形式不同，故序时平均数有不同的计算方法。

（一）绝对数时间序列的序时平均数

绝对数时间序列序时平均数的计算方法是最基本的，它是计算相对数或平均数时间序列序时平均数的基础。由于绝对数时间序列有时期序列和时点序列之分，其序时平均数的计算方法也有所不同。

1. 时期序列的序时平均数

计算公式为

$$\overline{a} = \frac{a_1 + a_2 + \cdots + a_n}{n} = \frac{\sum\limits_{i=1}^{n} a_i}{n} \tag{7-1}$$

式中，$\overline{a}$ 为序时平均数，$a_1, a_2, \cdots, a_n$ 为各时间的发展水平，n 为观测值的个数。

【例 7-1】 对表 7-1 中的国内生产总值序列，计算年度平均国内生产总值。

解：根据时期序列序时平均数公式，有

$$\overline{a} = \frac{\sum\limits_{i=1}^{n} a_i}{n} = \frac{100\,280.1 + 110\,863.1 + \cdots + 827\,121.7}{18} = \frac{6\,919\,385.4}{18} = 384\,410.3\,(\text{亿元})$$

2. 时点序列的序时平均数

在社会经济统计中，一般将一天看作一个时点，即以"一天"为最小时间单位。时点序列有连续时点序列和间断时点序列之分；而间断时点序列又有间隔相等与间隔不等之分，其序时平均数的计算方法略有不同，分述如下。

（1）连续时点序列序时平均数。在统计中，对于逐日排列的时点资料，可以视其为连续时点序列。这样的连续时点序列，其序时平均数可按时期序列的序时平均数公式计算，即

$$\overline{a} = \frac{\sum\limits_{i=1}^{n} a_i}{n} \tag{7-2}$$

例如，存款（贷款）平均余额指标，通常就是由报告期内每日存款（贷款）余额之和除以报告期日历数求得的。

另一种情形是，资料登记的时间单位仍然是 1 天，但实际上只在指标值发生变动时才记录一次。此时需要采用加权算术平均数的方法计算序时平均数，权数是每一指标值的持续天数。

计算公式如下：

$$\overline{a} = \frac{\sum\limits_{i=1}^{n} a_i f_i}{\sum\limits_{i=1}^{n} f_i} \tag{7-3}$$

式中，f_i 为指标值的持续天数，其他变量意义同式（7-1）。

【例 7-2】 某种商品 2018 年 5 月份的库存量数据如表 7-2 所示，试计算该商品 5 月份的平均日库存量。

表 7-2 某种商品 2018 年 5 月份库存量数据

日期（日）	1～4	5～10	11～20	21～26	27～31
库存量（台）	50	55	40	35	30

解：根据式（7-3），该商品 5 月份的平均日库存量为

$$\overline{a} = \frac{\sum\limits_{i=1}^{n} a_i f_i}{\sum\limits_{i=1}^{n} f_i} = \frac{50 \times 4 + 55 \times 6 + 40 \times 10 + 35 \times 6 + 30 \times 5}{4 + 6 + 10 + 6 + 5}$$

$$= 42（台）$$

（2）间断时点序列序时平均数。在实际统计工作中，很多现象的时点数据并不是逐日统计的，而是隔一段时间（如一周、一个月、一个季度、一年等）对期末时点数据进行登记，这样得到的时点序列称为间断时点序列。如果每隔相同的时间登记一次，所得序列就称为间隔期相等的间断时点序列；如果每两次登记时间的间隔不同，所得序列就称为间隔期不等的间断时点序列。

当时点数据以月度、季度、年度为时间间隔单位时，对其就不可能像连续时点序列那样求得准确的序时平均数。在这种情况下，可以根据数据所属时间的间隔特点，选用不同的计算公式。对于间隔期相等的数据，采用"首末折半"的方法进行计算；对于间隔期不等的数据，采用"间隔加权"的方法计算序时平均数。

【例 7-3】 某商业企业某商品 2018 年第二季度的库存量如表 7-3 所示，试求该商品当年第二季度的月平均库存量。

表 7-3 某商业企业某商品 2018 年第二季度库存量

	3 月末	4 月末	5 月末	6 月末
库存量（百件）	66	72	64	68

解：4 月份平均库存量 $= \dfrac{66+72}{2} = 69$（百件）；

5 月份平均库存量 $= \dfrac{72+64}{2} = 68$（百件）；

6 月份平均库存量 $= \dfrac{64+68}{2} = 66$（百件）；

第二季度月平均库存量 $= \dfrac{69+68+66}{3} = 67.67$（百件）。

为简化计算过程，上述计算步骤可表示为

$$第二季度月平均库存量 = \frac{\dfrac{66+72}{2} + \dfrac{72+64}{2} + \dfrac{64+68}{2}}{3} = \frac{\dfrac{66}{2} + 72 + 64 + \dfrac{68}{2}}{3}$$

$$= 67.67（百件）。$$

根据上述计算过程可推导出计算公式：

$$\bar{a} = \frac{\frac{a_1+a_2}{2} + \frac{a_2+a_3}{2} + \cdots + \frac{a_{n-1}+a_n}{2}}{n-1}$$

$$= \frac{\frac{a_1}{2} + a_2 + \cdots + a_{n-1} + \frac{a_n}{2}}{n-1}$$

（7-4）

该公式在形式上表现为首末两项观测值折半，故称为"首末折半法"。这种方法适用于间隔期相等的间断时点序列求序时平均数。对间隔期不等的间断时点序列，在计算序时平均数时，则需要把间隔的时期作为权数，采用"间隔期加权"方法计算，计算公式为

$$\bar{a} = \frac{\frac{(a_1+a_2)}{2}f_1 + \frac{(a_2+a_3)}{2}f_2 + \cdots + \frac{(a_{n-1}+a_n)}{2}f_{n-1}}{f_1 + f_2 + \cdots + f_{n-1}}$$

（7-5）

式中，$f_1, f_2, \cdots, f_{n-1}$ 分别为观测值 $a_1, a_2, a_3, \cdots, a_{n-1}, a_n$ 的间隔时期。

【例 7-4】我国 2000—2017 年部分年份年末人口数如表 7-4 所示，试计算我国 2000—2017 年的年平均人口数。

表 7-4　我国 2000—2017 年部分年份年末人口数

年份	2000	2002	2005	2014	2017
年末人口数（万人）	126 743	128 453	130 756	136 782	139 008

解：通过观察分析得知，上述数据属间隔期不等的间断时点序列，因此应采用"间隔期加权"方法计算：

$$\bar{a} = \frac{\frac{(a_1+a_2)}{2}f_1 + \frac{(a_2+a_3)}{2}f_2 + \cdots + \frac{(a_{n-1}+a_n)}{2}f_{n-1}}{f_1 + f_2 + \cdots + f_{n-1}}$$

$$= \frac{\frac{126\,743+128\,453}{2}\times 2 + \frac{128\,453+130\,756}{2}\times 3 + \frac{130\,756+136\,782}{2}\times 9 + \frac{136\,782+139\,008}{2}\times 3}{17}$$

$=131\,083.4$（万人）

（二）相对数或平均数时间序列的序时平均数

相对数和平均数是两个有联系的绝对数对比的结果，用符号表示即 $c = \dfrac{a}{b}$。因此，由相对数或平均数时间序列计算序时平均数，不能直接采用简单平均数方法计算（即不应当用 $\bar{c} = \dfrac{\sum\limits_{i=1}^{n} c_i}{n}$ 公式），而应当先分别计算构成该相对数或平均数时间序列的分子序列和分母序列的序时平均数，再将其进行对比。用公式表示为

$$\bar{c} = \frac{\bar{a}}{\bar{b}}$$

（7-6）

【例 7-5】某企业 2018 年第四季度职工人数如表 7-5 所示，试计算该企业工人占职工总人数的平均比重。

表 7-5 某企业 2018 年第四季度职工人数

	9 月末	10 月末	11 月末	12 月末
工人人数（人）	342	355	358	364
职工总人数（人）	448	456	469	474
工人占职工总人数比重（%）	76.34	77.85	76.33	76.79

解： 设 a 为工人人数，b 为职工总人数，因为间隔期相等，因此有

$$\bar{c} = \frac{\bar{a}}{\bar{b}} = \frac{a_1/2 + a_2 + a_3 + \cdots + a_n/2}{b_1/2 + b_2 + b_3 + \cdots + b_n/2}$$

$$= \frac{342/2 + 355 + 358 + 364/2}{448/2 + 456 + 469 + 474/2} = 76.91\%$$

【例 7-6】 某企业 2017 年下半年劳动生产率数据如表 7-6 所示，试计算该企业平均月劳动生产率和当年下半年平均职工劳动生产率。

表 7-6 某企业 2017 年下半年劳动生产率数据

	6 月	7 月	8 月	9 月	10 月	11 月	12 月
总产值 a（万元）	87	91	94	96	102	98	91
月末职工人数 b（人）	460	470	480	480	490	480	450
劳动生产率 c（元/人）	1 948	1 957	1 979	2 000	2 103	2 021	1 957

解： 从表 7-6 中可以看到，劳动生产率为总产值与职工人数的比值，因此，作为分子项的总产值是时期指标，作为分母项的职工人数是时点指标，计算平均月劳动生产率应用式（7-6）：

$$\bar{c} = \frac{\bar{a}}{\bar{b}} = \frac{\left(\sum_{i=1}^{n} a_i\right)/n}{(\frac{b_1}{2} + b_2 + b_3 + \cdots + \frac{b_n}{2})/(n-1)}$$

把表 7-6 中的数据代入式（7-6），则

$$\bar{c} = \frac{(91 + 94 + 96 + 102 + 98 + 91)/6}{(460/2 + 470 + 480 + 480 + 490 + 480 + 450/2)/(7-1)}$$

$$= 2\,003.5（元/人）$$

2017 年下半年的平均职工劳动生产率则有两种计算方式，一种是用下半年平均月劳动生产率乘以月份数 n，即 $n\bar{c} = 2003.5 \times 6 = 12021$（元/人）得出；另一种是采用下列公式计算：

$$\bar{c} = \frac{\sum_{i=1}^{n} a_i}{(b_1/2 + b_2 + b_3 + \cdots + b_n/2)/(n-1)}$$

把表 7-6 中的数据代入式（7-6），则

$$\bar{c} = \frac{91 + 94 + 96 + 102 + 98 + 91}{(460/2 + 470 + 480 + 480 + 490 + 480 + 450/2)/(7-1)}$$

$$= 12\,021（元/人）$$

三、增减量

增减量是报告期水平与基期水平之差，用以说明现象在一定时期内增减的绝对数量。根据所选择基期的不同，增减量可分为逐期增减量和累积增减量。

逐期增减量是报告期水平与前一期水平之差，说明本期较前一期增减的绝对数量，用公式表示为

$$a_i - a_{i-1} \qquad (i=1,2,\cdots,n) \tag{7-7}$$

累积增减量是报告期水平与某一固定时期水平之差，说明报告期与某一固定时期相比增减的绝对数量，用公式表示为

$$a_i - a_0 \qquad (i=1,2,\cdots,n) \tag{7-8}$$

逐期增减量与累积增减量之间存在一定的关系：各逐期增减量的和等于相应时期的累积增减量；两相邻时期累积增减量之差等于相应时期的逐期增减量，用公式分别表示为

$$\sum_{i=1}^{n}(a_i - a_{i-1}) = a_n - a_0 \quad (i=1,2,\cdots,n) \tag{7-9}$$

$$(a_i - a_0) - (a_{i-1} - a_0) = a_i - a_{i-1} \quad (i=1,2,\cdots,n) \tag{7-10}$$

【例 7-7】根据表 7-1 中的我国国内生产总值数据，试计算该时期的逐期增减量和以 2000 年为基期的累积增减量。

解： 我国国内生产总值的逐期增减量和以 2000 年为基期的累积增减量见表 7-7 中的第 3 列和第 4 列。

表 7-7　2000—2017 年我国国内生产总值　　　　单位：亿元

年份	国内生产总值	逐期增减量	累积增减量
2000	100 280.1	—	—
2001	110 863.1	10 583.0	10 583.0
2002	121 717.4	10 854.3	21 437.3
2003	137 422.0	15 704.6	37 141.9
2004	161 840.2	24 418.2	61 560.1
2005	187 318.9	25 478.7	87 038.8
2006	219 438.5	32 119.6	82 016.5
2007	270 232.3	50 793.8	169 952.2
2008	319 515.5	49 283.2	219 235.4
2009	349 081.4	29 565.9	248 801.3
2010	413 030.3	63 948.9	312 750.2
2011	489 300.6	76 270.3	389 020.5
2012	540 367.4	51 066.8	440 087.3
2013	595 244.4	54 877.0	494 964.3
2014	643 974.0	48 729.6	543 693.9
2015	689 052.1	45 078.1	588 772.0
2016	743 585.5	54 533.4	643 305.4
2017	827 122.0	83 536.2	726 841.6

四、平均增减量

平均增减量是观察期各逐期增减量的序时平均数，用于描述现象在观察期内平均每期增减的数量。平均增减量既可以根据逐期增减量计算，也可以根据累积增减量计算。计算公式为

$$平均增减量 = \frac{\sum_{i=1}^{n}(a_i - a_{i-1})}{n} = \frac{a_n - a_0}{n} \qquad (7\text{-}11)$$

式中，n 为逐期增减量个数。

【例 7-8】 根据表 7-7 中我国国内生产总值的资料，试计算我国 2000—2017 年的国内生产总值平均增减量。

解： 根据题意，把表 7-7 中的数据代入式（7-11），得

$$国内生产总值平均增减量 = \frac{10\,583 + \cdots + 83\,536.2}{17} = \frac{726\,841.6}{17}$$
$$\approx 42\,755.39(亿元)$$

第三节 时间序列的速度指标分析

时间序列的速度分析指标有发展速度、增减速度、平均发展速度、平均增减速度。

一、发展速度

发展速度是报告期发展水平与基期发展水平之比，用于描述现象在观察期内相对的发展变化方向和程度。发展速度大于 1，表示现象的增长程度；发展速度小于 1，表示现象的降低程度。

根据采用的基期不同，发展速度可以分为环比发展速度和定基发展速度。环比发展速度是报告期发展水平与前一期发展水平之比，说明现象的报告期水平较前一期水平的发展变化程度；定基发展速度是报告期发展水平与某一固定时期发展水平之比，说明现象在整个观察期内总的发展变化程度。

设时间序列的观测值为 $a_i\ (i=1,2,\cdots,n)$，发展速度为 R，环比发展速度和定基发展速度的计算公式为

$$环比发展速度：\quad R_i = \frac{a_i}{a_{i-1}} \quad (i=1,2,\cdots,n) \qquad (7\text{-}12)$$

$$定基发展速度：\quad R_i = \frac{a_i}{a_0} \quad (i=1,2,\cdots,n) \qquad (7\text{-}13)$$

环比发展速度与定基发展速度之间存在重要的数量关系。观察期内各环比发展速度的连乘积等于相应时期的定基发展速度；两个相邻时期的定基发展速度，用后一时期的定基

发展速度除以前一时期的定基发展速度，等于相应时期的环比发展速度，即

$$\prod \frac{a_i}{a_{i-1}} = \frac{a_n}{a_0} \quad （\prod 为连乘符号）\tag{7-14}$$

$$\frac{a_i}{a_0} \div \frac{a_{i-1}}{a_0} = \frac{a_i}{a_{i-1}}\tag{7-15}$$

利用上述关系，可以根据一种发展速度去推算另一种发展速度。

二、增减速度

增减速度也称增减率，是增减量与基期水平之比，用于说明报告期水平较基期水平的相对增减程度。增减速度既可以根据增减量计算，也可以根据发展速度计算，其基本计算公式为

$$增减速度 = \frac{增减量}{基期水平} = \frac{报告期水平-基期水平}{基期水平} = 发展速度 - 1\tag{7-16}$$

从式（7-16）可以看出，增减速度等于发展速度减1，但各自说明的问题是不同的。发展速度说明报告期水平较基期发展了多少；而增减速度说明报告期水平较基期增减了多少（扣除了基数）。当发展速度大于1时，增减速度为正值，表示现象的增长程度；当发展速度小于1时，增减速度为负值，表示现象的降低程度。

根据采用的基期不同，增减速度也可分为环比增减速度和定基增减速度。环比增减速度是逐期增减量与前一期水平之比，用于描述现象逐期增减的程度；定基增减速度是累积增减量与某一固定时期水平之比，用于描述现象在观察期内总的增减程度。

设增减速度为 G，环比增减速度和定基增减速度的公式可写为

$$环比增减速度：G_i = \frac{a_i - a_{i-1}}{a_{i-1}} = \frac{a_i}{a_{i-1}} - 1 \quad (i = 1, 2, \cdots, n)\tag{7-17}$$

$$定基增减速度：G_i = \frac{a_i - a_0}{a_0} = \frac{a_i}{a_0} - 1 \quad (i = 1, 2, \cdots, n)\tag{7-18}$$

需要指出，环比增减速度与定基增减速度之间没有直接的换算关系。在由环比增减速度推算定基增长速度时，可先将各环比增减速度加1后连乘，再将结果减1，即得定基增减速度。

【例7-9】以表7-1中的我国国内生产总值数据为例，计算2000—2017年我国国内生产总值的逐期增减量、累积增减量、环比发展速度、定基发展速度、环比增减速度和定基增减速度。

解：根据前面介绍的计算公式，2000—2017年我国国内生产总值的逐期增减量、累积增减量、环比发展速度、定基发展速度、环比增减速度和定基增减速度的计算结果见表7-8中的第3～8列。

表 7-8　2000—2017 年我国国内生产总值的增减量、发展速度和增减速度计算结果

年份	国内生产总值（亿元）	增减量（亿元）		发展速度（%）		增减速度（%）	
		逐期	累积	环比	定基	环比	定基
2000	100 280.1	—	—	—	—	—	—
2001	110 863.1	10 583	10 583	110.55	110.55	10.55	10.55
2002	121 717.4	10 854.3	21 437.3	109.79	121.38	9.79	21.38
2003	137 422	15 704.6	37 141.9	112.90	137.04	12.90	37.04
2004	161 840.2	24 418.2	61 560.1	117.77	161.39	17.77	61.39
2005	187 318.9	25 478.7	87 038.8	115.74	186.80	15.74	86.80
2006	219 438.5	32 119.6	82 016.5	117.15	218.83	17.15	118.83
2007	270 232.3	50 793.8	169 952.2	123.15	269.48	23.15	169.48
2008	319 515.5	49 283.2	219 235.4	118.24	318.62	18.24	218.62
2009	349 081.4	29 565.9	248 801.3	109.25	348.11	9.25	248.11
2010	413 030.3	63 948.9	312 750.2	118.32	411.88	18.32	311.88
2011	489 300.6	76 270.3	389 020.5	118.47	487.93	18.47	387.93
2012	540 367.4	51 066.8	440 087.3	110.44	538.86	10.44	438.86
2013	595 244.4	54 877	494 964.3	110.16	593.58	10.16	493.58
2014	643 974	48 729.6	543 693.9	108.19	642.18	8.19	542.18
2015	689 052.1	45 078.1	588 772	107.00	687.13	7.00	587.13
2016	743 585.5	54 533.4	643 305.4	107.91	741.51	7.91	641.51
2017	827 121.7	83 536.2	726 841.6	111.23	824.81	11.23	724.81

三、平均发展速度

平均发展速度是各期环比发展速度的平均数，用于描述现象在整个观察期内平均发展变化的程度。

计算平均发展速度的常用方法是水平法。水平法又称几何平均法，它是根据各期的环比发展速度采用几何平均法计算出来的，计算公式为

$$\bar{R} = \sqrt[n]{\frac{a_1}{a_0} \cdot \frac{a_2}{a_1} \cdot \cdots \cdot \frac{a_n}{a_{n-1}}} = \sqrt[n]{\frac{a_n}{a_0}} \tag{7-19}$$

式中，$\bar{R}$ 为平均发展速度，n 为环比发展速度的个数，等于观测值的个数减 1。

【例 7-10】已知 2010—2017 年我国国内生产总值环比发展速度见表 7-8，试计算该时期的平均发展速度。

解：根据式（7-19），有

$$\bar{R} = \sqrt[8]{118.32\% \times 118.47\% \times \cdots \times 111.23\%}$$
$$= \sqrt[8]{200.26\%}$$
$$= 103.84\%$$

从水平法计算平均发展速度的公式（7-19）中可以看出，$\bar{R}$ 实际上只与序列的初期观测值 a_0 和末期观测值 a_n 有关，而与其他各观测值无关。这一特点表明，水平法旨在考察现象在末期所达到的发展水平。从初期水平 a_0 出发，每期按平均发展速度发展，经过 n 期后将达到末期水平 a_n，按平均发展速度推算的末期的数值与末期的实际观测值一致。因此，

如果所关心的是现象在末期应达到的水平，那就最适合用水平法计算平均发展速度。

四、平均增减速度

平均增减速度说明现象逐期增减的平均程度。平均增减速度（$\bar{G}$）与平均发展速度仅相差一个基数，即

$$\bar{G}=\bar{R}-1 \tag{7-20}$$

平均增减速度若为正值，则表明现象在某个时期内逐期平均递增的程度，也称为平均递增率；若为负值，则表明现象在某个时期内逐期平均递减的程度，也称为平均递减率。

五、速度指标的分析与应用

对于大多数时间序列，特别是有关社会经济现象的时间序列，经常利用速度指标来描述其发展变化的数量特征。尽管速度指标在计算与分析时都比较简单，但在实际应用中，有时也会出现误用乃至滥用速度指标的现象。因此，在应用速度指标分析实际问题时，应注意以下几方面问题：

（1）当时间序列中的观测值出现 0 或负数时，不宜计算速度。比如，假如某企业连续 5 年的利润额分别为 5 万元、2 万元、0 万元、−3 万元、2 万元，对这一序列计算速度，既不符合数学公理，也无法解释其实际意义。在这种情况下，适宜直接用绝对数进行分析。

（2）要注意速度与基期绝对水平的结合分析。先看一个例子。

【例 7-11】假定有两个生产条件基本相同的企业，其 2016 年与 2017 年的利润额及增长率（速度）如表 7-9 所示，试比较这两个企业的经营业绩。

表 7-9　2016 年和 2017 年甲、乙企业的利润额和增长率（速度）

年份	甲企业		乙企业	
	利润额（万元）	增长率（%）	利润额（万元）	增长率（%）
2016	1 000	—	100	—
2017	1 200	20	160	60

解：如果不看利润额的绝对值，仅就速度指标对甲、乙两个企业进行分析评价，可以看出乙企业的利润增长速度比甲企业高 2 倍。如果就此得出乙企业的生产经营业绩比甲企业好得多的结论，那这样的结论就是不切实际的，因为速度是一个相对值，它与对比的基期值的大小有很大关系。高速度背后隐含的增长绝对值可能很小；低速度背后隐含的增长绝对值可能很大。这就是说，由于对比的基期水平不同，可能会造成速度数值的较大差异，进而造成速度的虚假现象。

上述例子表明，由于两个企业的生产起点不同，基期的利润额不同，才造成了二者速度的较大差异。从利润额的绝对值来看，两个企业的速度每增长 1%所增加的利润额绝对值是不同的。在这种情况下，我们需要将速度与绝对值结合起来进行分析，通常要计算增长 1%的绝对值来弥补速度分析的局限性。

增长 1%的绝对值表示速度每增长 1%而增加的绝对数量，其计算公式为

$$增长1\%的绝对值 = \frac{逐期增长量}{环比增长速度 \times 100} = \frac{前期水平}{100} \qquad (7-21)$$

根据表 7-9 的数据，速度每增长 1%，甲企业增加的利润额为 10 万元，而乙企业则为 1 万元，甲企业远高于乙企业。这说明甲企业的生产经营业绩比乙企业更好。

（3）要注意将总平均速度与时段平均速度结合起来分析。总平均速度是一个观察期各期的平均速度，掩盖了各期速度和各时段平均速度的实际情况。因此，只有将总平均速度与各期速度的变动情况及各时段平均速度结合起来，才能全面、深入地分析现象的发展变化情况。

第四节　时间序列的成分分析

一、时间序列的构成成分和分析模型

编制、分析时间序列，除考察现象发展过程中的水平和速度之外，还需要用数学模型对其进行一些在定性认识基础上的定量分析，找出制约现象发展的基本因素或主要原因（也叫成分）。一般认为，一个时间序列中包含四种成分或变动因素，即长期趋势、季节变动、循环变动和不规则变动（或偶然变动）。也就是说，任何一个时间序列通常都是上述四种变动因素综合作用的结果。长期趋势、季节变动和循环变动是可解释的变动，而不规则变动是不可解释的变动。

1. 长期趋势（T）

长期趋势指社会经济现象在一个较长时期内随时间推移而呈现持续上升、下降或在原有水平上起伏波动的趋势或状态。它是由现象内在的根本性因素决定的。根据变量的不同，长期变动趋势可能呈现为直线型变动趋势，也可能呈现为曲线型变动趋势。

2. 季节变动（S）

季节变动指社会经济现象随着季节的更替，或受某些社会因素（如习俗、习惯等）影响而发生的有固定规律的变动。季节变动是一种重复出现的一年内的周期性变动，即每年随季节更替，时间序列值呈周期性变化。周期一般为 1 年，也有以日、周、月为周期的。例如，农产品生产和农用物资销售就具有明显的季节性变动特征。冰淇淋的销售量也具有明显的季节性变动特征，每年 4、5、6 三个月冰淇淋的销售量开始呈增长趋势，7、8、9 三个月销售量达最高点，以后的三个月销售量呈下降趋势，第一季度的销售量为最低点，年年如此循环。

3. 循环变动（C）

循环变动也称波浪式变动或周期性变动，指变量的时间序列值相隔数年后所呈现的周期变动。在一个时间序列中，循环变动的周期可以长短不一，变动的幅度也可大可小。如经济发展中繁荣与萧条的循环往复。又如，美国的经济危机呈现出相隔时间越来越短、危机时间越来越长、危机程度越来越大的周期性变动特征。

4. 不规则变动（*I*）

不规则变动也称偶然变动，指由于自然或社会的偶然因素（如战争、自然灾害等突发因素）或不明原因所引起的社会经济现象的变动。不规则变动是一种非趋势性、非季节性、非周期性的随机变动，因此无法预测，不能用数学模型来表达和说明。不规则变动在一段时间内相互作用，归于消失，因此可忽略其影响。

若以 *Y* 代表时间序列的各项数值，则上述成分（或因素）对时间序列的影响可用下面两个最简单的数学模型来表示：

$$Y = T + S + C + I \tag{7-22}$$

$$Y = T \cdot S \cdot C \cdot I \tag{7-23}$$

其中最常用的是乘法模型。乘法模型的基本假设是：四个因素是由不同的原因形成的，但相互之间存在一定的关系，它们对事物的影响是相互的，因此时间序列中各指标值表现为各因素的乘积。乘法模型可以很容易地将四个因素从时间序列中分离出来，因而在时间序列分析中被广泛应用。本节介绍的时间序列成分分析方法，均以乘法模型为例。在乘法模型中，*Y* 和 *T* 为绝对数，*S*、*C*、*I* 均为相对数。

二、长期趋势的测定

长期趋势是时间序列的主要构成要素，指现象在较长时期内持续发展变化的一种趋向或状态。通过对时间序列长期趋势变动的分析，可以掌握现象发展变化的规律性，并对其未来的发展趋势做出判断或预测。测定长期趋势的分析方法有许多，如时距扩大法、半数平均法、部分平均法、移动平均法、指数平滑法、最小二乘法等。由于后三种方法较常用，故主要介绍移动平均法、指数平滑法和最小二乘法。通过学习这三种方法，来熟悉测定长期趋势的基本方法及其特点。

（一）移动平均法

移动平均法是长期趋势变动分析的一种较简单的常用方法。该方法的基本思想和原理是：通过扩大原时间序列的时间间隔，并按一定的间隔长度逐期移动，分别计算出一系列移动平均数。这些平均数所形成的新的时间序列对原时间序列的波动起到一定的修匀作用，削弱了原序列中短期偶然因素的影响，从而呈现出现象发展的变动趋势。该方法可以直接用来分析预测销售情况、库存、股价或其他趋势，也可以用于指标值的修匀。移动平均法又可分为简单移动平均法和加权移动平均法。

1. 简单移动平均法

简单移动平均法是直接将简单算术平均数作为移动平均趋势值的一种方法。

设移动间隔长度为 *k*，则

$$\overline{Y}_i = \frac{Y_i + Y_{i+1} + \cdots + Y_{i+k-1}}{k} \tag{7-24}$$

式中，$\overline{Y}_i$ 为移动平均趋势值，*k* 为大于 1 小于 *n* 的正整数，*i*=1, 2, …, *n*, *n* 为数据项数。

【例 7-12】 某公司 2017 年各月的销售额如表 7-10 所示，试分别计算 3 个月、5 个月的移动平均趋势值，并进行比较。

表 7-10　某公司 2017 年各月销售额　　　　　　单位：万元

月份	实际销售额	趋势值（k=3）	趋势值（k=5）
1	28	—	—
2	30	31	—
3	35	34	34.4
4	37	38	37.6
5	42	41	41.4
6	44	45	44.0
7	49	47	46.6
8	48	49	48.6
9	50	50	52.4
10	52	55	58.0
11	63	64	—
12	77	—	—

解： 根据简单移动平均法公式，当 $k=3$ 时，移动平均趋势值 $Y_1=31$；$k=5$ 时，$Y_1=34.4$，其余各期同理，结果分别见表 7-10 第 3 列和第 4 列。

2. 加权移动平均法

加权移动平均法是在简单移动平均法的基础上给近期数据以较大的权数，给远期数据以较小的权数，计算加权移动平均数并将其作为下一期的移动平均趋势值的一种方法。公式为

$$\overline{Y}_i = \frac{Y_i f_i + Y_{i+1} f_{i+1} + \cdots + Y_{i+k-1} f_{i+k-1}}{f_i + f_{i+1} + \cdots + f_{i+k-1}} \tag{7-25}$$

式中，$\overline{Y}_i$ 为移动平均趋势值，f_i 为权数（$i=1$，2，$\cdots$，n），$i=1$，2，$\cdots$，n，n 为数据项数。

【例 7-13】 以表 7-10 中某公司的销售额数据为例，设 $k=3$，权数分别设定为 3、2、1，试计算 3 个月的移动平均值。

解： 根据题意　　$Y_1 = \dfrac{28 \times 1 + 30 \times 2 + 35 \times 3}{6} = 32.17$（万元）。

其余类推。

3. 利用移动平均法分析趋势变动时要注意的问题

（1）移动间隔的长度应长短适中。分析表 7-10 中各列数据，不难看出，通过移动平均法得到的移动平均数序列，要比原始数据序列匀滑，并且 5 项移动平均数序列又比 3 项移动平均数序列匀滑。为了更好地消除不规则波动，达到修匀的目的，可以适当增加移动的步长。移动的步长越大，所得趋势值越少，个别观测值影响作用就越弱，移动平均序列所表现的趋势越明显，但移动间隔过长可能会脱离现象发展的真实趋势；移动间隔越短，个别观测值的影响作用就越大，但有时又不能完全消除序列中短期偶然因素的影响，从而看

不出现象发展的变动趋势。一般来说，如果现象的发展具有一定的周期性，则应以周期长度作为移动间隔的长度，若时间序列是季度数据，可采用 4 项移动平均；若时间序列是月度数据，可采用 12 项移动平均。

（2）在利用移动平均法分析趋势变动时，应把移动平均后的趋势值放在各移动项的中间位置。比如，3 项移动平均的趋势值应放在第 2 项对应的位置上，5 项移动平均的趋势值应放在第 3 项对应的位置上，其余类推。因此，当移动间隔长度 k 为奇数时，一次移动即得趋势值；当 k 为偶数时，则要将第一次得到的移动平均值再作一次 2 项移动平均，才能得到最后的趋势值。因此，该趋势值也称为移动趋势值。

例如，在例 7-12 中，若 $k=4$，则

$$\overline{Y}_1 = \frac{28+30+35+37}{4} = 32.5$$

$$\overline{Y}_2 = \frac{30+35+37+42}{4} = 36$$

故

$$\overline{Y} = \frac{32.5+36}{2} = 34.25$$

需要说明的是，对于只包含趋势和不规则变动的序列，如果移动平均的目的只是为了得到序列的趋势估计值，也可以将第一个移动平均值直接对准 N 期的后一期，其他移动平均值依次排列。例如，3 项移动平均时，第 1 个移动平均值对准第 3 期，第 2 个移动平均值对准第 4 期，以此类推；4 项移动平均时，第 1 个移动平均值对准第 4 期，第 2 个移动平均值对准第 5 期，以此类推。Excel 中移动平均法程序便是这样处理的。

（3）移动平均数序列相对于原始序列有损失项。损失项的计算分两种情况，k 为奇数时，首尾共损失 $(k-1)$ 项；k 为偶数时，首尾共损失 k 项。

（二）指数平滑法

指数平滑法是以过去时间序列值的加权平均数为趋势值，它是加权移动平均法的一种特殊情形，其基本形式是根据本期的实际值 Y_t 和本期的趋势值 $\hat{Y}_t$，分别给以不同权数 α 和 $1-\alpha$，计算加权平均数并将其作为下一期的趋势值 $\hat{Y}_{t+1}$。基本指数平滑法模型如下：

$$\hat{Y}_{t+1} = \alpha Y_t + (1-\alpha)\hat{Y}_t \tag{7-26}$$

式中，$\hat{Y}_{t+1}$ 表示时间序列 $t+1$ 期的趋势值，Y_t 表示时间序列 t 期的实际值，$\hat{Y}_t$ 表示时间序列 t 期的趋势值，α 为平滑常数（$0<\alpha<1$）。

从基本模型中可以看出，利用指数平滑法模型进行预测，只需一个 t 期的实际值 Y_t、一个 t 期的趋势值 $\hat{Y}_t$ 和一个 α 值，所用数据量和计算量都很少，这是移动平均法所不能及的。

【例 7-14】某公司 2017 年前 8 个月的销售额及其趋势值如表 7-11 所示，试用指数平滑法进行长期趋势分析。已知 1 月份预测值为 150.8 万元，α 分别取 0.2 和 0.8。

表 7-11　某公司 2017 年前 8 个月的销售额及其趋势值　　　　单位：万元

月份	销售额	一次指数平滑趋势值	
		$\alpha=0.2$	$\alpha=0.8$
1	154	150.80	150.80
2	148	$0.2\times154+(1-0.2)\times150.8=151.44$	153.36
3	142	150.75	149.07
4	151	149.00	143.41
5	145	149.40	149.48
6	154	148.52	145.90
7	157	149.62	152.38
8	151	151.10	156.08
9	—	151.08	152.02

解： 已知 1 月份的预测值为 150.8 万元，根据式（7-26），α 分别取 0.2 和 0.8，计算的平滑趋势值见表 7-11 中的第 3 列和第 4 列。

一次指数平滑法比较简单，但也存在问题，从此例可看出，α 值和初始值的确定是关键，它们直接影响着趋势值误差的大小。对于 α 和初始值可按以下方法确定。

1. α 值的确定

选择 α 值时，一个总的原则是使预测值与实际观测值之间的误差最小。从理论上讲，α 取 0～1 之间的任意数均可。具体要视时间序列的变化趋势而定。

（1）当时间序列呈较稳定的水平趋势时，α 应取小一些，如 0.1～0.3，以减小修正幅度，同时各期观测值的权数差别不大，预测模型能包含更长时间序列的信息。

（2）当时间序列波动较大时，宜选择居中的 α 值，如 0.3～0.5。

（3）当时间序列波动很大，呈现明显且快速的上升或下降趋势时，α 应取大些，如 0.6～0.8，以使预测模型灵敏度更高，从而迅速跟上数据的变化。

（4）在实际预测中，可取几个 α 值进行试算，比较预测误差，选择误差小的那个 α 值。

2. 初始值的确定

如果数据总项数 N 大于 50，则经过长期平滑链的推算，初始值的影响就变得很小了。为了简便起见，可将第一期水平作为初始值；如果 N 小于 15 或 20，则初始值的影响就较大，可以选用最初几期的平均数作为初始值。

指数平滑法适用于预测呈长期趋势变动和季节变动的评估对象。指数平滑法可分为一次指数平滑法和多次指数平滑法。本节介绍的是一次指数平滑法。

（三）数学曲线拟合法

假定有一个多年的数据序列，为了算出其逐年的趋势值，可以考虑对原始数据拟合一条数学曲线。例如，假如趋势是线性的，就可以用最小二乘法拟合直线方程；如果趋势是指数曲线型的，则可考虑拟合指数曲线方程。在用数学曲线拟合法测定趋势值时，首先要解决的问题是曲线方程的选择。选择曲线方程有两个途径，一是在以时间 t 为横轴，变量 Y 为纵轴的直角坐标图上作时间序列数值的散点图，根据散点的分布形状来确定应拟合的曲线方程；二是对时间序列的数值作一些分析，根据分析的结果来确定应选择的曲线方程。选择合适的方程，是分析人员在分析预测时应特别注意的问题。下面结合一些典型的趋势曲线来讨论曲线方程的选择和拟合。

1. 直线的拟合

根据线性函数的特性：

$$\Delta Y_t = Y_{t+1} - Y_t = a + b(t+1) - a - bt = b \tag{7-27}$$

如果一个多年（季度或月）的数据序列，其相邻两年（季度或月）数据的一阶差近似为一个常数，那么就可以拟合一条直线 $Y_t = a + bt$，然后用最小二乘法来求解参数 a、b。

由于所求的线性趋势线为 $y_c = a + bt$，故可求得：

$$\sum_{t=1}^{n}(y_t - y_c)^2 = \sum_{t=1}^{n}(y_t - a - bt)^2 = \text{最小值} \tag{7-28}$$

式中，y 为实际观测值；y_c 为趋势值，t 为时间；a 为直线趋势方程的起点值（截距项）；b 为直线趋势方程的斜率，即 t 每变动一个单位时间，长期趋势值平均增加（或减少）的数值。

令 $Q = \sum_{t=1}^{n}(y - a - bt)^2$，为使 Q 达到最小，则对 a 和 b 的一阶导数应等于 0，即

$$\begin{cases} \dfrac{\partial Q}{\partial a} = 0 \\ \dfrac{\partial Q}{\partial b} = 0 \end{cases}$$

整理得

$$\begin{cases} \sum_{t=1}^{n} y_t = na + b\sum_{t=1}^{n} t \\ \sum_{t=1}^{n} ty_t = a\sum_{t=1}^{n} t + b\sum_{t=1}^{n} t^2 \end{cases} \tag{7-29}$$

解得

$$\begin{cases} b = \dfrac{n\sum\limits_{t=1}^{n} ty - \sum\limits_{t=1}^{n} t \sum\limits_{t=1}^{n} y}{n\sum\limits_{t=1}^{n} t^2 - \left(\sum\limits_{t=1}^{n} t\right)^2} \\ a = \overline{y} - b\overline{t} \end{cases} \tag{7-30}$$

式中，n 为时间的项数，$\overline{y} = \sum_{t=1}^{n} y_t / n$，$\overline{t} = \sum_{t=1}^{n} t / n$，其他符号的含义与式（7-28）相同。

在对时间序列按最小二乘法进行趋势拟合的运算时，为使计算更简便，可以将各年份（或其他时间单位）简记为 1，2，…，并用坐标移位方法将原点 O 移到时间序列的中间项，使 $\sum_{t=1}^{n} t = 0$。当项数 n 为奇数时，中间项为 0；当 n 为偶数时，中间的两项分别设为−1 和1，这样间隔便为 2，各项依次设成… −3，−2，−1，1，2，3，…。这样求解公式便可简化为

$$\begin{cases} \sum_{t=1}^{n} y_t = na \\ \sum_{t=1}^{n} ty_t = b\sum_{t=1}^{n} t^2 \\ a = \sum_{t=1}^{n} y_t / n = \overline{y} \\ b = \sum_{t=1}^{n} ty_t / \sum_{t=1}^{n} t^2 \end{cases} \qquad (7\text{-}31)$$

【例 7-15】某旅游景点历年游客数据资料如表 7-12 所示，试用最小二乘法拟合直线趋势方程进行长期趋势分析。

表 7-12　某旅游景点历年观光游客数据资料

年份	时间 t	游客数 y（万人）	t^2	ty	y_c
2004	1	100	1	100	99.08
2005	2	112	4	224	112.72
2006	3	125	9	375	126.36
2007	4	140	16	560	140.00
2008	5	155	25	775	153.64
2009	6	168	36	1 008	167.28
2010	7	180	49	1 260	180.92
合计	28	980	140	43 02	980.00

解： 由表 7-12 得 $\sum_{t=1}^{7} t = 28, \sum_{t=1}^{7} y = 980, \sum_{t=1}^{7} t^2 = 140, \sum_{t=1}^{7} ty_t = 4302$，代入式（7-30）得

$$\begin{cases} b = \dfrac{7 \times 4302 - 28 \times 980}{7 \times 140 - 28 \times 28} = \dfrac{2674}{196} = 13.64 \\ a = 980 / 7 - 13.64 \times 4 = 140 - 54.56 = 85.44 \end{cases}$$

从而求得直线趋势方程：$y_c = 85.44 + 13.64t$。

把各 t 值代入上式，便求得相对应的趋势值 y_c，见表 7-12 第 6 列的趋势拟合值。这里需要指出的是，对表 7-12 的历年游客数用直线趋势拟合，是因为其各年的逐期增长量大体相当，具备了直线型时间序列的特征。

由于表 7-12 中的数据项数为 7 项，因此可以将中间年份 2007 年的时间 t 取 0 值，得到对表 7-12 中的数据按简捷公式（7-31）计算的结果。

由简捷公式得

$$\begin{cases} a = \dfrac{980}{7} = 140 \\ b = \dfrac{382}{28} = 13.64 \end{cases}$$

即 $y_c = 140 + 13.64t$。

将各 t 值代入上式，便求得各年的趋势拟合值 y_c，如表 7-13 所示。

表 7-13　某旅游景点历年游客数的最小二乘法计算表

年份	时间 t	游客数（万人）y	t^2	ty	y_c
2004	−3	100	9	−300	99.08
2005	−2	112	4	−224	112.72
2006	−1	125	1	−125	126.36
2007	0	140	0	0	140.00
2008	1	155	1	155	153.64
2009	2	168	4	336	167.28
2010	3	180	9	540	180.92
合计	0	980	28	382	980.00

最小二乘法在对原序列作长期趋势的测定时，通过趋势值 y_c 来修匀原序列，得到比较接近原值的趋势值。利用所求的直线趋势方程还能对近期的序列做出预测，例如，根据表7-13 的数据求出直线趋势方程后，代入 $t=11$，便能预测 2018 年的游客数，即

$$y_c = 140 + 13.64 \times 11 = 290.04（万人）$$

特别要注意的是，这里的直线方程 $Y=a+bt$ 不涉及变量 t 与变量 Y 之间的任何因果关系，也没有考虑误差的任何性质，因此它仅仅是一个直线拟合公式，并不是什么回归模型。还需要指出的是，作为较长期的一种趋势，利用所拟合的数学方程式进行预测时，必须假定趋势变化的因素到预测年份仍然起作用。由于例题只是为了说明分析计算的方法，为简便起见，一般选用的数据都比较少，实际应用时，应搜集较多的数据，这样才能更好地反映客观现象的长期趋势。

2. 指数曲线的拟合

由于指数曲线具有如下特性：

$$Y = Y_t = ab^t$$
$$Y_{t+1} = ab^{t+1}$$
$$\frac{Y_{t+1}}{Y_t} = \frac{ab^{t+1}}{ab^t} = b$$

（7-32）

式中，a、b 为未知常数，t 为时间。

指数趋势模型用于描述以几何级数递增或递减的现象。

如果 $b>1$，增长率随着时间 t 的增加而增加；如果 $b<1$，增长率随着时间 t 的增加而减小；如果 $a>0$，$b<1$，趋势值逐渐减小到以 0 为极限。

当时间序列的各期数值大致按某一相同比率增长时，可以考虑配合指数方程。联系常用的复利公式 $P_n = P_0(1+r)^n$，令 $Y_t = P_t$，$a = P_0$，$b = 1+r$，$n = t$，则复利公式与指数方程完全一致，可见指数曲线是一种常用的典型趋势线。指数曲线比一般的直线有着更广泛的应用，通过指数曲线的拟合可以反映现象的相对发展变化程度，而且通过对不同现象的时间序列的指数曲线拟合，可以对不同现象的相对增长程度进行比较分析。

在求解 a、b 参数时，采用最小二乘法。首先将式（7-32）转换为直线方程，取对数 $\ln Y = \ln a + t \ln b$，然后利用最小平方法求解参数，得到如下参数估计方程：

$$\begin{cases} \sum_{t=1}^{n} \ln Y_t = n \ln a + \ln b \sum_{t=1}^{n} t \\ \sum_{t=1}^{n} t \ln Y_t = \ln a \sum_{t=1}^{n} t + \ln b \sum_{t=1}^{n} t^2 \end{cases} \qquad (7\text{-}33)$$

如果序列项数为奇数，则中间项序号取 0，得到如下简化计算公式：

$$\begin{cases} \sum_{t=1}^{n} Y_t = n \ln a \\ \sum_{t=1}^{n} t \ln Y_t = \ln b \sum_{t=1}^{n} t^2 \end{cases} \qquad (7\text{-}34)$$

解方程组，得

$$\begin{cases} \ln b = \dfrac{\sum_{t=1}^{n} t \sum_{t=1}^{n} \ln Y_t - n \sum_{t=1}^{n} t \ln Y_t}{(\sum_{t=1}^{n} t)^2 - n \sum_{t=1}^{n} t^2} \\ \ln a = \dfrac{\sum_{t=1}^{n} Y_t}{n} - \ln b \cdot \dfrac{\sum_{t=1}^{n} t}{n} \end{cases} \qquad (7\text{-}35)$$

然后求 $\ln a$ 和 $\ln b$ 的反对数，得到参数 a、b 的解。

【例 7-16】 1994—2017 年我国汽车产量数据如表 7-14 所示，试根据表中的数据选择趋势线，并估计该趋势线方程。

表 7-14 1994—2017 年我国汽车产量

年份	汽车产量（万辆）	年份	汽车产量（万辆）
1994	135.34	2006	727.89
1995	145.27	2007	888.89
1996	147.52	2008	930.59
1997	158.25	2009	1 379.53
1998	163.00	2010	1 826.53
1999	183.20	2011	1 841.64
2000	207.00	2012	1 927.62
2001	234.17	2013	2 212.09
2002	325.10	2014	2 372.52
2003	444.39	2015	2 450.35
2004	509.11	2016	2 811.91
2005	570.49	2017	2 994.20

资料来源：中国统计年鉴（历年）。

解：1994—2017 年我国汽车产量数据的环比序列大致按同一比例增长（见表 7-15），因此，可以考虑拟合指数曲线，该指数曲线的参数求解及趋势值如表 7-16 所示。

表 7-15　1994—2017 年我国汽车产量环比序列

年份	汽车产量（万辆）	汽车产量环比序列	年份	汽车产量（万辆）	汽车产量环比序列
1994	135.34	—	2006	727.89	1.275 9
1995	145.27	1.073 4	2007	888.89	1.221 2
1996	147.52	1.015 5	2008	930.59	1.046 9
1997	158.25	1.072 7	2009	1 379.53	1.482 4
1998	163.00	1.030 0	2010	1 826.53	1.324 0
1999	183.20	1.123 9	2011	1 841.64	1.008 3
2000	207.00	1.129 9	2012	1 927.62	1.046 7
2001	234.17	1.131 3	2013	2 212.09	1.147 6
2002	325.10	1.388 3	2014	2 372.52	1.072 5
2003	444.39	1.366 9	2015	2 450.35	1.032 8
2004	509.11	1.145 6	2016	2 811.91	1.147 6
2005	570.49	1.120 6	2017	2 994.20	1.064 8

表 7-16　1994—2017 年我国汽车产量指数曲线参数计算表

年份	序号 t	t^2	汽车产量 Y	$\ln Y$	$t \times \ln Y$	趋势值
1994	1	1	135.34	4.908	4.907 79	103.96
1995	2	4	145.27	4.979	9.957 188	121.63
1996	3	9	147.52	4.994	14.981 89	142.31
1997	4	16	158.25	5.064	20.256 7	166.50
1998	5	25	163.00	5.094	25.468 75	194.81
1999	6	36	183.20	5.211	31.263 47	227.92
2000	7	49	207.00	5.333	37.329 03	266.67
2001	8	64	234.17	5.456	43.648 38	312.00
2002	9	81	325.10	5.784	52.057 2	365.04
2003	10	100	444.39	6.097	60.967 03	427.09
2004	11	121	509.11	6.233	68.559 31	499.70
2005	12	144	570.49	6.346	76.157 95	584.64
2006	13	169	727.89	6.590	85.671 9 5	684.03
2007	14	196	888.89	6.790	95.059 6 3	800.31
2008	15	225	930.59	6.836	102.537 3	936.36
2009	16	256	1 379.53	7.229	115.672	1 095.54
2010	17	289	1 826.53	7.510	127.672 9	1 281.77
2011	18	324	1 841.64	7.518	135.331 4	1 499.67
2012	19	361	1 927.62	7.564	143.716 8	1 754.61
2013	20	400	2 212.09	7.702	154.033 9	2 052.88
2014	21	441	2 372.52	7.772	163.205 9	2 401.86
2015	22	484	2 450.35	7.804	171.687 7	2 810.17
2016	23	529	2 811.91	7.942	182.657 2	3 287.89
2017	24	576	2 994.20	8.004	192.106 4	3 846.80
合计	300	4900	25 586.6	154.759	2 114.908	—

把表 7-16 的数据代入式（7-35），得

$$\ln b = \frac{\sum_{t=1}^{n} t \sum_{t=1}^{n} \ln Y_t - n \sum_{t=1}^{n} t \ln Y_t}{n \sum_{t=1}^{n} t^2 + (\sum_{t=1}^{n} t)^2} = 0.157$$

$$\ln a = \frac{\sum_{t=1}^{n} \ln Y_t}{n} - \ln b \cdot \frac{\sum_{t=1}^{n} t}{n} = 4.487$$

因此有 a =88.85，b =1.17，得到如下指数曲线方程：

$$Y = 88.85 \times 1.17^t$$

若要预测 2018 年我国的汽车产量，则有

$$Y = 88.85 \times 1.17^t = 88.85 \times 1.17^{25} = 4\ 500.8（万辆）$$

1994—2017 年我国汽车产量与指数曲线趋势值比较如图 7-1 所示。

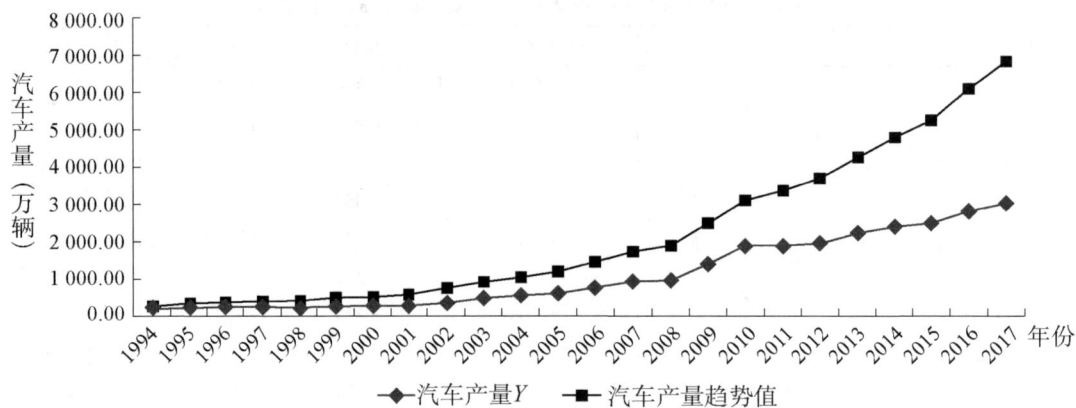

图 7-1 1994—2017 年我国汽车产量与指数曲线趋势值比较

【例 7-17】现有某企业 2010—2015 年的销售量（单位：万件）依次为 53，72，96，129，171，232，试求该企业销售量的长期趋势。

解：由于这个时间序列的环比序列为

$$Y_2/Y_1=72/53=1.358$$
$$Y_3/Y_2=96/72=1.333$$
$$Y_4/Y_3=129/96=1.344$$
$$Y_5/Y_4=171/129=1.326$$
$$Y_6/Y_5=232/171=1.357$$

即各年销售量几乎按同一比例增长，所以，可以考虑拟合指数曲线。

一般的指数曲线模型为 $Y = ae^{bt}$，式中 e 为自然对数，其数值为 2.718。

首先将上式转换为直线方程，取对数 $\ln Y = \ln a + bt$，令 $Y' = \ln Y$，$a' = \ln a$，然后利用最小平方方法求解参数。具体计算见表 7-17。

表 7-17　指数曲线参数计算表

年份	序号 t	t^2	Y	$Y'=\ln Y$	tY'	趋势值 Y_t
2010	1	1	53	3.97	3.97	53.79
2011	2	4	72	4.23	8.55	71.89
2012	3	9	96	4.56	13.69	96.07
2013	4	16	129	4.86	19.44	128.39
2014	5	25	171	5.14	25.71	171.59
2015	6	36	232	5.45	32.68	229.32
合计	21	91	—	28.26	104.04	—

根据上面的结果，有

$$b = \frac{n\sum_{t=1}^{n}ty' - \sum_{t=1}^{n}t\sum_{t=1}^{n}y'}{n\sum_{t=1}^{n}t^2 - (\sum_{t=1}^{n}t)^2} = 0.29$$

$$a' = \overline{Y}' - b\overline{t} = 3.695$$

$$a = e^{a'} = 40.25$$

由此得到销售量的长期趋势函数为 $Y=40.25e^{0.29t}$。将 t 代入方程即得 2010—2015 年销售量的趋势值，见表 7-16。若要预测 2018 年产量，则有

$$Y_{2018} = 40.25e^{0.29 \times 9} = 547.36（万件）$$

3. 修正指数曲线的拟合

在指数方程右边增加一个常数 k，即可得到修正指数方程 $Y=k+ab^t$，$a<0$，$0<b<1$ 时，随着 t 的增加，Y 趋于 k，若 k 大于零，该曲线可描述一种常见的成长现象。比如，某种产品投入市场，销售量初期迅速增长，随后增长率逐渐减小，最后接近最大极限值 k。该曲线图形如图 7-2 所示。

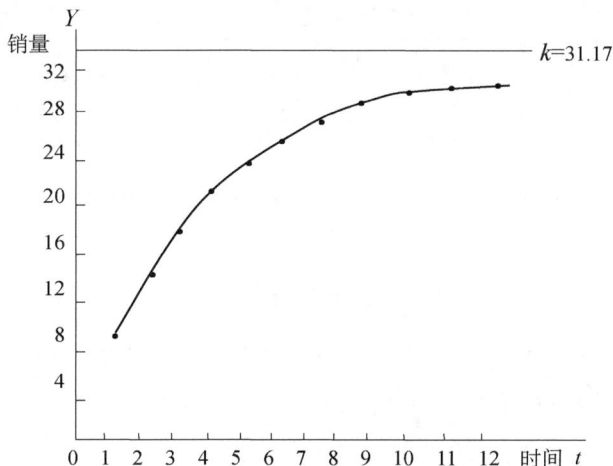

图 7-2　销售量的修正指数曲线图

根据修正指数曲线的性质，若时间序列中相邻两个时期数值的一阶差之比（Δ_t/Δ_{t-1}）接近于常数，则可对其拟合修正指数曲线。

由于修正指数曲线不易转变为线性形式，所以不能用最小平方法估计参数，可以考虑用下述方法：

第一步，将时间序列分成三个相等的部分，每部分包括 m 个数据。

第二步，求出每部分的和，得到 S_1、S_2、S_3：

$$S_1 = \sum_{t=1}^{m} Y_t \tag{7-36}$$

$$S_2 = \sum_{m+1}^{2m} Y_t \tag{7-37}$$

$$S_3 = \sum_{2m+1}^{3m} Y_t \tag{7-38}$$

第三步，根据 S_1、S_2、S_3 的 3 个等式，就可以联立求出 3 个未知数 b、a、k。

$$\begin{cases} b = \left(\dfrac{S_3 - S_2}{S_2 - S_1} \right)^{\frac{1}{m}} \\[3mm] a = (S_2 - S_1) \dfrac{b-1}{(b^m-1)^2} \\[3mm] k = \dfrac{1}{m}\left(S_1 - a\dfrac{b^m-1}{b-1} \right) \end{cases} \tag{7-39}$$

需要指出，这种方法是基于"趋势值的 3 个局部总数分别等于原资料的 3 个局部总数"而得到的。

【例 7-18】 某公司生产的某种机电产品 2005—2016 年的销售量数据见表 7-18，试根据表中数据拟合趋势线。

表 7-18　某公司生产的某种机电产品 2005—2016 年的销售量　　　　单位：万台

年份	2005	2006	2007	2008	2009	2010	2011	2012	2013	2014	2015	2016
销售量	9.0	15.0	17.0	20.0	22.0	23.5	24.0	26.8	27.6	27.0	29.0	28.4

解： 根据对表 7-18 中数据的分析，其一阶差之比大致相似，可以考虑拟合修正指数曲线。设所求趋势方程为

$$Y_t = k + ab^t$$

原始数据共 12 项，可以分成 3 段，每段为 4 年。

有关参数计算过程如表 7-19 所示。

表 7-19　某公司生产的某种机电产品 2005—2016 年销售量修正曲线参数计算表

年份	t	销售量 Y_t	趋势值 $\hat{Y}_t$
2005	1	9.0	10.16
2006	2	15.0	14.21
2007	3	17.0	17.15
2008	4	20.0	19.71
S_1	—	61.0	61.23
2009	5	22.0	21.81
2010	6	23.5	23.52
2011	7	24.0	24.92
2012	8	26.8	26.07
S_2	—	96.3	96.32
2013	9	27.6	27.0
2014	10	27.0	27.76
2015	11	29.0	28.39
2016	12	28.4	28.90
S_3	—	112.0	112.05

故有

$$b=\left(\frac{S_3-S_2}{S_2-S_1}\right)^{\frac{1}{4}}=\left(\frac{112.0-96.3}{96.3-61.0}\right)^{\frac{1}{4}}=0.817$$

$$a=(S_2-S_1)\frac{b-1}{(b^4-1)^2}=(96.3-61.0)\frac{0.817-1}{(0.817^4-1)^2}$$
$$=-21.01$$

$$k=\frac{1}{4}(S_1-a\cdot\frac{b^4-1}{b-1})$$
$$=\frac{1}{4}\left[61-(-21.01)\frac{0.817^4-1}{0.817-1}\right]$$
$$=31.17$$

于是得到趋势方程 $Y_t=31.17-21.01\times(0.817)^t$。

将 t 代入方程即得各年该企业产品销售量的趋势值，见表 7-19。将 $t=14$ 代入方程，得 2018 年该企业产品销售量

$$\hat{Y}_{2018}=31.17-21.01\times(0.817)^{14}=29.93（万台）$$

这一方程也说明，从 2005—2016 年的统计数据来看，该企业产品销售量最终将以 31.17 万台为极限。从图 7-2 可以看出，产品销售量在经过前几年的迅速增长后，逐渐接近增长上限 k。

4. 龚伯兹曲线的拟合

龚伯兹曲线是美国统计学家和数学家龚伯兹（Gompertz）首先提出的一种数学模型，

用以控制人口增长率。它的模型为

$$\hat{Y}_t = k \cdot a^{b^t} \tag{7-40}$$

式中，k、a、b 为参数，t 为时间。

龚伯兹曲线的图形是一条 S 形曲线，反映了某些经济变量由开始时增长缓慢，随后增长加快，到一定程度后，增长率逐渐减慢，最后达到饱和状态的过程。对于具有这种发展趋势的预测目标，可考虑用龚伯兹曲线来描述。

为了确定模型中的参数，通常把模型改写为对数形式：

$$\lg \hat{Y}_t = \lg k + (\lg a)b^t \tag{7-41}$$

若令 $\hat{Y}_t = \lg \hat{Y}_t$，$K = \lg k$，$A = \lg a$，则式（7-41）变为

$$\hat{Y}_t = K + Ab^t \tag{7-42}$$

这正是修正指数曲线模型。依照修正指数曲线估计参数的方法，可得 b、$\lg a$ 和 $\lg k$ 的计算公式：

$$\hat{b} = \sqrt[n]{\frac{\sum_3 \lg Y_t - \sum_2 \lg Y_t}{\sum_2 \lg Y_t - \sum_1 \lg Y_t}} \tag{7-43}$$

$$\lg \hat{a} = \frac{1}{n}\left[\sum_1 \lg Y_t - \left(\frac{\hat{b}^n - 1}{\hat{b} - 1}\right)\lg \hat{a}\right] \tag{7-44}$$

$$\lg \hat{k} = \frac{1}{n}\left[\sum_1 \lg Y_t - \left(\frac{\hat{b}^n - 1}{\hat{b} - 1}\right)\lg \hat{a}\right] \tag{7-45}$$

式（7-43）、式（7-44）和式（7-45）中，n 为总数据的 1/3，$\sum_1 \lg Y_t$、$\sum_2 \lg Y_t$ 和 $\sum_3 \lg Y_t$ 分别为总数据三等分后的各部分和。

由于龚伯兹曲线的对数形式为修正指数曲线，因而根据修正指数曲线模型的特点，可知龚伯兹曲线模型的特点是，其对数一阶差分的环比为一个常数。因此，当时间序列 $\{Y_t\}$ 的对数一阶差分的环比近似一个常数时，可拟合龚伯兹曲线模型来预测。

【例 7-19】某企业的某产品生产线工程项目于 2008 年底正式投产，运行 9 年的有关财务数据见表 7-20。试以净现金流量作为收益值（净现金流量=利润总额+折旧−税金−每年增加投资），拟合曲线模型。

表 7-20　某企业某产品生产线 2009—2017 年的有关财务数据　　　单位：万元

t	年份	利润总额	折旧	税金	每年增加投资	净现金流量 yt
1	2009	89.05	17.81	26.7	22.25	57.89
2	2010	91.02	22.75	27.31	20.93	65.53
3	2011	90.58	20.83	27.17	23.53	60.71
4	2012	110.04	31.40	33.01	26.40	82.03
5	2013	112.06	26.88	33.62	24.64	80.68
6	2014	105.73	27.48	31.72	22.19	79.30
7	2015	113.07	28.25	33.92	25.96	81.44
8	2016	107.05	31.59	25.12	29.25	84.27
9	2017	119.05	32.13	35.73	28.52	86.93
合计		937.6	239.12	274.32	223.67	678.78

解： 将净现金流量实际值 Y 的对数分为三组，并分别求出：

$$\sum_1 \lg Y_t = \lg Y_1 + \lg Y_2 + \lg Y_3 = 5.362\,3$$

$$\sum_2 \lg Y_t = \lg Y_4 + \lg Y_5 + \lg Y_6 = 5.720\,1$$

$$\sum_3 \lg Y_t = \lg Y_7 + \lg Y_8 + \lg Y_9 = 5.775\,7$$

将计算出的三组对数和代入式（7-43），求得

$$\hat{b} = \sqrt[3]{\frac{5.775\,7 - 5.720\,1}{5.720\,1 - 5.362\,3}} = 0.537\,62$$

计算参数 a。首先根据式（7-44）计算 $\lg \hat{a}$，然后求反对数（即参数 a）的值：

$$\lg \hat{a} = \left(\sum_2 \lg Y_t - \sum_1 \lg Y_t \right) \cdot \frac{\hat{b} - 1}{(\hat{b}^n - 1)^2} = -0.231\,92$$

$$\hat{a} = 0.586\,25$$

利用上述对数、反对数理论，根据式（7-45）计算参数 k：

$$\lg \hat{k} = \frac{1}{n} \left[\sum_1 \lg Y_t - \left(\frac{\hat{b}^n - 1}{\hat{b} - 1} \right) \lg \hat{a} \right] = 1.928\,65$$

$$k = 84.85$$

因此，龚伯兹曲线模型为

$$\hat{Y}_t = 84.85 \times 0.586\,25^{(0.537\,62^t)}$$

5. 趋势线的选择

除了上面介绍的几种趋势线外，还有二次曲线、Logistic 曲线等。在分析实际经济问题时，一般从下面五个方面来判断选择趋势线。

（1）定性分析。对现象的长期趋势的性质做出基本判断，然后进行趋势线的选择。

（2）观察散点图。即用直角坐标系做两个变量的散点图，然后根据散点图的形状来确定合适的数学模型。

（3）分段拟合。如果一个现象的各个不同发展阶段有不同的变化规律，可考虑对其进行分段观察，分别拟合不同的趋势方程。

（4）根据数据特点，对时间序列数据进行简单计算，然后按以下标准选择趋势线：如果原始数据的一次差大体相同，则拟合直线趋势线；如果原始数据的二次差大体相同，则拟合二次曲线；如果原始数据的对数的一次差大体相同，则拟合指数曲线；如果原始数据的一次差的环比值大体相同，则拟合修正指数曲线；如果原始数据的对数一次差的环比值大体相同，则拟合龚伯兹曲线；如果原始数据的倒数一次差的环比值大体相同，则拟合 Logistic 曲线。

（5）在时间序列数据有多种曲线可供选择时，分别对各种曲线进行拟合，并对结果进行比较，即分别计算各种曲线的均方差或估计的标准差 S，选择 S 最小的曲线。估计标准差的计算公式为

$$S_y = \sqrt{\frac{\sum_{i=1}^{n}(y_i - \hat{y}_i)^2}{n - m}} \qquad (7\text{-}46)$$

式中，n 为时间序列项数，m 为方程参数个数，y_i 为序列观测值，$\hat{y}_i$ 为估计的趋势值。

三、季节变动分析

季节变动指一些现象受自然条件（如气候条件）、生产条件、节假日或风俗习惯等因素的影响，在一个年度内随着季节更替而发生比较有规律的变动。例如，农产品的生产量、某些商品的销售量、旅游市场的经营活动等，都会因时间的变化而分为农忙与农闲、淡季与旺季。季节变动往往会给社会生产和经济生活带来一定的影响，研究季节变动，就是为了认识这些变动的规律性，以便更好地安排、组织社会生产与生活。

季节变动是一年之内的周期性变动，而且每年都重复这种周期性变动。从是否排除长期趋势的影响来看，测定季节变动的方法可分为简单平均法和趋势剔除法两种。简单平均法应用于所分析的时间序列中长期趋势不明显的情况，因此不需要排除长期趋势的影响，而可以直接根据原始时间序列来测定。趋势剔除法是针对所分析的时间序列具有明显的长期趋势的情况，在测定季节变动时，首先需要消除长期趋势的影响，剔除长期趋势的方法可以采用移动平均法或数学曲线拟合法。需要注意的是，不管采用哪种方法，都需要时间序列中具备连续多年的各月（季度）资料，以保证所求的季节比率具有代表性，从而能比较客观地描述现象的季节变动。

（一）简单平均法

如果所分析的时间序列中长期趋势不明显，根据月（季度）的时间序列，用简单平均法测定季节变动的计算步骤如下：

（1）分别将每年各月（季度）的数值加总后，计算各年的月（季度）平均数。

（2）将各年同月（季度）的数值加总，计算若干年内同月（季度）的平均数。

（3）根据若干年内每个月（季度）的数值总计，计算若干年总的月（季度）平均数。

（4）将若干年内同月（季度）的平均数与总的月（季度）平均数相比，即求得各月（季度）的季节比率，又称为季节指数。季节比率一般用百分数表示。

【例 7-20】某商店某种商品 2014 年 1 月到 2017 年 12 月的销售量如表 7-21 所示。试根据表中的数据计算、分析该商品销售量的季节变动情况。

表 7-21　某商店某商品 2014—2017 年销售量　　　　　　单位：百件

年份	1月	2月	3月	4月	5月	6月	7月	8月	9月	10月	11月	12月
2014	40	34	36	34	35	32	28	34	34	37	38	40
2015	38	32	40	32	32	30	30	33	36	36	36	42
2016	32	36	37	31	31	29	31	33	32	35	37	52
2017	30	26	35	29	30	28	28	33	32	32	35	36

解：根据表 7-21 中的资料和前面介绍的计算步骤，计算 1 月到 12 月的季节比率，如表 7-22 所示。例如，1 月份的季节比率计算方法为

$$1月份季节比率=\frac{1月份销售量平均数}{各月平均销售量平均数}\times100\%$$

$$=\frac{35}{33.938}\times100\%=103.13\%$$

其余各月的季节比率依次类推。表 7-22 右下角的 100%是将各月的季节比率加总后除以一年的 12 个月份数求得的。由表 7-22 中的数据可知，该商店该商品销售的季节比率以 12 月份的 125.23%为最高，3 月份的 109.02%为其次；而以 7 月份的 86.19%为最低，6 月份的 87.66%为次低。

表 7-22　某商店某商品销售量的季节变动分析　　　　　　单位：百件

	1月	2月	3月	4月	5月	6月	7月	8月	9月	10月	11月	12月	平均
2014	40	34	36	34	35	32	28	34	34	37	38	40	35.17
2015	38	32	40	32	32	30	30	33	36	36	36	42	34.75
2016	32	36	37	31	31	29	31	33	32	35	37	52	34.67
2017	30	26	35	29	30	28	28	33	32	32	35	36	31.17
合计	140	128	128	126	128	119	119	133	134	140	146	170	1 629[①]
月平均	35	32	37	31.5	32	29.75	29.75	33.25	33.5	35	36.5	42.5	33.938
季节比率（%）	103.13	94.29	109.02	92.82	94.29	87.66	86.19	97.97	98.71	103.13	107.55	125.23	100.00

注：①1629 是 4 年的 48 个月的累计商品销售量。

【例 7-21】我国家用电风扇 2006—2015 年的季度销售量如表 7-23 所示。试根据表中的数据分析家用电风扇销售量的季节变动情况。

表 7-23　我国家用电风扇 2006—2015 年的季度销售量　　　　　　单位：万台

年份	第一季度	第二季度	第三季度	第四季度
2006	3 000.9	5 044.5	3 094.6	2 818.3
2007	3 300	5 714	3 334.9	2 918.7
2008	2 867.7	4 489.6	3 356.1	2 984.5
2009	3 458.9	4 531.5	2 679	3 635.3
2010	3 464.5	4 860.8	4 060.1	3 681.8
2011	3 574.5	5 542.2	3 733.8	3 679.7
2012	4 672.9	4 615.8	3 273.6	2 711.3
2013	4 259.7	4 413.9	2 884	2 285.5
2014	3 901.1	5 235.1	2 748.4	3 138.7
2015	3 995.3	4 838.1	3 411.8	3 120.6

资料来源：中国统计年鉴（历年）。

解：根据表 7-23 的数据，先分析我国家用电风扇 2006—2015 年的季度销售量是否有明显的长期趋势。从图 7-3 可以看出，家用电风扇的季度销售量数据表现出来的长期趋势不明显，因此，可以采用简单平均法来测定其季节比率。计算结果见表 7-24 和图 7-4。

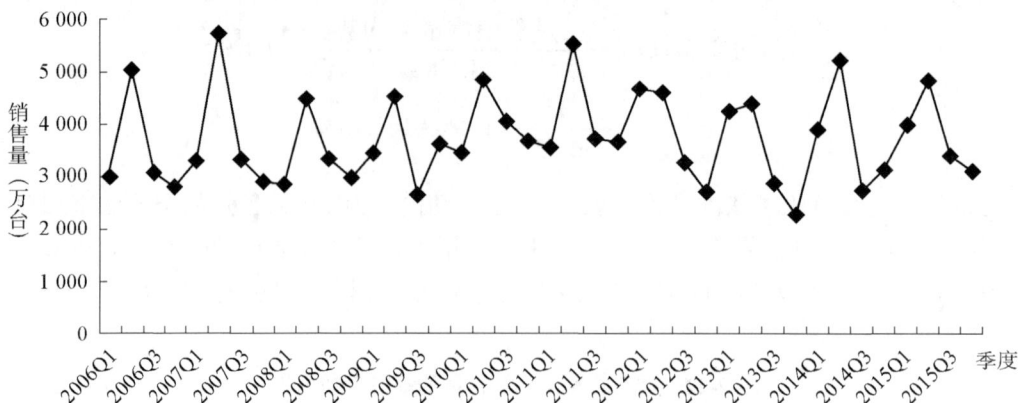

图 7-3　我国家用电风扇 2006—2015 年的季度销售量变动趋势

表 7-24　我国家用电风扇 2006—2015 年销售量的季节比率计算结果

	第一季度	第二季度	第三季度	第四季度	平均
2006	3 000.90	5 044.50	3 094.60	2 818.30	
2007	3 300.00	5 714.00	3 334.90	2 918.70	
2008	2 867.70	4 489.60	3 356.10	2 984.50	
2009	3 458.90	4 531.50	2 679.00	3 635.30	
2010	3 464.50	4 860.80	4 060.10	3 681.80	
2011	3 574.50	5 542.20	3 733.80	3 679.70	
2012	4 672.90	4 615.80	3 273.60	2 711.30	
2013	4 259.70	4 413.90	2 884.00	2 285.50	
2014	3 901.10	5 235.10	2 748.40	3 138.70	
2015	3 995.30	4 838.10	3 411.80	3 120.60	
合计	36 495.50	49 285.50	32 576.30	30 974.40	149 331.70
均值	3 649.55	4 928.55	3 257.63	3 097.44	3 733.29
季节比率（%）	97.76	132.02	87.26	82.97	100.00

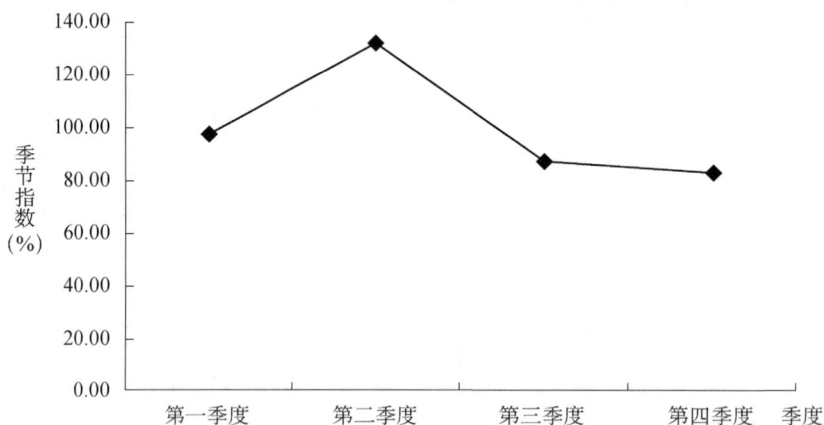

图 7-4　我国家用电风扇 2006—2015 年销售量的季节变动

（二）趋势剔除法

1. 移动趋势剔除法

如果所分析的时间序列呈现出明显的长期趋势，那么在测定其季节比率时，首先要采用一些方法把长期趋势剔除，如移动平均法、数学曲线拟合法等。利用移动平均法消除原时间序列中长期趋势的影响，然后再测定它的季节比率，计算步骤及方法如下：

（1）根据时间序列中各月（季度）的数值计算其 12 个月的（若是季度资料，则为 4 个季度的）移动平均数。

（2）用时间序列中各月（季度）的数值（y）与其相对应的趋势值（y_c）对比，计算 y/y_c 的百分比数值。

（3）把 y/y_c 的百分比数值按月（季度）排列，计算出各年同月（季度）的总平均数，这个平均数就是各月（季度）的季节比率。

（4）把各月的季节比率加起来，其总计数应等于 1 200%（若为季度资料，其总计数应等于 400%），如果不符，还应把 1 200%（或 400%）与实际加总的各月（季度）季节比率相比求出校正系数，用校正系数分别乘以各月的季节比率，这样求得的季节比率就是剔除了长期趋势影响后的季节比率。

【例 7-22】我国 2012 年第一季度到 2017 年第四季度的饮料季度销售量数据如表 7-25 所示。试测定我国饮料销售量的季节比率。

表 7-25　我国 2012 年第一季度到 2017 年第四季度的饮料季度销售量　单位：万吨

年份	第一季度	第二季度	第三季度	第四季度
2012	2 767	3 145.8	3 614.8	3 308.4
2013	3 223.3	3 654.3	4 146.3	3 334.8
2014	3 527.2	4 461.6	4 530.8	3 634.2
2015	3 777.3	4 508.6	4 743.7	3 890.9
2016	4 225.4	4 429.7	4 937.3	4 106.8
2017	4 583.7	5 149.1	5 062.9	2 833.8

资料来源：中国统计年鉴（历年）。

解：根据表 7-25 中的数据，先分析我国 2012 年第一季度到 2017 年第四季度的饮料销售量是否有明显的长期趋势，从图 7-5 可以看出，饮料的季度销售数据表现出一定的长期趋势。因此，可以采用移动平均法来测定其季节比率。计算结果见表 7-26。从表 7-26 和图 7-6 可知，我国 2012 年第一季度到 2017 年第四季度的饮料销售量，以第二季度为最高，第三季度为最低。

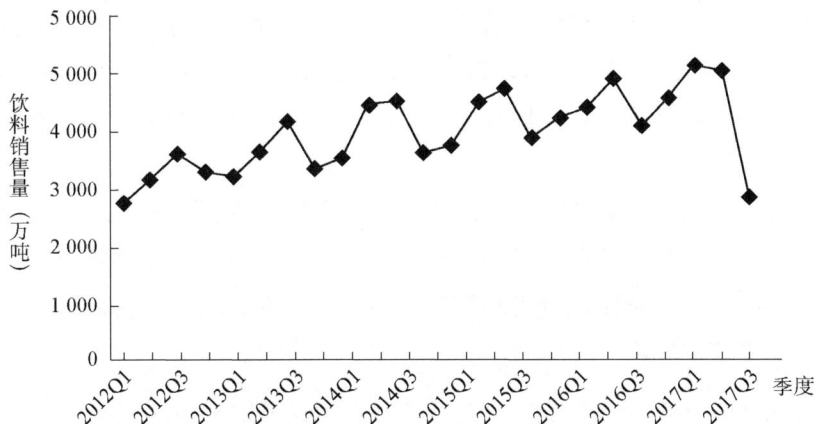

图 7-5　我国 2012 年第一季度到 2017 年第四季度的饮料季度销售量趋势

表 7-26　我国 2012 年第一季度到 2017 年第四季度饮料销售量季节比率计算结果

	第一季度	第二季度	第三季度	第四季度	平均
2012	—	—	3 266.04	3 386.64	
2013	3 516.64	3 586.38	3 627.67	3 766.57	
2014	3 915.54	4 001.03	4 069.72	4 106.86	
2015	4 139.34	4 198.04	4 286.14	4 332.29	
2016	4 346.63	4 397.82	4 469.59	4 604.31	
2017	4 709.93	4 566.51	—	—	
合计	20 628.08	20 749.78	19 719.16	20 196.67	81 293.69
同季平均	4 125.62	4 149.96	3 943.83	4 039.33	4 064.68
季节比率（%）	101.50	102.10	97.03	99.38	100.00

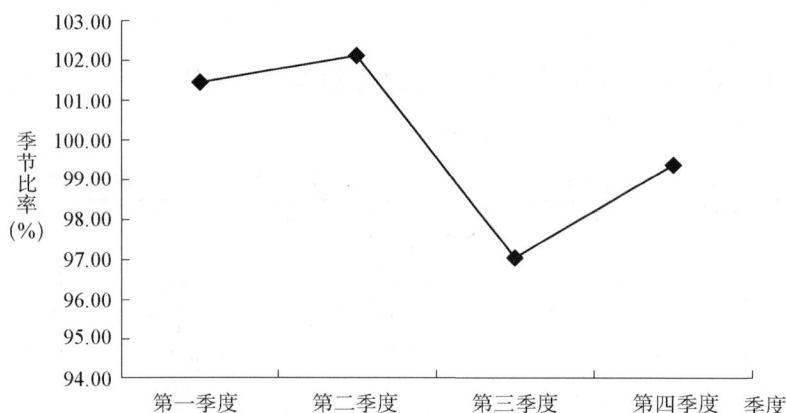

图 7-6　我国 2012 年第一季度到 2017 年第四季度饮料销售量的季节比率

2. 曲线拟合趋势剔除法

针对具有明显长期趋势的季度或月度数据，采用曲线拟合趋势剔除法测定其季节比率时，一般的步骤为

（1）对时间序列按时间顺序进行编号。

（2）用合适的曲线趋势方程拟合所要分析的时间序列中各月（季度）的数值，然后用合适的方法，估计出拟合的曲线趋势方程，并根据趋势方程，计算出相应时间的趋势值（y_c）。

（3）把实际值与趋势值对比，即计算 y/y_c，然后进行移动平均，即得到各月（季度）的季节比率。

（4）把各月（季度）的季节比率加起来，其总计数应等于 1 200%（若为季度资料，其总计数应等于 400%），如果不符，还应把 1 200%（或 400%）与实际加总的各月季节比率相比求出校正系数，把校正系数分别乘以各月的季节比率。这样求得的就是一个剔除了长期趋势影响后的季节比率。

【例 7-23】2008 年第一季度到 2017 年第四季度我国饮料的季度销售量数据如表 7-27 所示。试用曲线拟合趋势剔除法测定我国饮料销售量的季节比率。

表 7-27　2008 年第一季度到 2017 年第四季度我国饮料的季度销售量　单位：万吨

季度	销售量 y	季度	销售量 y	季度	销售量 y	季度	销售量 y
2008Q1	1 322.6	2010Q3	3 037.2	2013Q1	3 223.3	2015Q3	4 743.7
2008Q2	1 687.4	2010Q4	2 398.4	2013Q2	3 654.3	2015Q4	3 890.9
2008Q3	1 772.5	2011Q1	2 295.2	2013Q3	4 146.3	2016Q1	4 225.4
2008Q4	1 532.0	2011Q2	3 409.1	2013Q4	3 334.8	2016Q2	4 429.7
2009Q1	1 554.9	2011Q3	3 132.4	2014Q1	3 527.2	2016Q3	4 937.3
2009Q2	1 921.1	2011Q4	2 785.2	2014Q2	4 461.6	2016Q4	4 106.8
2009Q3	2 508.2	2012Q1	2 767.0	2014Q3	4 530.8	2017Q1	4 583.7
2009Q4	1 998.0	2012Q2	3 145.8	2014Q4	3 634.2	2017Q2	5 149.1
2010Q1	1 984.4	2012Q3	3 614.8	2015Q1	3 777.3	2017Q3	5 062.9
2010Q2	2 370.8	2012Q4	3 308.4	2015Q2	4 508.6	2017Q4	2 833.8

资料来源：中国统计年鉴（历年）。

解：对表 7-27 中的数据进行分析，可知 2008 年第一季度到 2017 年第四季度我国饮料的季度销售量具有明显的长期趋势。现采用曲线拟合法剔除长期趋势。首先对表 7-27 中的季度数据按时间先后顺序进行排列，并进行编号（见表 7-28 中的第 3 列）。采用直线方程拟合，得到的直线趋势拟合方程为

$$y_c = 1\,577.07 + 83.20t$$

把时间编号代入上述直线趋势拟合方程，计算出各季度的趋势值（见表 7-28 中的第 4 列）。然后用销售量实际值除以趋势值（见表 7-28 中的第 5 列）。采用三项移动平均以消除循环变动和不规则变动的影响（见表 7-28 中的第 6 列和第 7 列），即得到各季度的季节比率（见表 7-28 中的第 6 列和第 7 列）。

表 7-28　2008 年第一季度到 2017 年第四季度我国饮料销售量季节比率计算过程

季度	销售量 y	t	销售量趋势值 y_c	y/y_c	三项移动平均	%
2008Q1	1 322.6	1	1 660.27	0.796 618	—	—
2008Q2	1 687.4	2	1 743.47	0.967 84	0.911 6	91.16
2008Q3	1 772.5	3	1 826.67	0.970 345	0.913 4	91.34
2008Q4	1 532.0	4	1 909.87	0.802 149	0.850 9	85.09
2009Q1	1 554.9	5	1 993.07	0.780 153	0.835 9	83.59
2009Q2	1 921.1	6	2 076.27	0.925 265	0.955 6	95.56
2009Q3	2 508.2	7	2 159.47	1.161 488	0.992 6	99.26
2009Q4	1 998.0	8	2 242.67	0.890 902	0.968 5	96.85
2010Q1	1 984.4	9	2 325.87	0.853 185	0.909 4	90.94
2010Q2	2 370.8	10	2 409.07	0.984 113	1.018 7	101.87
2010Q3	3 037.2	11	2 492.27	1.218 646	1.044 7	104.47
2010Q4	2 398.4	12	2 575.47	0.931 246	1.004 4	100.44
2011Q1	2 295.2	13	2 658.67	0.863 287	1.012 6	101.26
2011Q2	3 409.1	14	2 741.87	1.243 346	1.071 8	107.18
2011Q3	3 132.4	15	2 825.08	1.108 785	1.103 3	110.33
2011Q4	2 785.2	16	2 908.28	0.957 681	0.997 1	99.71
2012Q1	2 767.0	17	2 991.48	0.924 961	0.968 6	96.86
2012Q2	3 145.8	18	3 074.68	1.023 132	1.030 9	103.09
2012Q3	3 614.8	19	3 157.88	1.144 693	1.062 9	106.29
2012Q4	3 308.4	20	3 241.08	1.020 772	1.045	104.50

（续表）

季度	销售量 y	t	销售量趋势值 y_c	y/y_c	三项移动平均	%
2013Q1	3 223.3	21	3 324.28	0.969 624	1.020 9	102.09
2013Q2	3 654.3	22	3 407.48	1.072 435	1.076 6	107.66
2013Q3	4 146.3	23	3 490.68	1.187 821	1.064 5	106.45
2013Q4	3 334.8	24	3 573.88	0.933 104	1.028 5	102.85
2014Q1	3 527.2	25	3 657.08	0.964 485	1.030 1	103.01
2014Q2	4 461.6	26	3 740.28	1.192 852	1.114 1	111.41
2014Q3	4 530.8	27	3 823.48	1.184 994	1.102 7	110.27
2014Q4	3 634.2	28	3 906.68	0.930 253	1.020 7	102.07
2015Q1	3 777.3	29	3 989.88	0.946 72	0.994 6	99.46
2015Q2	4 508.6	30	4 073.08	1.106 926	1.065	106.50
2015Q3	4 743.7	31	4 156.28	1.141 333	1.055 3	105.53
2015Q4	3 890.9	32	4 239.48	0.917 777	1.012 2	101.22
2016Q1	4 225.4	33	4 322.68	0.977 495	0.966 9	96.69
2016Q2	4 429.7	34	4 405.88	1.005 406	1.027 6	102.76
2016Q3	4 937.3	35	4 489.08	1.099 846	1.001 1	100.11
2016Q4	4 106.8	36	4 572.28	0.898 194	0.994 2	99.42
2017Q1	4 583.7	37	4 655.48	0.984 581	0.989 8	98.98
2017Q2	5 149.1	38	4 738.69	1.086 609	1.040 4	104.04
2017Q3	5 062.9	39	4 821.89	1.049 983	0.904 8	90.48
2017Q4	2 833.8	40	4 905.09	0.577 727	—	—

然后对表 7-28 中的三项移动平均值按年度和季度排列,计算不同年度的同季度平均值,即季节比率(见表 7-29)。由于在测定季节比率时剔除了长期趋势,因此各季度的季节比率之和很可能不等于 400%。这时就需要调整,调整系数为

$$S_i^* = \frac{400\%(\text{或}1\,200\%)}{\sum\limits_{i=1}^{4} S_i\,(\text{或}\sum\limits_{i=1}^{12} S_i)} \tag{7-47}$$

式中, S_i^* 为调整系数, $\sum\limits_{i=1}^{n} S_i$ 为计算的季节比率之和。

然后用调整系数 S_i^* 乘以各季节比率,即得到修正后的季节比率(见表 7-29)。

表 7-29　2008 年第一季度到 2017 年第四季度我国饮料销售量季节比率

	第一季度	第二季度	第三季度	第四季度
2008	—	91.16	91.34	85.09
2009	83.59	95.56	99.26	96.85
2010	90.94	101.87	104.47	100.44
2011	101.26	107.18	110.33	99.71
2012	96.86	103.09	106.29	104.5
2013	102.09	107.66	106.45	102.85
2014	103.01	111.41	110.27	102.07
2015	99.46	106.5	105.53	101.22
2016	96.69	102.76	100.11	99.42
2017	98.98	104.04	90.48	—
合计	872.88	1 031.23	1 024.53	892.15
同季平均	96.99	103.12	102.45	99.13
季节比率(%)	96.58	102.69	102.02	98.71

显然，季节变动分析中的两种方法各有特点，前者计算简便，但所求出的季节比率包含长期趋势的影响。后者计算较繁琐，但却得到了一个反映现象发展过程中季节变动的缩影——剔除长期趋势后的季节比率。

四、循环变动的测定

循环变动是在一个比较长的时期内（一般为一年以上）所出现的周期性变动，如经济周期、商业周期等。由于各个时期的变动基于不同的原因，所以变动的程度和形态有其不同的特点，周期的长短、波动的大小也不固定。这和季节变动基于大体相同的原因和相对稳定的周期形成对照，因此，不能用测定季节变动的方法来研究循环变动。

揭示循环变动规律性、研究循环变动的原因和对循环规律进行科学预测，对经济的长远发展具有重要意义。对循环变动的测定一般采用剩余法。其基本思想是，对各期时间序列资料用长期趋势和季节比率消除趋势变动和季节变动的影响，从而得到反映循环变动与不规则变动的序列，然后再采用移动平均法消除不规则变动的影响，便可得出反映循环变动程度的各期循环变动系数。

$$Y = T \cdot S \cdot C \cdot I \tag{7-48}$$

$$\frac{Y}{T \cdot S} = \frac{T \cdot S \cdot C \cdot I}{T \cdot S} = C \cdot I \tag{7-49}$$

最后将 $C \cdot I$ 序列进行移动平均修匀，修匀后的序列即各期循环变动的系数。

在测定循环变动时，也可以采用直接法其基本思想是，计算原来时间序列的年距发展速度或年距增长速度，以消除或减弱趋势变动的影响，同时也消除了季节变动的影响。直接法适用于季度和月度时间序列，研究的目的只在于测定序列的循环波动特征。具体计算方法是将每年各季度或各月的数值与上年同期进行对比，求出年距发展速度或年距增长速度。

年距发展速度序列计算公式为

$$C \cdot I = \frac{Y_t}{Y_{(t-4)/12}} \tag{7-50}$$

年距增长速度序列计算公式为

$$C \cdot I = \frac{Y_t - Y_{t-1}}{Y_{t-1}} \tag{7-51}$$

同样，最后将 $C \cdot I$ 序列进行移动平均修匀，修匀后的序列即各期循环变动的系数。

测定循环变动的程度，认识经济波动的某些规律，预测下一个循环变动可能产生的各种影响，以便充分利用有利因素，避免不利因素，对于保持国民经济持续稳定发展有重要的意义。和长期趋势预测不同，循环变动预测主要属于景气预测，在很大程度上要依靠经济分析，仅仅对历史资料进行统计处理是不够的。

小资料-7

思考与练习

1. 什么是时间序列？时间序列有哪些类型？

2. 时间序列分析有什么作用？

3. 编制时间序列需要注意哪些问题？

4. 时期序列和时点序列有什么区别？

5. 时间序列分析最常用的方法有哪些？

6. 时间序列的水平分析指标有哪几种？

7. 时间序列的速度分析有哪些指标？

8. 什么是发展速度？环比发展速度与定基发展速度、发展速度与增减速度之间存在什么关系？

9. 什么是平均发展速度？

10. 在应用速度指标分析现实经济现象时应该注意什么问题？

11. 时间序列有哪些构成要素？试对每种构成要素予以举例说明。

12. 时间序列长期趋势测定的基本方法有哪些？

13. 时间序列季节变动测定的基本方法有哪些？

14. 时间序列循环变动测定的基本方法有哪些？

15. 某种股票 2017 年各统计时点的收盘价如表 7-30 所示，试计算该股票 2017 年的年平均价格。

表 7-30　某种股票 2017 年各统计时点的收盘价

统计时点	1 月 1 日	3 月 1 日	7 月 1 日	10 月 1 日	12 月 31 日
收盘价（元）	15.2	14.2	17.6	16.3	15.8

16. 某企业 2017 年 9 月至 12 月月末职工人数资料如表 7-31 所示。

表 7-31　某企业 2017 年 9 月至 12 月月末职工人数资料

日期	9 月 30 日	10 月 31 日	11 月 30 日	12 月 31 日
月末人数（人数）	1 400	1 510	1 460	1 420

试计算该企业当年第四季度的平均职工人数。

17. 2016—2017 年各年底某企业职工人数和工程技术人员数资料如表 7-32 所示。

表 7-32 2016—2017年各年底某企业职工人数和工程技术人员数资料

年份	1996	1997	1998	1999	2000	2001
职工人数（人）	1 000	1 020	1 085	1 120	1 218	1 425
工程技术人员（人）	50	50	52	60	78	82

试计算工程技术人员占全部职工人数的平均比例。

18. 某洗衣机仓库4月1日有300台洗衣机，4月3日调出150台洗衣机，4月6日调进200台洗衣机，4月15日调出100台洗衣机，4月22日调出120台洗衣机，4月26日调进142台洗衣机。试求该洗衣机仓库4月份的平均库存量。

19. 2007—2017年我国国内生产总值、第三产业增加值和第三产业增加值占国内生产总值比重的数据见表7-33。

试计算：

（1）2007—2017年我国国内生产总值的平均发展水平、发展速度。

（2）2007—2017年我国第三产业增加值的平均发展水平、发展速度。

（3）2007—2017年我国第三产业增加值占国内生产总值的平均比重。

表 7-33 2007—2017年我国部分经济指标数据

年份	国内生产总值（亿元）	第三产业增加值（亿元）	第三产业增加值占国内生产总值比重（%）
2007	270 232.3	115 810.7	42.86
2008	319 515.5	136 805.8	42.82
2009	349 081.4	154 747.9	44.33
2010	413 030.3	182 038.0	44.07
2011	489 300.6	216 098.6	44.16
2012	540 367.4	244 821.9	45.31
2013	595 244.4	277 959.3	46.70
2014	643 974.0	308 058.6	47.84
2015	689 052.1	346 149.7	50.24
2016	743 585.5	383 365.0	51.56
2017	827 123.0	427 032.0	51.63

20. 某机械厂2017年第四季度各月产值和职工人数等资料如表7-34所示，试计算该厂第四季度的平均劳动生产率。

表 7-34 某机械厂2017年第四季度各月产值和职工人数等资料

月份	10月	11月	12月
产值（元）	400 000	46 200	494 500
平均职工人数（人）	400	420	430
月平均劳动生产率（元）	1 000	1 100	1 150

21. 某钢铁企业2004—2008年的钢铁产量资料如表7-35所示。

表 7-35 某钢铁企业 2004—2008 年的钢铁产量资料

年份	2004	2005	2006	2007	2008
钢铁产量（万吨）	400	—	—	484	—
环比增长速度（%）	—	5	—	—	12.5
定基发展速度（%）	—	—	111.3	—	—

要求：利用各指标间的关系将表中所缺数字补齐。

22. 我国 1978—2017 年的粮食总产量如表 7-36 所示。

表 7-36 我国 1978—2017 年的粮食总产量

年份	粮食产量（万吨）	年份	粮食产量（万吨）
1978	30 476.5	1998	51 229.5
1979	33 211.5	1999	50 838.6
1980	32 055.5	2000	46 217.5
1981	32 502.0	2001	45 263.7
1982	35 450.0	2002	45 705.8
1983	38 727.5	2003	43 069.5
1984	40 730.5	2004	46 947.0
1985	37 910.8	2005	48 402.2
1986	39 151.2	2006	49 804.2
1987	40 297.7	2007	50 160.3
1988	39 408.1	2008	52 870.9
1989	40 754.9	2009	53 082.1
1990	44 624.3	2010	54 647.7
1991	43 529.3	2011	57 120.9
1992	44 265.8	2012	58 958.0
1993	45 648.8	2013	60 193.8
1994	44 510.1	2014	60 702.6
1995	46 661.8	2015	62 143.9
1996	50 453.5	2016	61 625.1
1997	49 417.1	2017	61 790.7

资料来源：中国统计年鉴（历年）。

要求：

（1）试分析我国粮食生产发展趋势是否接近直线型增长。

（2）如果是直线型，用最小平方法拟合直线趋势方程。

（3）利用趋势方程对我国 2019 年的粮食总产量进行预测。

23. 我国 1990—2017 年的小麦单位面积产量（单位：千克/公顷）数据如表 7-37 所示，试确定小麦单位面积产量的龚伯兹曲线方程和修正指数曲线方程，求出各年单位面积产量的趋势值，并预测 2019 年的小麦单位面积产量，分别作图与原序列比较，并比较龚伯兹曲线方程和修正指数曲线方程的拟合效果。

表 7-37 我国 1990—2017 年的小麦单位面积产量数据

年份	小麦单位面积产量（千克/公顷）	年份	小麦单位面积产量（千克/公顷）
1990	3 194.1	2004	4 251.9
1991	3 100.5	2005	4 275.3
1992	3 331.2	2006	4 593.4
1993	3 518.8	2007	4 607.7
1994	3 426.3	2008	4 762.0
1995	3 541.5	2009	4 739.1
1996	3 734.1	2010	4 748.4
1997	4 101.9	2011	4 837.2
1998	3 685.3	2012	4 986.2
1999	3 946.6	2013	5 055.6
2000	3 738.2	2014	5 243.5
2001	3 806.1	2015	5 392.6
2002	3 776.5	2016	5 327.1
2003	3 931.8	2017	5 410.1

资料来源：中国统计年鉴（历年）。

24. 某产品专卖店 2015—2017 年各季度销售额资料如表 7-38 所示。

表 7-38 某产品专卖店 2015—2017 年各季度销售额资料 单位：万件

年份	第一季度	第二季度	第三季度	第四季度
2015	51	75	87	54
2016	65	67	82	62
2017	76	77	89	73

要求：

（1）采用按季度平均法和移动平均趋势剔除法计算季节比率。

（2）计算 2017 年无季节变动情况下的销售额。

25. 我国 2010 年第一季度到 2017 年第四季度的国内生产总值数据如表 7-39 所示。

表 7-39 我国 2010 年第一季度到 2017 年第四季度的国内生产总值数据 单位：亿元

季度	国内生产总值	季度	国内生产总值	季度	国内生产总值	季度	国内生产总值
2010Q1	87 616.7	2012Q1	117 593.9	2014Q1	140 618.3	1016Q1	161 456.3
2010Q2	99 532.4	2012Q2	131 682.5	2014Q2	156 461.3	2016Q2	180 615
2010Q3	106 238.7	2012Q3	138 622.2	2014Q3	165 711.9	2016Q3	190 362.7
2010Q4	119 642.5	2012Q4	152 468.9	2014Q4	181 182.5	2016Q4	211 151.4
2011Q1	104 641.3	2013Q1	129 747.0	2015Q1	150 986.7	2017Q1	180 385.3
2011Q2	119 174.3	2013Q2	143 967.0	2015Q2	168 503.0	2017Q2	200 558.7
2011Q3	126 981.6	2013Q3	152 905.3	2015Q3	176 710.4	2017Q3	211 595.5
2011Q4	138 503.3	2013Q4	168 625.1	2015Q4	192 851.9	2017Q4	234 582.2

资料来源：中国统计年鉴（历年）。

要求：（1）对我国 2010 年第一季度到 2017 年第四季度国内生产总值数据进行分析，选择合适的数学曲线进行拟合，测定其长期趋势。

（2）利用所拟合的趋势方程，对我国 2018 年第一季度国内生产总值进行预测。

（3）计算其季节比率。

26. 某商店 2017 年 1 月到 4 月的月初商品库存额和商品销售额资料如表 7-40 所示。

表 7-40　某商店 2017 年 1 月到 4 月的月初商品库存额和商品销售额资料　单位：万元

月份	1 月	2 月	3 月	4 月
月初商品库存额	48	52	54	50
商品销售额	100	159	130	140

试计算：

（1）该商店 2017 年第一季度的平均库存额。

（2）该商店 2017 年 1 月到 4 月的各月商品周转次数。

（3）第一季度平均每月的商品周转次数。

（4）第一季度商品周转次数。

27. 设有甲、乙两个商店，甲商店有职工 200 人，乙商店有职工 180 人，有关销售收入资料如表 7-41 所示。

表 7-41　甲、乙商店销售收入资料　单位：万元

年份	甲商店	乙商店
2015	2 000	1 620
2016	2 100	1 800
2017	2 240	1 890

问：

（1）根据销售收入的平均发展速度计算，乙商店的人均销售收入赶上甲商店 2017 年的水平需要多少年？

（2）在乙商店的人均销售收入赶上甲商店时，假定甲商店职工数为 210 人，乙商店职工数为 195 人，则两店的销售收入各为多少？

28. 某股份公司 2011 年第一季度到 2017 年第四季度的每股收益情况如表 7-42 所示。

表 7-42　某股份公司 2011 年第一季度到 2017 年第四季度的每股收益情况　单位：元/股

年份	第一季度	第二季度	第三季度	第四季度
2011	0.362	0.370	0.621	0.384
2012	0.389	0.389	0.639	0.431
2013	0.411	0.448	0.712	0.584
2014	0.620	0.620	0.891	0.570
2035	0.540	0.690	0.870	0.680
2026	0.780	0.440	0.800	0.780
2017	0.690	0.400	1.030	0.940

要求：

（1）把表中数据用散点图表示出来，分析其是否存在明显的季节影响。

（2）计算其季节指数，并对原序列进行季节调整，对调整后的序列做散点图，并分析其与原始序列比

较有何特点。

（3）选择一条合适的趋势线拟合表中的数据，并根据拟合的趋势线预测 2009 年第四季度该公司每股收益是多少。

29. 某地 2014 年第一季度到 2017 年第四季度的社会商品零售总额如表 7-43 所示。要分析该地区社会商品零售总额的季节变动情况，应该用"同月（季度）平均法"还是"移动平均数比率法"计算其季节指数？为什么？用你选择的方法计算月（季度）指数。

表 7-43　某地 2014 年第一季度到 2017 年第四季度的社会商品零售总额　单位：万元

年份	第一季度	第二季度	第三季度	第四季度
2014	87	105	86	122
2015	85	108	83	124
2016	84	104	87	125
2017	88	103	88	121

30. 某市某购物中心 2014—2017 年某种商品各季度的销售量资料如表 7-44 所示。试计算该商品销售量的季节比率。

表 7-44　某市某购物中心 2014—2017 年某种商品各季度的销售量　单位：万件

季度	2014 年	2015 年	2016 年	2017 年
第一季度	13.4	12.3	11.6	14.2
第二季度	55.5	53.6	52.8	57.1
第三季度	37.8	39.6	43.1	45.9
第四季度	8.9	8.6	5.9	7.2

31. 我国 2012 年第一季度到 2017 年第四季度的农用氮磷钾化肥的季度销售量如表 7-45 所示，试测定我国农用氮磷钾化肥销售量的季节比率。

表 7-45　我国 2012 年第一季度到 2017 年第四季度的农用
氮磷钾化肥的季度销售量　单位：万吨

季度	农用氮磷钾化肥季度销售量	季度	农用氮磷钾化肥季度销售量
2012Q1	1 744.3	2015Q1	1 670.2
2012Q2	1 908.0	2015Q2	1 965.4
2012Q3	1 895.1	2015Q3	1 931.1
2012Q4	1 791.2	2015Q4	1 808.0
2013Q1	1 879.0	2016Q1	1 733.6
2013Q2	1 910.0	2016Q2	1 767.5
2013Q3	1 923.0	2016Q3	1 682.6
2013Q4	1 259.0	2016Q4	1 737.2
2014Q1	1 602.8	2017Q1	1 538.6
2014Q2	1 753.0	2017Q2	1 692.8
2014Q3	1 724.9	2017Q3	1 428.8
2014Q4	1 745.4	2017Q4	1 242.1

资料来源：中国统计年鉴（历年）。

第八章　统　计　指　数

有积极、开放思维倾向的人，会倾向于依赖统计证据，而非证言证据。值得注意的是，在控制了智力水平的影响之后，这种相关性依然存在。

——基思·E. 斯坦诺维奇《超越智商》

第一节　统计指数的概念和分类

一、指数的概念和性质

1. 指数的概念

指数的编制是从物价变动这一现象中产生的。18 世纪中叶，金银大量流入欧洲，导致物价飞涨，社会动荡，由此出现了反映物价变动的需求，这就是物价指数产生的根源。现在，指数已被广泛应用于社会经济生活的各方面，成为分析社会经济现象数量变化的一种重要的统计分析方法。有些指数同人们的日常生活休戚相关，如居民消费价格指数、生活费用价格指数；有些指数则直接影响人们的生产与投资活动，如生产资料价格指数，股票价格指数（上证指数、深证指数、道琼斯指数等），这些重要的指数已成为社会经济发展的晴雨表。

英国大百科全书对指数的定义是一个变量对于另一个特定变量值大小的相对数。指数作为一种对比性的统计指标，具有相对数的形式，通常用百分数表示，表明若把作为对比基准的水平（基数）视为 100%，则所要考察的现象水平相当于基数的多少。譬如，已知某年全国的零售物价指数为 105%，这就表示，若将基期年份（通常为上年）的一般价格水平看成 100%，则当年全国的价格水平就相当于基年的 105%，或者说，与基年相比，当年的价格上涨了 5%。

从对比性质来看，指数通常是不同时间的现象水平的对比，它反映现象在时间上的变动情况（动态）。此外，指数还可以是不同空间（如不同国家、地区、部门、企业等）的现象水平的对比，或现象的实际水平与计划（规划或目标）水平的对比。这些可以看成动态对比指数方法的拓展。指数是解决多种不能直接相加的事物动态对比问题的分析方法，在经济分析中具有十分广阔的应用领域。

迄今为止，统计学界对统计指数的概念有广义和狭义两种理解。广义指数泛指社会经济现象数量变动的比较指标，即用来反映同类现象在不同空间、不同时间、实际与计划对比变动情况的相对数。狭义指数仅指反映不能直接相加的复杂现象总体在数量上综合变动情况的相对数。所谓复杂现象总体指构成现象总体的单位及其观测值不能直接加总；而简单现象总体指总体中的单位数或观测值可以直接加总。很多社会经济现象都是复杂现象总体。例如，要说明一个国家或一个地区商品价格的综合变动情况，由于各种商品的经济用途、规格、型号、计量单位等存在差异，因此，不能直接将各种商品的价格简单相加对比，而要解决这种复杂经济总体各要素相加问题，就要编制统计指数来综合反映它们的变动情况。

本章主要基于统计指数的狭义概念探讨指数的作用、编制方法及其在统计分析中的运用。

2. 指数的性质

指数是解决多种不能直接相加的事物对比问题的分析方法。正确应用指数的统计方法，就必须对指数性质有深刻的了解。概括地讲，指数具有以下性质：

（1）相对性。指数是总体各变量在不同场合下对比形成的相对数，它可以度量一个变量在不同时间或不同空间的相对变化，如一种商品的价格指数或数量指数，这种指数称为个体指数；它也可用于反映一组变量的综合变动，如消费价格指数反映一组特定商品和服务的价格变动水平，这种指数称为综合指数。总体变量在不同时间上对比形成的指数称为时间性指数，在不同空间上对比形成的指数称为区域性指数。

（2）综合性。指数反映一组变量在不同场合下的综合变动水平，是就狭义的指数而言的，它也是指数理论和方法的核心问题。实际中所计算的主要是这种指数。没有综合性，指数就不可能发展成为一种独立的理论和方法论体系。综合性说明指数是一种特殊的相对数，它是由一组变量或项目综合对比形成的。比如，由若干种商品和服务构成的一组消费项目，通过综合后计算价格指数，以反映消费价格的综合变动水平。

（3）平均性。指数是总体水平的一个代表性数值。平均性的含义有二，一是指数进行比较的综合数量是作为个别量的一个代表，这本身就具有平均的性质；二是两个综合量对比形成的指数反映了个别量的平均变动水平，比如，物价指数反映了多种商品和服务项目价格的平均变动水平。

二、统计指数的作用

由于社会经济现象的复杂性，因此编制和应用指数对社会经济现象进行分析、研究具有重要的作用和实际意义。

1. 综合反映社会经济现象的总变动方向及变动幅度

在统计实践中，经常要研究多种商品或产品的价格综合变动情况，如多种商品的销售量或产品产量的总变动情况、多种产品的成本总变动情况、多种股票价格的综合变动情况等。在这类问题中，由于各种商品或产品的使用价值不同，各种股票价格涨跌幅度和成交量不同，故而所研究总体中的各个个体不能直接相加。指数法的首要任务就是把不能直接加总的现象变得可以加总对比，从而反映复杂经济现象的总变动方向及变动幅度。

2. 分析现象总变动中各因素变动的影响方向及影响程度

利用指数体系理论可以测定复杂社会经济现象中，各构成因素的变动对现象总变动的影响情况，并对经济现象变动作出综合评价。任何一个复杂现象都是由多个因子构成的，比如，销售额由销售价格和销售量构成，影响利润总额变动的因素由产品产量、产品销售量、产品成本、产品销售价格等构成。运用指数法编制商品销售价格指数和销售量指数，可分析销售价格和销售量的变动对商品销售额变动的影响。编制产品产量指数、产品销售量指数、产品成本指数和产品销售价格指数等并分别对它们进行测定，根据各因素变动的影响，可综合评价利润总额变动的情况。

3. 反映同类现象变动趋势和规律

编制一系列反映同类现象变动情况的指数形成指数序列，可以反映被研究现象的变动趋势和规律。例如，根据 1978—2017 年的零售商品价格资料，编制 40 个环比价格指数，从而构成价格指数序列。这样，就可以揭示改革开放以来商品价格的变动趋势及其变动的规律，研究物价变动对经济建设和人民生活水平的影响程度。

此外，利用统计指数还可以进行地区经济综合评价、对比，研究计划执行情况，等等。

三、统计指数的分类

指数的种类很多，可以按不同的标志对其作不同的分类。

（1）按指数所反映对象范围的不同，可分为个体指数与总指数。

个体指数是说明个别事物（如某种商品或产品等）数量变动的相对数。个体指数通常记作 K，例如，个体产品产量指数（K_q）、个体产品成本指数（K_Z）和个体物价指数（K_p）可分别表示为

个体产品产量指数： $$K_q = \frac{q_1}{q_0} \tag{8-1}$$

个体产品成本指数： $$K_z = \frac{Z_1}{Z_0} \tag{8-2}$$

个体物价指数： $$K_p = \frac{p_1}{p_0} \tag{8-3}$$

式（8-1）、式（8-2）和式（8-3）中，q 为产品产量，Z 为单位产品成本，p 为商品或产品的单价，下标 1 表示报告期，下标 0 表示基期。

【例 8-1】对大米、空调、服装和大白菜四种商品在基期和报告期的价格和销售量的调查数据如表 8-1 所示，根据表中数据计算的价格和销售量的个体指数见表 8-1 第 7、8 列。根据计算结果可知，与基期相比，报告期的大米价格上涨 75%，空调价格上涨 250%，服

装价格上涨 113%，大白菜价格上涨 175%；报告期的大米销售量增长 82%，空调销售量增长 80%，服装销售量增长 25%，大白菜销售量增长 60%。

表 8-1 四种商品的价格和销售量调查数据

商品名称	计量单位	价格（元）		销售量		个体指数（%）	
		基期 p_0	报告期 p_1	基期 q_0	报告期 q_1	p_1/p_0	q_1/q_0
大米	千克	2	3.5	5 500	10 000	175	182
空调	台	2 000	7 000	500	900	350	180
服装	件	750	1 600	2 500	3 500	213	125
大白菜	千克	0.8	2.2	1 0000	16 000	275	160

由表 8-1 的计算结果可知，个体指数就是同一种现象的报告期指标数值与基期指标数值对比而得的发展速度指标。

总指数是反映度量单位不相同的多种事物数量综合变动的相对指数，如工业总产量指数、零售物价总指数等。

总指数与个体指数有一定的联系，可以用个体指数计算相应的总指数。

（2）按指数所反映的社会经济现象特征或指标的性质不同，可分为数量指标指数和质量指标指数。

数量指标指数简称数量指数，主要指反映现象的总规模、总水平的变动程度和方向的指数，如商品销售量指数、工业产品产量指数等。质量指标指数简称质量指数，指综合反映生产经营工作质量变动程度和方向的指数，如物价指数、产品成本指数等。

（3）按指数采用基期的不同，可分为定基指数和环比指数。

将不同时期的某种指数按时间先后顺序排列，形成指数序列。在同一个指数序列中，如果各个指数都是以某一个固定时期为基期而编制的指数，就是定基指数；如果各个指数都是以报告期的前一期为基期而编制的指数，则为环比指数。

（4）按指数对比内容的不同，可分为动态指数和静态指数。

动态指数是由两个不同时期的同类经济变量值对比形成的指数，反映现象在不同时间上发展变化的过程和程度。静态指数包括空间指数和计划完成情况指数两种。空间指数（地域指数）是将不同空间（如不同国家、地区、部门、企业等）的同类现象进行比较而形成的指数，反映现象在不同空间的差异程度。计划完成情况指数是由同一地区、单位的实际指标值与计划指标数值对比而形成的指数，反映计划的执行情况或完成程度。

指数方法论主要论述动态指数，动态指数是出现最早、应用最广的指数，也是理论上最为重要的统计指数。静态指数则是动态指数在实际应用中的扩展。

（5）按照总指数的编制方法或形式不同，可以分为综合指数和平均指数。

综合指数是从数量上反映不能直接相加的社会经济现象的总指数，是两个总量指标对比形成的。平均指数是以个体指数为基础，采取平均形式编制的总指数。

第二节 总指数的编制方法

总指数是对个体指数的综合。把个体指数综合起来的方法有两种，一是不考虑权数，只是把个体指数简单加总，再进行简单对比，这样得到的指数为简单指数；二是考虑权数的影响，采用加权的方法加总，然后进行对比，这样得到的指数为加权指数。

一、简单指数

简单指数是把纳入指数计算的各个项目的重要性同等看待而计算出的指数。根据计算的方式不同，简单指数又可分为简单综合指数与简单平均指数。

（一）简单综合指数

简单综合指数是把报告期的指数与基期的指数分别加总，然后进行对比计算的指数。例如，要测定一组项目的价格指数或销售量指数，首先把各种商品的价格或销售量加总，然后通过对比得到相应的总指数。该方法的特点是先综合，后对比。其计算公式为

$$I_q = \frac{\sum\limits_{i=1}^{n} q_{1i}}{\sum\limits_{i=1}^{n} q_{0i}} \tag{8-4}$$

$$I_p = \frac{\sum\limits_{i=1}^{n} p_{1i}}{\sum\limits_{i=1}^{n} p_{0i}} \tag{8-5}$$

式（8-4）式（8-5）中，I 为总指数，q_{1i}、q_{0i} 为数量指标，p_{1i}、p_{0i} 为质量指标，$i=1$，2，…，n，n 为计算项数，下标 1 表示报告期，下标 0 表示基期。

【例 8-2】某菜市场三种蔬菜基期和报告期的零售价格如表 8-2 所示，试根据表中数据计算三种蔬菜的价格指数。

表 8-2　某菜市场三种蔬菜基期和报告期的零售价格

蔬菜名称	计量单位	基期零售价格	报告期零售价格
大白菜	千克	0.8	2.0
南瓜	千克	1.2	2.4
四季豆	千克	2.5	3.0

解：根据式（8-5）和表 8-2 中的数据，有

$$I_p = \frac{\sum\limits_{i=1}^{3} p_{1i}}{\sum\limits_{i=1}^{3} p_{0i}} = \frac{2 + 2.4 + 3}{0.8 + 1.2 + 2.5} = 164.44\%$$

即与基期相比，三种蔬菜报告期的价格上涨了 64.44%。

【例 8-3】假定某地大白菜和电脑的基期和报告期的零售价格如表 8-3 所示，试根据表中数据计算其价格指数。

表 8-3 某地大白菜和电脑的基期和报告期的零售价格

项目名称	计量单位	基期零售价格（元）	报告期零售价格（元）
大白菜	千克	1.0	2.0
电脑	台	6 000	4 000

解：根据式（8-5）和表 8-3 中的数据，有

$$I_p = \frac{\sum\limits_{i=1}^{n} p_{1i}}{\sum\limits_{i=1}^{n} p_{0i}} = \frac{4002}{6001} = 66.69\%$$

即与基期相比，该地报告期大白菜和电脑的综合价格下降了 33.31%。

从例 8-2 和例 8-3 的计算结果可以看出，简单综合指数编制的优点是，计算简单，对数据要求少，在纳入指数计算的项目价格变动幅度相差不大的情况下，计算结果差异不大。但其明显的缺陷是，计算结果不能显示纳入指数计算的变动幅度大的项目的情况，比如，在例 8-3 中，大白菜价格报告期比基期上涨了 100%，而综合的结果是下降了 33.31%。另外，不同的商品、产品，由于其使用价值、计量单位、性能、规格和型号等存在差异，是不能相加的，这是简单综合指数的致命缺陷。此外，这种编制指数的方法没有考虑各种商品不同的需求量与不同的价格，即没有考虑权数的影响。因此，简单综合指数难以成为现象变动程度的一种客观测度。

（二）简单平均指数

简单平均指数是对个体指数加总，然后进行简单平均的总指数。该方法的特点是先对比、后平均。其计算公式为

$$I_q = \frac{\sum\limits_{i=1}^{n} \dfrac{q_{1i}}{q_{0i}}}{n} \tag{8-6}$$

$$I_p = \frac{\sum\limits_{i=1}^{n} \dfrac{p_{1i}}{p_{0i}}}{n} \tag{8-7}$$

例如，根据表 8-2 中的数据，采用简单平均指数计算方法得到的价格指数为

$$I_p = \frac{\sum\limits_{i=1}^{3} \dfrac{p_{1i}}{p_{0i}}}{n} = \frac{\dfrac{2}{0.8} + \dfrac{2.4}{1.2} + \dfrac{3}{2.5}}{3} = 190\%$$

例如，根据表 8-3 中的数据，采用简单平均指数计算方法得到的价格指数为

$$I_p = \frac{\sum\limits_{i=1}^{2} \dfrac{p_{1i}}{p_{0i}}}{n} = \frac{\dfrac{2}{1} + \dfrac{4\,000}{6\,000}}{2} = 133.33\%$$

从计算结果看，依据同样的数据，采用简单平均指数计算的结果比采用简单综合指数计算的结果大得多，特别是，依据表 8-3 的数据计算出的价格指数显示报告期比基期增长了 33.33%，而简单综合指数则显示下降了 33.21%。显然，这种计算很不合理。

从前面的分析可以看出，简单综合指数和简单平均指数都存在方法上的缺陷，即没有考虑权数的影响，计算结果不能反映实际情况。同时，把使用价值不同的商品的价格、数量或个体指数简单加总，既没有理论依据，也没有实际意义，因此，简单指数在实际中应用很少。

二、加权指数

加权指数在编制指数时考虑权数的影响。根据所采用权数的不同，加权指数又可分为加权综合指数与加权平均指数。编制加权指数时，首先要确定所采用的权数，然后再根据实际情况确定合适的计算公式。

综合指数是总指数的一种形式，其编制特点是，首先计算复杂现象总体的总量，然后进行不同时期的对比，即先综合、后对比。根据编制形式的不同，加权指数又分为加权综合指数和加权平均指数。

（一）加权综合指数

编制综合指数首先要明确两个概念，一是"指数化指标"，即编制综合指数时要测定的指标；二是"同度量因素"，即把不能直接加总的因素可以直接加总的因素。编制综合指数时，引进同度量因素，对复杂总体进行综合，并将同度量因素固定，消除同度量因素变动的影响。同度量因素能够使不能相加的因素转变成能直接相加的因素，其作用是同度量，或者说起权数的作用。

【例 8-4】设某粮油店三种商品基期和报告期的价格和销售量资料如表 8-4 所示，试分别以基期销售量和价格为权数，计算三种商品的价格综合指数和销售量综合指数。

表 8-4　某粮油店三种商品基期和报告期的价格和销售量

商品名称	计量单位	销售量		价格（元）	
		基期	报告期	基期	报告期
大米	kg	1 200	1 500	1.2	1.3
面粉	kg	1 500	2 000	1.0	1.1
色拉油	kg	500	600	3.2	3.5

要编制该粮油店三种商品的价格综合指数和销售量综合指数，需要通过加权综合指数来测定三种商品的价格和销售量的综合变动情况。一般地，若所测定的是一组项目的物量变动情况，则称为数量指数（用 q 表示），如产品产量指数、商品销售量指数等；若所测定的是一组项目的质量变动情况，则称为质量指数（用 p 表示），如价格指数、产品成本指数等。由于权数可以固定在不同时期，因而加权综合指数有不同的计算公式。

1. 基期变量值加权

基期变量值加权指在计算一组项目的综合指数时，把作为权数的各变量值固定在基期来计算指数。早在 1864 年，德国学者拉斯贝尔斯（Laspeyres）就提出用基期消费量加权来计算价格指数，这一指数被称为拉氏指数。拉氏加权法可推广到其他指数的计算。基期变量值加权的拉氏质量指数和数量指数的一般计算公式为

$$p_{1/0} = \frac{\sum_{i=1}^{n} p_{1i}q_{0i}}{\sum_{i=1}^{n} p_{0i}q_{0i}} \tag{8-8}$$

$$q_{1/0} = \frac{\sum_{i=1}^{n} p_{0i}q_{1i}}{\sum_{i=1}^{n} p_{0i}q_{0i}} \tag{8-9}$$

式（8-8）和式（8-9）中，$p_{1/0}$ 为质量指数，$q_{1/0}$ 为数量指数，p_{0i} 和 p_{1i} 分别为一组项目基期和报告期的质量指标数值，q_{0i} 和 q_{1i} 分别为一组项目基期和报告期的物量指标数值。

利用表 8-4 中的数据，编制某粮油店三种商品的价格综合指数和销售量综合指数，设销售量为 q，价格为 p，计算过程见表 8-5。

表 8-5　加权综合指数计算过程表

商品名称	计量单位	销售量		价格（元）		销售额（元）			
		基期 q_0	报告期 q_1	基期 p_0	报告期 p_1	基期 p_0q_0	报告期 p_1q_1	p_0q_1	p_1q_0
大米	kg	1 200	1 500	1.2	1.3	1 440	1 950	1 800	1 560
面粉	kg	1 500	2 000	1.0	1.1	1 500	2 200	2 000	1 650
色拉油	kg	500	600	3.2	3.5	1 600	2 100	1 920	1 750
合计	—	—	—	—	—	4 540	6 250	5 720	4 960

根据式（8-8），价格综合指数为

$$p_{1/0} = \frac{\sum_{i=1}^{3} p_{1i}q_{0i}}{\sum_{i=1}^{3} p_{0i}q_{0i}} = \frac{4\ 960}{4\ 540} = 109.25\%$$

根据式（8-9），销售量综合指数为

$$q_{1/0} = \frac{\sum_{i=1}^{3} p_{0i}q_{1i}}{\sum_{i=1}^{3} p_{0i}q_{0i}} = \frac{5\ 720}{4\ 540} = 125.99\%$$

计算结果表明，与基期相比，该粮油店三种商品报告期的价格平均上涨了 9.25%，销售量平均增长了 25.99%。

拉氏指数以基期变量值为权数，可以消除权数变动对指数的影响，从而使不同时期的指数具有可比性。拉氏指数也存在一定缺陷，比如，物价指数是在假定销售量不变的情况下报告期价格的变动水平，这一指数尽管可以单纯反映价格的变动水平，但不能反映销售量的变化。从实际生活角度看，人们更关心在报告期销售量条件下价格变动对实

际生活的影响。因此，拉氏价格指数在实际中应用得很少。而拉氏数量指数是假定价格不变的条件下报告期销售量的综合变动水平，它不仅可以单纯反映销售量的综合变动水平，也符合计算销售量指数的实际要求。因此，拉氏数量指数在实际中应用得较多。

2. 报告期变量值加权

报告期变量值加权指在编制一组项目的综合指数时，把作为权数的变量值固定在报告期来计算指数。1874 年，德国学者帕煦（Paasche）就提出用报告期变量加权来计算物价指数，这一指数被称为帕氏指数。帕氏加权法可推广到其他指数的计算。报告期变量值加权的帕氏质量指数和数量指数的一般计算公式为

$$p_{1/0} = \frac{\sum_{i=1}^{n} p_{1i} q_{1i}}{\sum_{i=1}^{n} p_{0i} q_{1i}} \qquad (8\text{-}10)$$

$$q_{1/0} = \frac{\sum_{i=1}^{n} p_{1i} q_{1i}}{\sum_{i=1}^{n} p_{1i} q_{0i}} \qquad (8\text{-}11)$$

【例 8-5】 根据表 8-4 中的数据资料，分别以报告期销售量和价格为权数计算某粮油店三种商品的价格综合指数和销售量综合指数。

解： 根据题意，把表 8-5 中的有关数据代入式（8-10）和式（8-11），得

$$p_{1/0} = \frac{\sum_{i=1}^{3} p_{1i} q_{1i}}{\sum_{i=1}^{3} p_{0i} q_{1i}} = \frac{6\,250}{5\,720} = 109.27\%$$

$$q_{1/0} = \frac{\sum_{i=1}^{3} p_{1i} q_{1i}}{\sum_{i=1}^{3} p_{1i} q_{0i}} = \frac{6\,250}{4\,960} = 126.01\%$$

计算结果表明，与基期相比，该粮油店三种商品报告期的价格平均上涨了 9.27%。销售量平均增加了 26.01%

帕氏指数以报告期变量值为权数，不能消除权数变动对指数的影响，因而不同时期的指数缺乏可比性。不过，帕氏指数可以同时反映出价格和消费结构的变动水平，具有比较明确的经济意义。在实际应用中，常采用帕氏公式计算价格、成本等质量指数。而帕氏数量指数由于包含了价格的变动水平，意味着按调整后的价格来测定物量的综合变动水平，这本身不符合计算物量指数的目的，因此帕氏数量指数在实际中应用得较少。

从上面的计算和分析中可以看到，采用不同时期的权数所计算的结果有一定差别，但从实际应用的角度看，编制数量指数时大多采用式（8-9），而编制质量指数时大多采用式（8-10）。

此外，在实际应用中，有时权数既不是固定在基期，也不是固定在报告期，而是固定

在某个具有代表性的特定时期，把权数固定在某个特定时期来计算指数的方法即固定时期加权法。这一加权法的特点是，权数不受基期和报告期的限制，指数的编制具有较大的灵活性。特别是在编制若干时期的多个指数时，可以消除因权数不同而对指数产生的影响，从而使指数具有可比性。

【例 8-6】设某公司 2014—2016 年生产三种产品的有关资料如表 8-6 所示。试以 1990 年不变价格为权数，计算各年的产品产量指数。

表 8-6　某公司 2014 年、2015 年和 2016 年生产三种产品的有关资料

商品 名称	计量 单位	产量			1990 年 不变价格（千元）
		2014 年	2015 年	2016 年	
甲	千件	1 000	900	1 100	50
乙	千台	120	125	140	3 500
丙	千箱	200	220	240	300

解：设 1990 年不变价格为 p_{1990}，2014 年、2015 年和 2016 年各年产量分别为 q_{2014}、q_{2015}、q_{2016}，则各年产量指数为

$$q_{2015/2014} = \frac{\sum_{i=1}^{3} p_{1990i} q_{2015i}}{\sum_{i=1}^{3} p_{1990i} q_{2014i}} = \frac{50 \times 900 + 3\,500 \times 125 + 300 \times 220}{50 \times 1\,000 + 3\,500 \times 120 + 300 \times 200}$$

$$= \frac{548\,500}{530\,000} = 103.49\%$$

$$q_{2016/2015} = \frac{\sum_{i=1}^{3} p_{1990i} q_{2016i}}{\sum_{i=1}^{3} p_{1990i} q_{2016i}} = \frac{50 \times 1\,100 + 3\,500 \times 140 + 300 \times 240}{50 \times 900 + 3\,500 \times 125 + 300 \times 220}$$

$$= \frac{617\,000}{548\,500} = 112.49\%$$

$$q_{2016/2014} = \frac{\sum_{i=1}^{3} p_{1990i} q_{2016i}}{\sum_{i=1}^{3} p_{1990i} q_{2014i}} = \frac{617\,000}{530\,000} = 116.42\%$$

上述产量指数消除了价格变动对产量的影响，单纯反映出各年产量的综合变动情况。这一结果实际上就是以 1990 年不变价格为权数计算的工业总产值的发展速度。

3. 综合指数法的特点

从以上关于用综合指数法编制总指数的方法和原理可知，综合指数法具有如下三个特点：

（1）借助于同度量因素进行综合对比。

在分析复杂社会经济现象的综合变动时，不同度量单位的事物不能直接相加，但有时又需要把它们作为一个总体来研究，即必须把它们加总，这是运用综合指数法首先要解决的问题。

众所周知，人们从事社会生产活动，创造了各种各样的产品，这些不同的产品具有不同的使用价值、规格、型号和计量单位，是不能相加的事物。马克思在分析商品二重性时指出："作为使用价值，商品首先有质的差别；作为交换价值，商品只能有量的差别，因而不包括任何一种使用价值的原子。"[①]这就是说，使用价值不同的产品或商品是不能同度量的，但所有的产品或商品都是人们从事社会劳动的成果，是人类劳动的结晶，都具有一定的价值，而价值对于任何产品或商品流通来说都是相同的，是能同度量的。价格是价值的货币表现，因此在编制综合指数时，就可用不同的产品或商品流通的量乘以它们相应的价格，借助价格这一媒介因素，使不能同度量的使用价值转化为能同度量的价值量。这样就可以把两个时期的价值量进行综合对比了。

（2）同度量因素的时期要固定。

运用综合指数法编制总指数时，人们只关心一个因素的变动程度。例如，工业产品产量总指数只反映各种工业产品产量的总变动程度；零售价格总指数只反映多种商品零售价格的总变动程度。这就要求编制指数时，把新加入的媒介因素作为同度量因素加以固定，来测定人们所关心的因素的变动程度。

（3）用综合指数法编制总指数，使用的是全面统计资料，没有代表性误差。

例如，用综合指数法编制产品产量指数时，要求使用报告期和基期的全部产品产量资料，即利用全面统计资料。全面统计资料只存在登记误差，而不存在代表性误差。

（二）加权平均指数

加权平均指数（Weighted Average Index Number）是以某一时期的总量为权数对个体指数加权平均计算出来的，其中作为权数的总量通常是两个变量的乘积，它可以是价值总量，如商品销售额（销售价格与销售量的乘积）、工业总产值（出厂价格与生产量的乘积），也可以是其他总量，如农产品总产量（单位面积产量与收获面积的乘积）等。而其中的个体指数可以是个体质量指数，也可以是个体数量指数。加权平均指数根据权数所属时期的不同，有以下计算形式。

1. 基期总量加权指数

基期总量加权指数是以基期总量为权数对个体指数加权平均计算出来的。这一指数由于在计算形式上采用了算术平均形式，故也被称为加权算术平均指数。

设基期总量权数为 $p_0 q_0$，个体质量指数为 $\dfrac{p_1}{p_0}$，个体数量指数为 $\dfrac{q_1}{q_0}$，则基期总量加权的质量指数和数量指数的一般公式为

$$p_{1/0} = \frac{\sum\limits_{i=1}^{n} \dfrac{p_{1i}}{p_{0i}} p_{0i} q_{0i}}{\sum\limits_{i=1}^{n} p_{0i} q_{0i}} \tag{8-12}$$

---

① 《马克思、恩格斯全集》（第 23 卷）[M]，北京：人民出版社，1972 年，50 页。

$$q_{1/0} = \frac{\sum \dfrac{q_1}{q_0} p_0 q_0}{\sum p_0 q_0} \qquad (8\text{-}13)$$

【例 8-7】设某企业生产三种产品基期和报告期的总成本、三种产品的个体成本指数和个体产量指数如表 8-7 所示，试计算这三种产品的单位成本总指数和产量总指数。

表 8-7 某企业生产三种产品的有关数据

商品名称	计量单位	总成本（万元）		个体成本指数（p_1/p_0）	个体产量指数（q_1/q_0）
		基期（$p_0 q_0$）	报告期（$p_1 q_1$）		
甲	件	200	220	1.14	1.03
乙	台	50	50	1.05	0.98
丙	箱	120	150	1.20	1.10

解：根据题意，把三种产品的个体成本指数数据和基期总成本数据代入式（8-12），得三种产品的单位成本总指数：

$$p_{1/0} = \frac{\sum\limits_{i=1}^{3} \dfrac{p_{1i}}{p_{0i}} p_{0i} q_{0i}}{\sum\limits_{i=1}^{3} p_{0i} q_{0i}}$$

$$= \frac{1.14 \times 200 + 1.05 \times 50 + 1.20 \times 120}{200 + 50 + 120}$$

$$= \frac{524.5}{370} = 114.73\%$$

把三种产品的个体产量指数数据和基期总成本数据代入式（8-13），得三种产品的产量总指数：

$$q_{1/0} = \frac{\sum\limits_{i=1}^{3} \dfrac{q_{1i}}{q_{0i}} p_{0i} q_{0i}}{\sum\limits_{i=1}^{3} p_{0i} q_{0i}}$$

$$= \frac{1.03 \times 200 + 0.98 \times 50 \times 1.10 \times 120}{200 + 50 + 120}$$

$$= \frac{387}{370} = 104.59\%$$

计算结果表明，报告期与基期相比，该企业三种产品的单位成本平均提高了 14.73%，三种产品的产量平均增加了 4.59%。

2. 报告期总量加权指数

报告期总量加权指数是以报告期总量为权数对个体指数加权平均计算出来的。这一指数由于在计算形式上采取了调和平均形式，故也被称为加权调和平均指数。

设报告期总量权数为 $p_1 q_1$，个体质量指数为 $\dfrac{p_1}{p_0}$，个体数量指数为 $\dfrac{q_1}{q_0}$，则报告期总量

加权的质量指数和数量指数的一般计算公式为

$$p_{1/0} = \frac{\sum\limits_{i=1}^{n} p_{1i}q_{1i}}{\sum\limits_{i=1}^{n} \frac{1}{p_{1i} / p_{0i}} p_{1i}q_{1i}}$$

（8-14）

$$q_{1/0} = \frac{\sum\limits_{i=1}^{n} p_{1i}q_{1i}}{\sum\limits_{i=1}^{n} \frac{1}{q_{1i}/q_{0i}} p_{1i}q_{1i}}$$

（8-15）

【例 8-8】 根据表 8-7 中的有关数据，以报告期总成本为权数计算三种产品的单位成本总指数和产量总指数。

解： 根据题意，把三种产品的个体成本指数数据和报告期总成本数据代入式（8-14），得三种产品的单位成本总指数：

$$p_{1/0} = \frac{\sum\limits_{i=1}^{3} p_{1i}q_{1i}}{\sum\limits_{i=1}^{3} \frac{1}{p_{1i} / p_{0i}} p_{1i}q_{1i}}$$

$$= \frac{220 + 50 + 150}{\frac{220}{1.14} + \frac{50}{1.05} + \frac{150}{1.20}}$$

$$= \frac{420}{365.60} = 114.88\%$$

把三种产品的个体产量指数数据和报告期总成本数据代入式（8-15），得三种产品的产量总指数：

$$q_{1/0} = \frac{\sum\limits_{i=1}^{3} p_{1i}q_{1i}}{\sum\limits_{i=1}^{3} \frac{1}{q_{1i}/q_{0i}} p_{1i}q_{1i}} = \frac{220 + 50 + 150}{\frac{220}{1.03} + \frac{50}{0.98} + \frac{150}{1.10}}$$

$$= \frac{420}{400.98} = 104.74\%$$

计算结果表明，报告期与基期相比，该企业三种产品的单位成本平均提高了 14.88%，三种产品的产量平均增加了 4.74%。

总量加权指数中的权数除上述介绍的 p_0q_0 和 p_1q_1 外，还可以使用 p_0q_1 和 p_1q_0 等总量形式。比较常用的是基期总量和报告期总量加权，而且从指数的实际意义和效果来看，基期总量加权多用于计算数量指数，而报告期总量加权则多用于计算质量指数。另外，容易看出，采用上述总量加权的指数编制公式可以演化成综合指数。因此，当采用 p_0q_0 和 p_1q_1 加权时，加权平均指数实际上是加权综合指数的一种变形，但二者所依据的计算资料是不同的。加权综合指数的计算通常需要掌握全面资料，实际编制中往往具有一定的困难，而加权平均指数既可以依据全面资料来编制，也可以依据非全面资料来编制，更符合实际数据的要求，因此加权平均指数在实际中的应用更为广泛。此外，加权平均指数中的权数也可以采取比重形式，其权数（W）可以在一定时期内相对固定下来，连续使用几年，这就是所谓的固定权数加权的平均指数。例如，我国的商品零售价格指数就是采用固定权数加权的算术平均形式计算的，其权数每年根据住户调查资料作相应的调整。

第三节　指数体系和因素分析

一、指数体系及其作用

1. 指数体系的概念

在分析实际社会经济现象时，可以发现很多现象之间存在相互联系、相互影响的关系，有些关系很紧密，有些关系不太紧密，其中有些联系可以用经济方程式表示出来，如

商品销售额＝商品销售量×商品销售价格

生产总成本＝产品产量×单位产品成本

这种具有恒等关系的社会经济现象，以指数形式表现时，同样也存在这种对等关系，即

商品销售额指数＝商品销售量指数×商品销售价格指数

生产总成本指数＝产品产量指数×单位产品成本指数

在统计分析中，将一系列相互联系且在数量上存在相互推算关系的统计指数所构成的整体称为指数体系。

上述指数体系，按照编制综合指数的一般原理，可以用一个数学公式予以表示，即

$$\frac{\sum_{i=1}^{n} p_{1i}q_{1i}}{\sum_{i=1}^{n} p_{0i}q_{0i}} = \frac{\sum_{i=1}^{n} p_{0i}q_{1i}}{\sum_{i=1}^{n} p_{0i}q_{0i}} \cdot \frac{\sum_{i=1}^{n} p_{1i}q_{1i}}{\sum_{i=1}^{n} p_{0i}q_{1i}} \tag{8-16}$$

从式（8-16）可以看出，统计指数体系一般具有三个特征：第一，具备三个或三个以上指数。第二，指数体系中的单个指数在数量上能相互推算，比如，已知销售额指数、销售量指数，则可推算出销售价格指数；已知销售价格指数、销售量指数，则可推算出销售额指数。第三，现象总变动差额等于各个因素变动差额之和。

2. 指数体系的作用

在统计分析中，指数体系的作用主要包括以下三方面：

（1）指数体系是进行因素分析的依据。即利用指数体系可以分析复杂经济现象总变动中各因素变动的影响方向和程度。

（2）利用各指数之间的联系可进行指数间的相互推算。例如，我国商品销售量总指数往往就是根据商品销售额总指数和价格总指数进行推算的，即

商品销售量总指数＝销售额总指数÷价格总指数

（3）采用综合指数法编制总指数时，指数体系也是确定同度量因素时期的根据之一。指数体系是进行因素分析的根据，要求各个指数之间在数量上要保持一定的联系。因此，编制产品产量指数时如用基期价格作为同度量因素，那么编制产品价格指数时就必须用报告期的产品产量作为同度量因素；如果编制产品产量指数时用报告期价格作为同度量因素，那么编制产品价格指数时就必须用基期的产品产量作为同度量因素。

二、复杂总体总量变动的因素分析

对于社会经济现象复杂总体的变动，当确定它是两个或两个以上因素乘积的函数时，可以通过编制指数对其进行因素分析。对两个因素进行分析称为两因素分析，对三个及三个以上因素进行分析称为多因素分析。

1. 复杂总体总量变动的两因素分析

对于复杂总体，由于存在不可同度量的问题，因而在进行总量变动的因素分析时，必须严格遵循综合指数编制和计算的一般原则和方法。

复杂总体总量指标的变动（即总指数）可用如下公式表达：

$$\frac{\sum_{i=1}^{n} p_{1i}q_{1i}}{\sum_{i=1}^{n} p_{0i}q_{0i}} \tag{8-17}$$

总指数可分解为数量指标综合指数和质量指标综合指数两因素的乘积。在利用指数体系分析复杂总体总量变动时，可以进行相对数和绝对数关系的分析。其中相对数的关系为

$$\frac{\sum_{i=1}^{n} p_{1i}q_{1i}}{\sum_{i=1}^{n} p_{0i}q_{0i}} = \frac{\sum_{i=1}^{n} p_{0i}q_{1i}}{\sum_{i=1}^{n} p_{0i}q_{0i}} \cdot \frac{\sum_{i=1}^{n} p_{1i}q_{1i}}{\sum_{i=1}^{n} p_{0i}q_{1i}} \tag{8-18}$$

绝对数的关系为

$$\sum_{i=1}^{n} p_{1i}q_{1i} - \sum_{i=1}^{n} p_{0i}q_{0i} = \left(\sum_{i=1}^{n} p_{0i}q_{1i} - \sum_{i=1}^{n} p_{0i}q_{0i}\right) + \left(\sum_{i=1}^{n} p_{1i}q_{1i} - \sum_{i=1}^{n} p_{0i}q_{1i}\right) \tag{8-19}$$

【例 8-9】某工业企业生产三种使用价值和计量单位都不同的产品，报告期和基期的产品产量、出厂价格等资料如表 8-8 所示。试对该企业的总产值变动情况进行因素分析。

表 8-8　某工业企业所生产三种产品的基期和报告期产值资料

产品名称	计量单位	产品产量		出厂价格（元）	
		基期	报告期	基期	报告期
		q_0	q_1	p_0	p_1
A	吨	6 000	5 000	110	100
B	台	10 000	12 000	50	60
C	件	40 000	41 000	20	20
合计	—	—	—	—	—

解： 根据前面介绍的总指数编制方法，结合表 8-8 中的资料，首先计算出基期总产值、报告期总产值和假设期总产值三个总值数据，计算结果见表 8-9 中的右三列。然后把有关数据代入式（8-18）和式（8-19）进行计算。

表 8-9　某工业企业生产三种产品的总产值变动因素分析计算表

产品名称	计量单位	产品产量		出厂价格（元）		基期总产值（万元）	报告期总产值（万元）	假设期总产值（万元）
		基期	报告期	基期	报告期			
		q_0	q_1	p_0	p_1	$q_0 p_0$	$q_1 p_1$	$q_1 p_0$
A	吨	6 000	5 000	110	100	66	50	55
B	台	10 000	12 000	50	60	50	72	60
C	件	40 000	41 000	20	20	80	82	82
合计	—	—	—	—	—	196	204	197

该企业总产值变动的相对数为

$$\frac{\sum_{i=1}^{3} p_{1i}q_{1i}}{\sum_{i=1}^{3} p_{0i}q_{0i}} = \frac{204}{196} = 104.08\%$$

报告期总产值比基期增加的绝对额为

$$\sum_{i=1}^{3} p_{1i}q_{1i} - \sum_{i=1}^{3} p_{0i}q_{0i} = 204 - 196 = 8（万元）$$

这个结果是由产品产量和出厂价格两个因素的共同变动所引起的，其中：

产品产量变动的影响为

$$\frac{\sum_{i=1}^{3} p_{0i}q_{1i}}{\sum_{i=1}^{3} p_{0i}q_{0i}} = \frac{197}{196} = 100.51\%$$

产品产量增加使总产值增加的绝对额为

$$\sum_{i=1}^{3} p_{0i}q_{1i} - \sum_{i=1}^{3} p_{0i}q_{0i} = 197 - 196 = 1（万元）$$

产品出厂价格变动的影响为

$$\frac{\sum_{i=1}^{3} p_{1i}q_{1i}}{\sum_{i=1}^{3} p_{0i}q_{1i}} = \frac{204}{197} = 103.55\%$$

出厂价格提高使总产值增加的绝对额为

$$\sum_{i=1}^{3} p_{1i}q_{1i} - \sum_{i=1}^{3} p_{0i}q_{1i} = 204 - 197 = 7（万元）$$

用相对数表示为 104.08%＝100.51%×103.55%

用绝对额表示为 8 万元＝1 万元＋7 万元

综上所述，该工业企业报告期的工业总产值比基期增长了 4.08%，增加额为 8 万元，这是由产品产量和出厂价格两因素发生变动共同引起的，其中，产品产量增长了 0.51%，使总产值增加了 1 万元；出厂价格增长了 3.55%，使总产值增加了 7 万元。

2. 复杂总体总量变动的多因素分析

例 8-9 中某工业企业三种产品总产值变动的因素分析，只受产品产量和出厂价格两个变动因素的影响。假如把产品产量因素再分解为职工平均人数和全员劳动生产率，则该企业总产值变动的影响因素就有了三个，即职工平均人数、全员劳动生产率和出厂价格，这样的因素分析就是多因素分析。

一般地，假定某复杂现象总体受到 A、B、C 三个因素的影响，则所构造的指数分析体系中，相对数变动关系为

$$\frac{\sum_{i=1}^{n} A_{1i}B_{1i}C_{1i}}{\sum_{i=1}^{n} A_{0i}B_{0i}C_{0i}} = \frac{\sum_{i=1}^{n} A_{1i}B_{0i}C_{0i}}{\sum_{i=1}^{n} A_{0i}B_{0i}C_{0i}} \cdot \frac{\sum_{i=1}^{n} A_{1i}B_{1i}C_{0i}}{\sum_{i=1}^{n} A_{1i}B_{0i}C_{0i}} \cdot \frac{\sum_{i=1}^{n} A_{1i}B_{1i}C_{1i}}{\sum_{i=1}^{n} A_{1i}B_{1i}C_{0i}} \quad (8\text{-}20)$$

绝对数变动关系为

$$\sum_{i=1}^{n} A_{1i}B_{1i}C_{1i} - \sum_{i=1}^{n} A_{0i}B_{0i}C_{0i}$$

$$= \left(\sum_{i=1}^{n} A_{1i}B_{0i}C_{0i} - \sum_{i=1}^{n} A_{0i}B_{0i}C_{0i} \right) + \left(\sum_{i=1}^{n} A_{1i}B_{1i}C_{0i} - \sum_{i=1}^{n} A_{1i}B_{0i}C_{0i} \right) \quad (8\text{-}21)$$

$$+ \left(\sum_{i=1}^{n} A_{1i}B_{1i}C_{1i} - \sum_{i=1}^{n} A_{1i}B_{1i}C_{0i} \right)$$

对复杂总体进行多因素分析时，一般按如下原则进行：

首先，把影响复杂总体变动的各个因素，按照数量指标在前、质量指标在后的顺序进行排列。

其次，分析一个因素变动时，必须将其他因素全部固定。分析时，采用连环替代法，一次只分析一个因素的变动。

最后，当分析某一因素对复杂总体变动的影响时，未被分析的诸因素要固定在基期水平，而已被分析过的诸因素，则固定在报告期水平。

【例 8-10】某工业企业生产三种使用价值和计量单位都不同的产品，报告期和基期的职工平均人数、全员劳动生产率和出厂价格等资料如表 8-10 所示。试对该企业的总产值变动情况进行因素分析。

表 8-10　某工业企业三种产品基期和报告期的相关资料

产品名称	计量单位	产品产量				出厂价格（元）	
		职工平均人数（人）		全员劳动生产率			
		基期	报告期	基期	报告期	基期	报告期
		T_0	T_1	L_0	L_1	p_0	p_1
A	吨	1 200	1 000	5	5	110	100
B	台	1 000	1 000	10	12	50	60
C	件	800	1 000	50	41	20	20

解： 从表 8-10 可以看出，该企业总产值受到职工平均人数（T）、全员劳动生产率（L）和出厂价格（P）三个因素的共同影响。指数体系如下：

$$\frac{\sum\limits_{i=1}^{3} T_{1i}L_{1i}P_{1i}}{\sum\limits_{i=1}^{3} T_{0i}L_{0i}P_{0i}} = \frac{\sum\limits_{i=1}^{3} T_{1i}L_{0i}P_{0i}}{\sum\limits_{i=1}^{3} T_{0i}L_{0i}P_{0i}} \cdot \frac{\sum\limits_{i=1}^{3} T_{1i}L_{1i}P_{0i}}{\sum\limits_{i=1}^{3} T_{1i}L_{0i}P_{0i}} \cdot \frac{\sum\limits_{i=1}^{3} T_{1i}L_{1i}P_{1i}}{\sum\limits_{i=1}^{3} T_{1i}L_{1i}P_{0i}}$$

绝对额的变动关系如下：

$$\sum_{i=1}^{3} T_{1i}L_{1i}P_{1i} - \sum_{i=1}^{3} T_{0i}L_{0i}P_{0i}$$

$$= \left(\sum_{i=1}^{3} T_{1i}L_{0i}P_{0i} - \sum_{i=1}^{3} T_{0i}L_{0i}P_{0i}\right) + \left(\sum_{i=1}^{3} T_{1i}L_{1i}P_{0i} - \sum_{i=1}^{3} T_{1i}L_{0i}P_{0i}\right) + \left(\sum_{i=1}^{3} T_{1i}L_{1i}P_{1i} - \sum_{i=1}^{3} T_{1i}L_{1i}P_{0i}\right)$$

根据表 8-10 中的资料计算的该工业企业的基期、报告期、按报告期平均职工人数计算的基期总产值和按基期价格计算的报告期总产值资料如表 8-11 所示。把表 8-11 中的数据代入上式，则该企业工业总产值的变动指数为

$$\frac{\sum\limits_{i=1}^{3} T_{1i}L_{1i}P_{1i}}{\sum\limits_{i=1}^{3} T_{0i}L_{0i}P_{0i}} = \frac{204}{196} = 104.08\%$$

表 8-11　某工业企业的各种总产值资料

产品名称	总产值（万元）			
	基期	报告期	按报告期平均职工人数计算的基期总产值	按基期价格计算的报告期总产值
	$T_0 L_0 P_0$	$T_1 L_1 P_1$	$T_1 L_0 P_0$	$T_1 L_1 P_0$
A	66	50	55	55
B	50	72	50	60
C	80	82	100	82
合计	196	204	205	197

报告期总产值比基期增加了

$$\sum_{i=1}^{3} T_{1i}L_{1i}P_{1i} - \sum_{i=1}^{3} T_{0i}L_{0i}P_{0i} = 204 - 196 = 8（万元）$$

其中：

职工平均人数变动影响为

$$\frac{\sum_{i=1}^{3} T_{1i} L_{0i} P_{0i}}{\sum_{i=1}^{3} T_{0i} L_{0i} P_{0i}} = \frac{205}{196} = 104.59\%$$

影响绝对额为

$$\sum_{i=1}^{3} T_{1i} L_{0i} P_{0i} - \sum_{i=1}^{3} T_{0i} L_{0i} P_{0i} = 205 - 196 = 9（万元）$$

全员劳动生产率变动影响为

$$\frac{\sum_{i=1}^{3} T_{1i} L_{1i} P_{0i}}{\sum_{i=1}^{3} T_{1i} L_{0i} P_{0i}} = \frac{197}{205} = 96.10\%$$

影响绝对额为

$$\sum_{i=1}^{3} T_{1i} L_{1i} P_{0i} - \sum_{i=1}^{3} T_{1i} L_{0i} P_{0i} = 197 - 205 = -8（万元）$$

出厂价格变动影响为

$$\frac{\sum_{i=1}^{3} T_{1i} L_{1i} P_{1i}}{\sum_{i=1}^{3} T_{1i} L_{1i} P_{0i}} = \frac{204}{197} = 103.55\%$$

影响绝对额为

$$\sum_{i=1}^{3} T_{1i} L_{1i} P_{1i} - \sum_{i=1}^{3} T_{1i} L_{1i} P_{0i} = 204 - 197 = 7（万元）$$

用相对数表示为　　　　　　$104.08\% = 104.59\% \times 96.10\% \times 103.55\%$

用绝对额表示为　　　　　　8 万元＝9 万元－8 万元＋7 万元

综上所述,该企业工业总产值由基期的 196 万元增加到报告期的 204 万元,增加了 8 万元,增长率为 4.08%,这一结果是由职工平均人数、全员劳动生产率和出厂价格三个因素共同引起的。其中,职工平均人数增长 4.59%,使总产值增加 9 万元;全员劳动生产率下降 3.9%,使总产值减少 8 万元;出厂价格增长 3.55%,使总产值增加 7 万元。

多因素分析弥补了两因素分析的不足,前面对该企业总产值变动情况作产品产量和出厂价格两因素分析时,看到企业增加的 8 万元总产值中,有 1 万元是由产品产量增长引起的,另外 7 万元是由出厂价格增长引起的,给人的印象是两个因素都是增长的。这就把产品产量增长的真相掩盖了,容易给决策者造成假象,从而放松对生产的管理和经济核算。通过多因素分析,再把产品产量进一步分解为职工平均人数和全员劳动生产率,就可看到,职工平均人数报告期与基期相比是增加的,但劳动生产率却有所下降,产品产量影响的 1 万元产值是由职工平均人数增加使总产值增加 9 万元和劳动生产率下降使总产值减少 8 万元所致。这样把问题分析清楚,便于企业加强管理,提高经济效益。

三、平均指标指数的因素分析

（一）平均指标指数的含义

从综合指数的定义可以看出，当一个总量指标可以分解成两个因素的乘积时，就可以计算每一个因素的变动对总量变动的影响，这就是综合指数的含义。同样，对于平均指标，也可以用上述方法进行分析。平均指标是反映社会经济总体一般水平的指标。总体一般水平取决于两个因素，一个是总体内部各部分（组）的水平，另一个是总体的结构，即各部分（组）在总体中所占的比重，也就是说，平均指标也可以分解成两个影响因素进行因素分析。例如，当研究某企业职工工资水平的变动时，可以计算平均工资：

$$\bar{x} = \frac{\sum_{i=1}^{n} x_i f_i}{\sum_{i=1}^{n} f_i} \tag{8-22}$$

式中，x_i 为每组的工资额，$\bar{x}$ 为职工平均工资，f_i 为第 i 组的职工人数，$i=1$，2，…，n，n 为职工工资分组组数。

上式还可以写成如下形式：

$$\bar{x} = \sum_{i=1}^{n} x_i \frac{f_i}{\sum_{i=1}^{n} f_i} \tag{8-23}$$

式中，$\dfrac{f_i}{\sum_{i=1}^{n} f_i}$ 为各组职工占总职工人数的比重，即频率。

式（8-23）说明，平均工资实际上受两个因素影响，一个是各组职工的工资水平，另一个是每组职工所占的比重，因此，类似于综合指数的定义，可以按照如下方式定义有关平均指标指数：

$$平均指标指数 = \frac{\bar{x}_1}{\bar{x}_0} \tag{8-24}$$

式中，$\bar{x}_1$ 为报告期平均指标，$\bar{x}_0$ 为基期平均指标。

式（8-24）所定义的指数通常称为可变构成指数（简称可变指数），它反映了平均指标的实际变动情况。

在平均指标指数中，反映各组观测值的变动对总平均数的影响的指数，称为固定结构指数，其计算公式为

$$固定结构指数 = \frac{\sum_{i=1}^{n} x_{1i} \dfrac{f_{1i}}{\sum_{i=1}^{n} f_{1i}}}{\sum_{i=1}^{n} x_{0i} \dfrac{f_{1i}}{\sum_{i=1}^{n} f_{1i}}} \tag{8-25}$$

另一个反映总体内各组结构的变动对总平均数的影响的指数，称为结构变动指数，其计算公式为

$$结构变动指数 = \frac{\sum\limits_{i=1}^{n} x_{0i} \dfrac{f_{1i}}{\sum\limits_{i=1}^{n} f_{1i}}}{\sum\limits_{i=1}^{n} x_{0i} \dfrac{f_{0i}}{\sum\limits_{i=1}^{n} f_{0i}}} \tag{8-26}$$

（二）因素分析方法

由上述方法定义的有关平均指标指数构成如下指数体系：

从相对量角度，可变指数＝固定结构指数×结构变动指数，即

$$\frac{\overline{x}_1}{\overline{x}_0} = \frac{\sum\limits_{i=1}^{n} x_{1i} \dfrac{f_{1i}}{\sum\limits_{i=1}^{n} f_{1i}}}{\sum\limits_{i=1}^{n} x_{0i} \dfrac{f_{1i}}{\sum\limits_{i=1}^{n} f_{1i}}} \cdot \frac{\sum\limits_{i=1}^{n} x_{0i} \dfrac{f_{1i}}{\sum\limits_{i=1}^{n} f_{1i}}}{\sum\limits_{i=1}^{n} x_{0i} \dfrac{f_{0i}}{\sum\limits_{i=1}^{n} f_{0i}}} \tag{8-27}$$

从绝对量角度，有如下关系：

$$\overline{x}_1 - \overline{x}_0 = \left(\sum_{i=1}^{n} x_{1i} \frac{f_{1i}}{\sum\limits_{i=1}^{n} f_{1i}} - \sum_{i=1}^{n} x_{0i} \frac{f_{1i}}{\sum\limits_{i=1}^{n} f_{1i}} \right) + \left(\sum_{i=1}^{n} x_{0i} \frac{f_{1i}}{\sum\limits_{i=1}^{n} f_{1i}} - \sum_{i=1}^{n} x_{0i} \frac{f_{0i}}{\sum\limits_{i=1}^{n} f_{0i}} \right) \tag{8-28}$$

即平均指标的增加额＝由变量水平变动引起的平均指标的增加额＋由结构变动引起的平均指标的增加额。

式（8-27）和式（8-28）是对平均指标的变动进行因素分析的基础。下面通过一个例子来说明平均指标指数的因素分析方法。

【例 8-11】已知某企业基期和报告期工人分工种的职工月工资额和职工人数资料如表8-12 所示，试对该企业的平均工资变动情况进行因素分析。

表 8-12　某企业基期和报告期工人分工种的职工月工资额和职工人数资料

工人类别	月工资额（元）		职工人数（人）	
	基期（x_0）	报告期（x_1）	基期（f_0）	报告期（f_1）
工种 A	700	780	48	40
工种 B	750	810	50	60
工种 C	800	830	80	80
合　计	—	—	178	180

解：根据表 8-12 中的资料，首先计算出该企业基期、报告期及假定期的工资总额（见表 8-13 中的工资总额栏），然后根据式（8-26）和式（8-27）计算平均工资指数、固定结构指数和结构变动指数。具体如下：

表 8-13　某企业职工月工资总额计算表

工人类别	月工资额（元）		职工人数（人）		工资总额（元）		
	基期（x_0）	报告期（x_1）	基期（f_0）	报告期（f_1）	基期（x_0f_0）	报告期（x_1f_1）	假定期（x_0f_1）
工种 A	700	780	48	40	33 600	31 200	28 000
工种 B	750	810	50	60	37 500	48 600	45 000
工种 C	800	830	80	80	64 000	66 400	64 000
合　计	—	—	178	180	135 100	146 200	137 000

首先计算平均工资指数，来说明平均工资的变动情况：

报告期的平均工资 $\bar{x}_1 = \sum\limits_{i=1}^{3} x_{1i} f_{1i} \Big/ \sum\limits_{i=1}^{3} f_{1i} = 146\,200/180 = 812.2$（元）；

基期的平均工资 $\bar{x}_0 = \sum\limits_{i=1}^{3} x_{0i} f_{0i} \Big/ \sum\limits_{i=1}^{3} f_{0i} = 135\,100/178 = 759.0$（元）；

平均工资变动的相对数：可变指数 $= \dfrac{\bar{x}_1}{\bar{x}_0} = \dfrac{812.2}{759.0} = 107.0\%$；

平均工资变动的绝对额：$\bar{x}_1 - \bar{x}_0 = 812.2 - 759.0 = 53.2$（元）。

其次，计算固定结构指数，说明工资水平的变动情况：

固定结构指数 $= \dfrac{\sum\limits_{i=1}^{3} x_{1i} f_{1i} \Big/ \sum\limits_{i=1}^{3} f_{1i}}{\sum\limits_{i=1}^{3} x_{0i} f_{1i} \Big/ \sum\limits_{i=1}^{3} f_{1i}} = \dfrac{146\,200/180}{137\,000/180} = \dfrac{812.2}{761.1} = 106.7\%$；

$$\frac{\sum\limits_{i=1}^{3} x_{1i} f_{1i}}{\sum\limits_{i=1}^{3} f_{1i}} - \frac{\sum\limits_{i=1}^{3} x_{0i} f_{1i}}{\sum\limits_{i=1}^{3} f_{1i}} = 812.2 - 761.1 = 51.1 \text{（元）。}$$

再计算结构变动指数：

结构变动指数 $= \dfrac{\sum\limits_{i=1}^{3} x_{0i} f_{1i} \Big/ \sum\limits_{i=1}^{3} f_{1i}}{\sum\limits_{i=1}^{3} x_{0i} f_{0i} \Big/ \sum\limits_{i=1}^{3} f_{0i}} = \dfrac{137\,000/180}{135\,100/178} = 100.3\%$；

$$\frac{\sum\limits_{i=1}^{3} x_{0i} f_{1i}}{\sum\limits_{i=1}^{3} f_{1i}} - \frac{\sum\limits_{i=1}^{3} x_{0i} f_{0i}}{\sum\limits_{i=1}^{3} f_{0i}} = 761.1 - 759.0 = 2.1 \text{（元）。}$$

上述指数之间的关系如下：

相对量角度：107.0% = 106.7% × 100.3%；

绝对量角度：53.2 = 51.1 + 2.1。

上述计算结果表明，从相对量角度来看，报告期职工平均工资比基期上涨 7.0%，这是工资水平提高 6.7% 和结构变动使平均工资上涨 0.3% 两个因素共同作用的结果；从绝对量角度来看，每组平均工资提高使总平均工资上涨 51.1 元，每组结构变动使总平均工资上涨 2.1 元，两个因素共同作用，导致总平均工资共增加了 53.2 元。

第四节　几种常用的经济指数

指数作为一种重要的经济分析指标和方法，在实践中得到广泛应用，但在不同场合，往往需要运用不同的指数形式。一般而言，选择指数形式的主要标准是指数的经济分析意义，除此以外，有时还要考虑实际编制工作的可行性，以及对指数分析性质的某些特殊要求。现以国内外常见的主要经济指数为例，对指数方法的具体应用加以介绍。

一、消费者价格指数和零售物价指数

消费者价格指数（又称生活费用指数）是综合反映各种消费品和生活服务价格变动程度的重要经济指数，简记为 CPI。居民消费价格统计调查的是社会产品和服务项目的最终价格，一方面同人民群众的生活密切相关，另一方面又在整个国民经济价格体系中具有重要的地位，它是进行经济分析和决策、价格总水平监测和调控，以及国民经济核算的重要指标，其变动率在一定程度上反映了通货膨胀或紧缩的程度，世界各国都在编制这种指数。

我国的消费者价格指数（居民消费价格指数）是采用固定加权算术平均指数方法来编制的，其编制主要有四个步骤。第一，选择有代表性的商品，确定商品价格的调查点；第二，采集代表规格品的价格；第三，确定编制指数的权数；第四，计算居民消费价格指数。我国编制居民消费价格指数的统计调查涵盖全国城乡居民生活消费的食品、烟酒及用品、衣着、家庭设备用品及服务、医疗保健及个人用品、交通和通信、娱乐教育文化用品及服务、居住共八大类、262 个基本分类的商品与服务价格。大类下面再划分为若干中类和小类。选择代表性商品，并以抽样调查为主、典型调查为辅的方式，确定各类商品及服务的权数。权数每 5 年更换一次。在具体编制时，按从低到高的顺序，采用固定加权算术平均公式，依次编制各小类、中类、大类的居民消费价格指数和居民消费价格总指数。采用抽样调查方法抽取调查网点，按照"定人、定点、定时"原则，直接派人到调查网点采集原始价格。数据来源于我国大陆 31 个省（自治区、直辖市）500 个市县、8.8 万余家价格调查点，包括商场（店）、超市、农贸市场、服务网点和互联网电商等。居民消费价格指数的计算公式为

$$C_p = \frac{\sum_{i=1}^{n} i_p \cdot \omega_i}{\sum_{i=1}^{n} \omega_i} = \frac{\sum_{i=1}^{n} i_p \cdot \omega_i}{100} \tag{8-29}$$

式中，C_p 为消费者价格指数，i_p 为第 i 种消费品的价格指数，ω_i 为第 i 种消费品的权数，i=1，2，…，n，n 为消费品种类数。

【例 8-12】表 8-14 为某市居民消费价格指数计算表。已知各大类、交通工具和通信工

具两个中类及其代表商品（代表规格品）的有关资料（有关数据均为假设）。要求根据资料编制有关的居民消费价格指数，并填充表中空缺的数据。

解： 利用表中资料和公式，依次计算各类别的居民消费价格指数和居民消费价格总指数如下。

（1）计算交通工具和通信工具两个中类的居民消费价格指数。

交通工具类居民消费价格指数为

$$C_{p交通} = \frac{\sum_{i=1}^{3} i_p \cdot \omega_i}{100} = \frac{45.693 + 53.570 + 5.111}{100} = 104.37\%$$

通信工具类居民消费价格指数为

$$C_{p通信} = \frac{\sum_{i=1}^{2} i_p \cdot \omega_i}{100} = \frac{71.104 + 18.666}{100} = 89.77\%$$

表 8-14 某市居民消费价格指数计算表

类别及品名	规格等级	计量单位	平均价格（元）		指数（%）	权数	指数×权数
			基期	计算期			
总指数	—	—	—	—	102.69	100	—
一、食品类	—	—	—	—	104.15	42	43.743
二、衣着类	—	—	—	—	95.46	15	14.319
三、家庭设备及用品	—	—	—	—	102.70	11	11.297
四、医疗保健	—	—	—	—	110.43	3	3.313
五、交通和通信工具	—	—	—	—	98.53	4	3.941
1. 交通工具	—	—	—	—	104.37	（60）	62.622
摩托车	100型	辆	8 450	8 580	101.54	<45>	45.693
自行车	660m	辆	336	360	107.14	<50>	53.570
三轮车	普遍	辆	540	552	102.22	<5>	5.111
2. 通信工具	—	—	—	—	89.77	（40）	35.908
电话机	中档	部	198	176	88.88	<80>	71.104
手机	中档	部	900	840	93.33	<20>	18.666
六、文教娱乐用品	—	—	—	—	101.26	5	5.063
七、居住项目	—	—	—	—	103.50	14	14.490
八、服务项目	—	—	—	—	108.74	6	6.524

由此可以进一步计算各中类的"指数×权数"资料，这些结果均以斜体数字填充于表 8-14 中（下同）。

（2）计算交通和通信工具大类的价格指数。

$$C_{p交通和通信} = \frac{\sum_{i=1}^{2} i_p \cdot \omega_i}{100} = \frac{62.662 + 35.908}{100} = 98.53\%$$

（3）计算居民消费价格总指数。

$$C_p = \frac{\sum_{i=1}^{8} i_p \cdot \omega_i}{100}$$

$$= \frac{43.743 + 14.319 + 11.297 + 3.313 + 3.941 + 5.063 + 14.490 + 6.524}{100}$$

$$= 102.69\%$$

我国的零售物价指数编制程序与居民消费价格指数基本相同，也采用固定加权算术平均公式，对商品的分类方式与居民消费价格指数有所不同，但零售物价指数不包括服务项目。因此，这两种价格指数在分析意义上存在很大差异，居民消费价格指数综合反映城乡居民所购买的各种消费品和生活服务的价格变动程度，零售物价指数则反映城乡市场各种零售商品（不含服务）的价格变动程度。

二、工业生产指数

工业生产指数是概括反映一个国家或地区各种工业产品产量的综合变动程度以及工业发展速度的指标，也是景气分析的首选指标。世界各国都非常重视工业生产指数的编制，但采用的编制方法却不完全相同。

在我国，工业生产指数是通过计算各种工业产品的不变价格产值来编制的，其基本编制过程如下：首先，对各种工业产品分别制定相应的不变价格标准（记为 p_{ic}）；然后，逐项计算各种产品的不变价格产值，加总就得到全部工业产品的不变价格总产值；最后，将不同时期的不变价格总产值加以对比，就得到相应时期的工业生产指数。

记 t 时期的不变价格总产值为 $\sum_{i=1}^{n} q_{ti} p_{ic}$ $(t = 0, 1, 2, \cdots)$，则该时期的工业生产指数就是固定加权综合指数的形式：

$$I_q = \frac{\sum_{i=1}^{n} q_{ti} p_{ic}}{\sum_{i=1}^{n} q_{0i} p_{ic}} \quad \text{或} \quad I_q = \frac{\sum_{i=1}^{n} q_{ti} p_{ic}}{\sum_{i=1}^{n} q_{(t-1)i} p_{ic}} \tag{8-30}$$

式中，I_q 为工业生产指数，q_{ti} 为 t 时期第 i 种工业产品的产量，p_{ic} 为第 i 种工业产品在某一固定时期的价格，$i = 1$，2，$\cdots$，n，n 为工业产品种类数。

采用不变价格法编制工业生产指数的特点是，只要具备了完整的不变价格产值资料，就能够很容易地计算出有关的生产指数，而且可以在不同层次上（如各地区、各部门、各企业等）进行编制，满足各方面的分析需要。然而，不变价格的制定和不变价格产值的计算本身是一项非常浩繁的工作，这项工作又必须连续不断地、全面地展开，其难度可想而知。尤其是在市场经济条件下，要在整个工业生产领域运用不变价格计算完整的产值资料，面临着很多实际的问题。因此，我国工业生产指数编制方法的改革势在必行。

与我国的情况不同，在国外，较为普遍地采用平均指数形式来编制工业生产指数。计

算公式为

$$I_q = \frac{\sum\limits_{i=1}^{n} i_q \cdot p_{0i}q_{0i}}{\sum\limits_{i=1}^{n} p_{0i}q_{0i}} \qquad (8\text{-}31)$$

式中，i_q 为第 i 种工业产品的个体产量指数，$p_{0i}q_{0i}$ 为第 i 种工业产品的基期增加值。编制这种工业生产指数的目的是为了说明工业增加值中物量因素的综合变动程度，其分析意义与一般的工业总产量指数有所不同。

在实践中，为了简化指数的编制工作，常常以各种工业品的增加值比重作为权数，并且将这种比重权数相对固定起来，连续编制各个时期的工业生产指数，这种编制方法运用了"固定加权算术平均指数"法，其计算公式为

$$I_q = \frac{\sum\limits_{i=1}^{n} i_q \cdot w_i}{\sum\limits_{i=1}^{n} w_i} \qquad (8\text{-}32)$$

式中，i_q 为第 i 种工业产品的个体产量指数，w 为相应工业品的增加值比重。

三、股票价格指数

股票作为一种特殊的金融商品，其本身也具有价格。广义的股票价格包括票面价格、发行价格、账面价格、清算价格、内在价格、市场价格等。狭义的股票价格，即通常所说的市场价格，也称股票行市，它完全随股市供求行情变化而涨落。股票价格指数是根据精心选择的那些代表性和敏感性强的样本股票某时点的平均市场价格计算的动态相对数，用以反映某一股市股票价格总的变动趋势。股价指数的单位习惯上用"点"表示，即以基期为 100（或 1000），每上升或下降 1 个单位称为 1 点。股价指数的计算方法有很多，但一般以发行量为权数进行加权综合，其公式为

$$I_p = \frac{\sum\limits_{i=1}^{n} p_{1i}q_i}{\sum\limits_{i=1}^{n} p_{0i}q_i} \qquad (8\text{-}33)$$

式中，I_p 为股票价格指数，p_{1i} 和 p_{0i} 分别为报告期和基期样本股的平均价格，q_i 为第 i 种股票的报告期发行量（也有采用基期的）。

股票价格指数是反映证券市场行情变化的重要指标，它不仅是广大证券投资者进行投资决策分析的依据，而且也被视为一个地区或国家宏观经济态势的"晴雨表"。世界各地的股票市场都有自己的股票价格指数，在同一个国家，同一股市往往有不同的股票价格指数。下面介绍几种常见的股票价格指数。

（一）道—琼斯股价平均指数

道—琼斯股价平均指数（Dow-Jones's Average Index）由美国的道—琼斯公司计算并发

布。自 1884 年第一次发布以来，迄今已有一个多世纪。它是久负盛名、影响最广泛的一种股票价格指数。

道—琼斯股价平均指数以在纽约交易所挂牌上市交易的一些著名大公司的股票为编制对象。它最初采用简单算术平均方法计算，将采样股票价格总和除以公司数，反映的是每一公司的平均股票价格总额。为了反映每一单位的平均股票价格，应将采样股票价格总和除以总股数，但考虑到增资和折股等各种非市场因素对股票总股数的影响，又引入除数修正法，即将各种采样股票价格总和除以一个修正后的除数来计算道—琼斯股价平均指数。除数修正公式为

$$\text{修正后的新除数} = \frac{\text{非市场因素影响后各种采样股票理论价格之和}}{\text{非市场因素影响前各种采样股票收盘价格之和}} \times \text{原先除数} \quad (8\text{-}34)$$

$$\text{道—琼斯股价平均指数} = \frac{\text{采样股票价格总和}}{\text{修正后的新除数}} \quad (8\text{-}35)$$

人们通常引用的道—琼斯股价平均指数实际是一组平均数，包括

（1）道—琼斯工业股价平均指数。它由美国 30 家著名工商业公司股票组成采样股，主要用以反映整个工商业股票的价格水平。在许多场合，道—琼斯工业股价平均指数也被用作道—琼斯股价平均指数的代表。

（2）交通运输业股价平均指数。它以美国 20 家著名交通运输公司的股票为采样股，其中有 8 家铁路公司、8 家航空公司和 4 家公路货运公司。

（3）公用事业股价平均指数。它以美国 15 家最大的公用事业公司的股票为采样股，反映公用事业类股票的价格水平。

（4）股价综合平均指数。它是以上述三种股价平均指数所涉及的共 65 家公司的股票为采样股综合得到的股价平均指数，反映整个股票市场价格的变化趋势。

（二）香港恒生指数

1969 年 11 月 24 日，香港恒生银行编制并首次公开发表了香港恒生指数（Hang Seng Index，HSI），它是香港证券市场上最有代表性的股票价格指数。

香港恒生指数共选择了 33 种具有代表性的股票（成分股）为指数计算对象，其中，金融业 4 种，公用事业 6 种，地产业 9 种，其他行业 14 种。

香港恒生指数以 1964 年 7 月 31 日为基期，基期指数定为 100。计算公式为

$$\text{即时指数} = \frac{\text{现时成分股的总市值}}{\text{上日收市时成分股的总市值}} \times \text{上日收市指数} \quad (8\text{-}36)$$

成分股的市值是按股价乘以发行股数计算的，因此，香港恒生指数也是以股票发行量为权数的加权综合指数。

（三）上海证券交易所股价指数

上海证券交易所股价指数主要有上证综合指数和上证 30 指数。

1. 上证综合指数

上证综合指数是以 1990 年 12 月 19 日为基期（该日为上证所正式营业之日），基期指

数定为 100，以所有在上海证券交易所上市的股票为编制范围，采用以股票发行量为权数的综合股价指数。计算公式为

$$上证综合指数=\frac{报告期市价总值}{基日市价总值}\times100\% \qquad (8-37)$$

式中，市价总值=股票市价×发行股数，基日市价总值也称为除数。

当市价总值出现非交易因素（增股、配股等）变动时，原除数需修正，以维持指数的连续可比。修正公式为

$$修正后的除数=\frac{修正后的市价总值}{修正前的市价总值}\times原除数 \qquad (8-38)$$

2. 上证 30 指数

上证 30 指数是以在上海证券交易所上市的 A 股中最具市场代表性的 30 种样本股票为计算对象，并以这 30 家流通股数为权数的加权综合股价指数。上证 30 指数取 1996 年 1 月至 3 月的平均流通市值为指数的基期，基期指数定为 1000。其样本股将根据市场情况，由专家委员会按照样本稳定与动态跟踪相结合的原则进行调整。

（四）深圳证券交易所股价指数

深圳证券交易所股价指数包括深证综合指数和深证成分股指数。

1. 深证综合指数

深证综合指数是以在深圳证券交易所上市的所有股票为对象编制的指数，1991 年 4 月 3 日为指数的基期，于 1991 年 4 月 4 日公布。深证综合指数是以发行量为权数，纳入指数计算范围的股票称为指数股。指数计算基本公式为

$$指数=\frac{现时指数股总市值}{基日指数股总市值}\times100\% \qquad (8-39)$$

若遇股市结构有所变动，其修正是用"连锁"方法计算得到的指数溯源于原有基期，以维持指数的连续性。每日连锁方法的计算公式为

$$今日即时指数=\frac{今日即时指数股总市值}{经调整的上日指数股收市总市值} \qquad (8-40)$$

2. 深证成分股指数

深证成分股指数以 1994 年 7 月 20 日为基期，基期指数定为 1 000，于 1995 年 1 月 23 日开始发布。深证成分股指数采用流通量为权数，计算公式同深证综合指数。深证成分股指数是从上市公司中挑选出 40 家具有代表性的成分股进行计算的，成分股选择的一般原则是：①有一定上市交易日期；②有一定上市规模；③交易活跃。此外，结合考虑公司股票的市盈率，公司的行业代表性，地区、板块代表性，公司的财务状况、管理素质等。为保证指数的代表性，还要考虑上市公司的变动以更换成分股，深圳证券交易所定于每年 1 月、5 月、9 月对成分股的代表性进行考察，讨论是否需要更换。

四、产品成本指数

产品成本指数概括反映生产各种产品的单位成本水平的综合变动程度，是企业或部门内部进行成本管理的一个有用工具。记各种产品的产量为 q，单位成本为 p，则全部可比产品（即基期实际生产过且计算期仍在生产的产品）的综合成本指数通常采用帕氏公式来编制：

$$P_p = \frac{\sum\limits_{i=1}^{n} p_{1i}q_{1i}}{\sum\limits_{i=1}^{n} p_{0i}q_{1i}} \qquad (8\text{-}41)$$

式中，P_p 为工业产品成本指数，q_{1i} 为第 i 种工业产品报告期的产量，p_{0i} 和 p_{1i} 分别为第 i 种工业产品基期和报告期的单位成本，$i=1，2，\cdots，n$，n 为工业产品种类数。

产品成本指数的分子与分母之差，可以表示由于单位成本水平的降低（或提高），使得计算期所生产的产品成本总额节约（或超支）了多少。

类似地，在对成本水平实施计划管理的场合，还可以编制相应的成本计划完成情况指数，用以检查有关成本计划的执行情况。其编制可以采用帕氏公式：

$$P_p = \frac{\sum\limits_{i=1}^{n} p_{1i}q_{1i}}{\sum\limits_{i=1}^{n} p_{ni}q_{1i}} \qquad (8\text{-}42)$$

式中，P_{ni} 为计划规定的单位成本水平。该指数的分子与分母之差，可以表示计划执行过程中所节约或超支的成本总额。

不过，在已制定产量计划的情况下，则应该采用拉氏公式编制成本计划完成情况指数：

$$L_p = \frac{\sum\limits_{i=1}^{n} p_{1i}q_{ni}}{\sum\limits_{i=1}^{n} p_{ni}q_{ni}} \qquad (8\text{-}43)$$

式中，q_{ni} 为计划规定的产量水平。该指数可以在兼顾产量计划的前提下来检查成本计划的执行情况，即避免由于片面追求完成成本计划而破坏产量计划；但在企业按照市场需求组织生产，没有制定产量计划或不要求恪守产量计划指标的情况下，上面的拉氏指数就失效了。

五、空间价格指数

空间价格指数又称地域性价格指数，用于比较不同地区或国家各种商品价格的综合差异程度。它是进行地区对比和国际对比的一种重要分析工具。与动态指数不同，空间指数的编制和分析有一些特殊要求。

假定对 A、B 两个地区进行价格比较，如果以 B 地区为对比基准，采用拉氏公式编制价格指数，则得到

$$L_p^{A/B} = \frac{\sum\limits_{i=1}^{n} p_{Ai} q_{Bi}}{\sum\limits_{i=1}^{n} p_{Bi} q_{Bi}} \tag{8-44}$$

式中，$L_p^{A/B}$ 为以 B 地区为基准的商品价格指数，p_{Ai} 和 p_{Bi} 分别为 A、B 两个地区第 i 种商品的价格，q_{Bi} 为 B 地区第 i 种商品的产量，$i=1,2,\cdots,n$，n 为商品种类数。

反过来，如果以 A 地区为对比基准，同样采用拉氏公式编制价格指数，又得到

$$L_p^{B/A} = \frac{\sum\limits_{i=1}^{n} p_{Bi} q_{Ai}}{\sum\limits_{i=1}^{n} p_{Ai} q_{Ai}} \tag{8-45}$$

式中，$L_p^{B/A}$ 为以 A 地区为基准的商品价格指数，p_{Ai} 和 p_{Bi} 分别为 A、B 两个地区第 i 种商品的价格，q_{Ai} 为 A 地区第 i 种商品的产量，$i=1,2,\cdots,n$，n 为商品种类数。

那么，这两个互换对比基准的地区价格指数彼此之间是否能够保持一致呢？答案一般是否定的。举例来说，假如 A 地区的价格水平比 B 地区高出 25%，即 $L_p^{B/A}=125\%$，那么反过来，B 地区的价格水平就应该比 A 地区低 20%，即 $L_p^{B/A}=\dfrac{1}{125\%}=80\%$。但在实际上，互换对比基准之后的两个拉氏指数之间并不存在上面的联系，即

$$L_p^{B/A} = \frac{\sum\limits_{i=1}^{n} p_{Bi} q_{Ai}}{\sum\limits_{i=1}^{n} p_{Ai} q_{Ai}} \neq \frac{\sum\limits_{i=1}^{n} p_{Bi} q_{Bi}}{\sum\limits_{i=1}^{n} p_{Ai} q_{Bi}} = \frac{1}{L_p^{A/B}} \tag{8-46}$$

帕氏价格指数也存在类似问题。这在空间对比中是非常不利的，因为空间对比的基准往往是人为确定的，如果一种指数公式给出的结果会随着基准地区的改变而改变，那它就不适用于空间对比。因此，在编制空间价格指数时常常采用埃奇沃斯公式：

$$E_p^{A/B} = \frac{\sum\limits_{i=1}^{n} p_{Ai}(q_{Ai} + q_{Bi})}{\sum\limits_{i=1}^{n} p_{Bi}(q_{Ai} + q_{Bi})} \tag{8-47}$$

式中，$E_p^{A/B}$ 为 A 地区相对于 B 地区的商品价格指数，其他变量意义与式（8-44）和式（8-45）相同。

这样得到的对比结果不会受到对比基准变化的影响，而且，其同度量因素反映了两个对比地区的平均商品结构，具有实际经济意义。在国际经济对比中，该指数也获得了广泛的应用。

思考与练习

1. 什么是统计指数？编制统计指数有什么作用？

2. 简述统计指数的性质。

3. 统计指数有哪些分类？

4. 什么是数量指标指数和质量指标指数？

5. 什么是加权综合指数？

6. 综合指数法有哪些特点？

7. 什么是加权平均指数？加权平均指数和加权综合指数有什么区别与联系？

8. 拉氏指数与帕氏指数各有什么特点？

9. 什么是指数体系？编制指数体系的作用是什么？

10. 什么是消费者价格指数？简述编制消费者价格指数的作用。

11. 某企业 2017 年生产某种产品的生产总成本为 20 万元，比 2016 年多支出 0.4 万元，单位成本比 2016 年降低 2%，试计算该产品的生产总成本指数、生产产量指数和单位成本指数。该产品因单位成本降低而节约的生产总成本是多少？

12. 某工业企业 2017 年的生产费用总额为 50 万元，比 2015 年多 8 万元，单位成本比 2015 年上升 7%，试计算该企业的生产费用总额指数、成本总指数、产品产量总指数。试问该企业由于产量变动而增加的生产费用额为多少？由于单位成本变动而增加的生产费用额又是多少？

13. （1）已知用同样多的人民币，报告期比基期少购买 8% 的商品，问：物价指数是多少？

（2）已知某企业产值报告期比基期增长了 24%，职工人数增长了 17%，问：劳动生产率如何变化？

14. 某地区 2017 年第一季度社会商品零售额为 3 620 万元，第四季度为 35 650 万元，零售物价下跌 0.5%，试计算该市社会商品零售额指数、零售价格指数和零售量指数，以及由于零售物价下跌使居民少支出的金额。

15. 已知某地区 2017 年社会商品零售额为 8 600 万元，2017 年比 2015 年增加 4 290 万元，零售物价指数上涨 11.5%。试推算该市社会商品零售总额变动中零售物价变动和零售量变动的影响程度和影响绝对额。

16. 某零售企业三种商品基期和报告期的销售量和销售价格资料如表 8-15 所示。

表 8-15　某零售企业三种商品基期和报告期的销售量和销售价格资料

商品名称	计量单位	价格（元）		销售量	
		基期	报告期	基期	报告期
皮鞋	双	50	80	4 000	5 000
大衣	件	100	120	300	400
床上用品	套	200	280	600	700

要求：

（1）计算商品销售价格和销售量的个体指数。

（2）从相对数和绝对数两方面分析销售量和销售价格变动对销售额变动的影响。

17. 已知某企业生产三种产品的基期和报告期的销售量、销售价格和利润率资料如表 8-16 所示，计算该企业利润总额的变动并对其进行因素分析。

表 8-16　某企业生产三种产品的基期和报告期的销售量、销售价格和利润率资料

产品名称	计量单位	销售量		价格（万元）		利润率（%）	
		基期	报告期	基期	报告期	基期	报告期
甲	件	150	160	3.5	3.2	11	16
乙	台	250	250	1.8	1.9	30	35
丙	辆	5 000	5 500	1.2	2.9	8	7

18. 2017 年某地区的市场销售额为 50 万元，比 2016 年增加了 5 万元，销售量比 2016 年增长了 5%，试计算：（1）该地市场销售量总指数；（2）市场销售价格指数；（3）销售量变动对销售额的影响程度。

19. 某城市报告期的社会商品零售额为 9 亿元，比基期增加了 2 亿元，零售价格指数上涨了 3%，试分析该市的商品销售量报告期比基期增加了多少。

20. 假如某企业生产的某产品的销售价格不变，报告期与基期相比，销售量增长了 15%，则该企业该产品的销售额增长了多少？

21. 已知某企业生产的三种商品基期和报告期的销售量和单位销售价格资料如表 8-17 所示，试对该企业销售额的变动进行因素分析。

表 8-17　某企业生产的三种商品基期和报告期的销售量和单位销售价格资料

商品	计量单位	销售量		单位销售价格（元）	
		基期	报告期	基期	报告期
甲	千克	8 000	8 800	10.0	10.5
乙	件	2 000	2 500	8.0	9.0
丙	盒	10 000	10 500	6.0	6.5
合计	—			—	—

22. 某集团公司下属甲、乙两企业生产某种产品的单位成本和生产量资料如表 8-18 所示，试分析该集团公司该产品的平均单位成本变动受两个企业的成本水平及该集团公司产量结构变动的影响。

表 8-18　某集团公司下属甲、乙两企业生产某种产品的单位成本和生产量资料

	单位成本（元/件）		生产量（件）	
	基期	报告期	基期	报告期
甲企业	10.0	9.0	300	1 300
乙企业	12.0	12.2	700	700
集团公司	—	—	1 000	2 000

23. 某单位工资总额、平均工资和职工人数资料如表 8-19 所示。

表 8-19　某单位工资总额、平均工资和职工人数资料

指标	2010 年	2017 年
工资总额（万元）	500	882
职工人数（人）	1 000	1 050
平均工资（元/人）	5 000	8 400

要求：对该单位工资总额变动进行因素分析。

24. 某企业职工的工资标准分为六个等级，各等级工资调整后的工资标准和职工人数如表 8-20 所示。

表 8-20　某企业职工工资标准和职工人数调整前后资料

工资级别	工资标准（元）		职工人数（人）	
	调整前（x_0）	调整后（x_1）	调整前（f_0）	调整后（f_1）
一级	300	350	450	300
二级	400	450	450	450
三级	500	550	550	500
四级	700	800	550	600
五级	900	1 000	150	300
六级	1 200	1 300	50	150

要求列出计算表，并从相对数和绝对数两方面进行下列分析：

（1）工资总额变动中该等级全部职工人数变动的影响和该等级总平均工资变动的影响；

（2）工资总额变动中各等级职工人数变动的影响和各等级工资标准变动的影响；

（3）工资总额变动中该等级全部职工人数变动的影响、各等级职工人数构成变动的影响、各等级工资标准变动的影响；

（4）该等级总平均工资变动中各等级职工人数构成变动的影响和各等级工资标准变动的影响；

（5）各等级职工人数变动对工资总额变动的影响中，该等级全部职工人数变动的影响和各等级职工人数构成变动的影响。

25. 某公司生产甲、乙两种产品，报告期与基期的产量和单位价格资料如表 8-21 所示。

表 8-21　某公司甲、乙两种产品报告期与基期的产量和单位价格资料

产品名称	计量单位	产量		单位价格（元）	
		基期	报告期	基期	报告期
甲	件	2 000	2 400	4	5
乙	台	100	120	500	450

试根据表中资料计算：

（1）产量指数及产量变化对总产值的影响；

（2）价格指数及价格变化对总产值的影响。

26. 某企业生产甲、乙、丙三种产品，2016 年产品产量分别比 2015 年增长 2%、5%、8%。2016 年甲、乙、丙产品产值分别为 5 000 元、1 200 元、24 000 元，问：2016 年三种产品产量比 2015 年增加多少？由于产量增加而增加的产值是多少？

27. 某厂 2017 年的产量比 2015 年增长 13.6%，总成本增加 12.9%，问：该厂 2017 年产品单位成本的变动情况如何？

28. 某工厂生产三种不同产品，2017 年产品总成本为 12.9 万元，比 2016 年多 0.9 万元，三种产品单位成本平均比 2016 年降低 3%，试确定：（1）生产总成本指数；（2）产品物量指数；（3）由于成本降低而节约的生产成本绝对数。

29. 某企业基期和报告期的产量与工人人数资料如表 8-22 所示。

表 8-22　某企业基期和报告期的产量与工人人数资料

工人分组	产量（万吨）		工人人数（人）	
	基期	报告期	基期	报告期
技术工人	26.0	66.0	650	1 500
普通工人	22.8	25.2	950	1 000

试从相对数和绝对数两方面分析企业总平均劳动生产率变动受各工人组劳动生产率变动和工人组人数结构变动的影响。

30. 某厂三种产品报告期与基期的产品产量与单位成本的有关资料如表 8-23 所示。

表 8-23　某厂三种产品报告期与基期的产品产量与单位成本的有关资料

产品名称	产量			单位成本（元）		
	计量单位	基期	报告期	计量单位	基期	报告期
甲	万件	100	120	元/件	15	10
乙	万只	500	500	元/只	45	55
丙	万个	150	200	元/个	9	7

要求：

（1）计算三种产品的单位成本指数以及由于单位成本变动使总成本变动的绝对额；

（2）计算三种产品的产量总指数以及由于产量变动而使总成本变动的绝对额；

（3）利用指数体系分析说明总成本（相对程度和绝对额）变动的情况。

附录 A

附录 A　常用统计表

表 A.1　相关系数显著性检验表

n−2	α	0.10	0.05	0.02	0.01	0.001
1		0.987 69	0.996 25	0.995 07	0.999 877	0.999 9988
2		0.900 00	0.950 00	0.980 00	0.990 00	0.999 900
3		0.805 4	0.878 3	0.934 33	0.958 73	0.991 16
4		0.729 3	0.811 4	0.882 2	0.917 20	0.974 05
5		0.669 4	0.754 5	0.832 9	0.874 5	0.950 74
6		0.621 5	0.706 7	0.788 7	0.834 3	0.924 93
7		0.582 2	0.666 4	0.749 8	0.797 7	0.898 2
8		0.549 4	0.631 9	0.715 5	0.764 6	0.872 1
9		0.521 4	0.602 1	0.685 1	0.734 8	0.847 1
10		0.497 3	0.576 0	0.658 1	0.707 9	0.823 3
11		0.476 2	0.552 9	0.633 9	0.683 5	0.801 0
12		0.457 5	0.532 4	0.612 0	0.661 4	0.780 0
13		0.440 9	0.513 9	0.592 3	0.641 1	0.760 3
14		0.425 9	0.497 3	0.574 2	0.622 6	0.742 9
15		0.412 3	0.482 1	0.557 7	0.605 5	0.725
16		0.400 0	0.468 3	0.542 5	0.589 7	0.708 4
17		0.388 7	0.455 5	0.528 5	0.575 1	0.693 2
18		0.378 3	0.443 8	0.515 5	0.561 4	0.678 7
19		0.368 7	0.432 9	0.513 4	0.548 7	0.665 2
20		0.359 3	0.422 7	0.492 1	0.536 8	0.652 4
25		0.323 3	0.380 9	0.445 1	0.486 9	0.597 4
30		0.296 0	0.349 4	0.409 3	0.448 7	0.554 1
35		0.274 6	0.342 6	0.381 0	0.418 2	0.518 9
40		0.257 3	0.304 4	0.357 8	0.393 2	0.489 6
45		0.242 8	0.287 5	0.338 4	0.372 1	0.464 8
50		0.230 6	0.273 2	0.321 3	0.354 1	0.443 3
60		0.210 8	0.250 0	0.204 4	0.324 3	0.407 8
70		0.195 4	0.231 9	0.273 7	0.301 7	0.279 9
80		0.182 9	0.217 2	0.256 5	0.288 0	0.355 8
90		0.172 6	0.205 0	0.242 2	0.267 3	0.337 5
100		0.136 8	0.194 6	0.230 1	0.254 0	0.321 1

注：表中数字为临界值 $r(\alpha, n-2)$

表 A.2   标准正态分布表

$$\Phi(x) = \int_{-\infty}^{x} \frac{1}{\sqrt{2\pi}} \mathrm{e}^{-\frac{t^2}{2}} \mathrm{d}t = P(X \leqslant x)$$

x	0	1	2	3	4	5	6	7	8	9
0.0	0.500 0	0.504 0	0.508 0	0.512 0	0.516 0	0.519 9	0.523 9	0.527 9	0.531 9	0.535 9
0.1	0.539 8	0.543 8	0.547 8	0.551 7	0.555 7	0.559 6	0.563 6	0.567 5	0.571 4	0.575 3
0.2	0.579 3	0.583 2	0.587 1	0.591 0	0.584 8	0.598 7	0.602 6	0.606 4	0.610 3	0.614 1
0.3	0.617 9	0.621 7	0.625 5	0.629 3	0.633 1	0.636 8	0.640 6	0.644 3	0.648 0	0.651 7
0.4	0.655 4	0.659 1	0.662 8	0.666 4	0.670 0	0.673 6	0.677 2	0.680 8	0.684 4	0.687 9
0.5	0.691 5	0.695 0	0.698 5	0.701 9	0.705 4	0.708 8	0.712 3	0.715 7	0.719 0	0.722 4
0.6	0.725 7	0.721 9	0.732 4	0.735 7	0.738 9	0.742 2	0.745 4	0.748 6	0.757 1	0.754 9
0.7	0.758 0	0.761 1	0.764 2	0.767 3	0.770 3	0.773 4	0.776 4	0.779 4	0.782 3	0.785 2
0.8	0.788 1	0.791 0	0.793 9	0.796 7	0.799 5	0.802 3	0.805 1	0.808 7	0.810 6	0.813 3
0.9	0.815 9	0.818 6	0.821 2	0.828 3	0.826 4	0.828 9	0.831 5	0.834 0	0.836 5	0.838 9
1.0	0.841 3	0.843 8	0.846 1	0.848 5	0.850 8	0.853 1	0.855 4	0.857 7	0.859 9	0.862 1
1.1	0.864 3	0.866 5	0.868 6	0.870 8	0.872 9	0.874 9	0.877 0	0.879 0	0.881 0	0.883 0
1.2	0.884 9	0.886 9	0.888 8	0.890 7	0.892 5	0.894 4	0.896 2	0.898 0	0.899 7	0.901 5
1.3	0.902 3	0.904 9	0.906 6	0.908 2	0.909 9	0.911 5	0.913 1	0.914 7	0.916 2	0.917 7
1.4	0.919 2	0.920 7	0.922 2	0.923 6	0.925 1	0.926 5	0.927 8	0.929 2	0.930 6	0.931 9
1.5	0.933 2	0.934 5	0.935 7	0.937 0	0.938 2	0.939 4	0.940 6	0.941 8	0.943 0	0.944 1
1.6	0.945 2	0.946 3	0.947 4	0.948 4	0.949 5	0.950 5	0.951 5	0.952 5	0.953 5	0.954 5
1.7	0.955 4	0.956 4	0.957 3	0.958 2	0.959 1	0.959 9	0.960 8	0.961 6	0.962 5	0.963 3
1.8	0.964 1	0.964 8	0.965 6	0.966 4	0.967 1	0.967 8	0.968 6	0.969 3	0.970 0	0.970 6
1.9	0.971 3	0.971 9	0.972 6	0.973 2	0.973 8	0.974 4	0.975 0	0.975 6	0.976 2	0.976 7
2.0	0.977 2	0.977 8	0.978 3	0.978 8	0.979 3	0.979 8	0.980 3	0.980 8	0.981 2	0.981 7
2.1	0.982 1	0.982 6	0.983 0	0.983 4	0.983 8	0.984 2	0.984 6	0.985 0	0.985 4	0.985 7
2.2	0.986 1	0.986 4	0.986 80	0.987 1	0.987 4	0.987 8	0.988 1	0.988 4	0.988 7	0.989 0
2.3	0.989 3	0.989 6	989 8	0.990 1	0.990 4	0.990 6	0.990 9	0.991 1	0.991 3	0.991 6
2.4	0.991 8	0.992 0	0.992 2	0.992 5	0.992 7	0.992 9	0.993 1	0.993 2	0.993 4	0.993 6
2.5	0.993 8	0.994 0	0.994 1	0.994 3	0.994 5	0.994 6	0.994 8	0.994 9	0.995 1	0.995 2
2.6	0.995 3	0.995 5	0.995 6	0.995 7	0.995 9	0.996 0	0.996 1	0.996 2	0.996 3	0.996 4
2.7	0.996 5	0.996 6	0.996 7	0.996 8	0.996 9	0.997 0	0.997 1	0.997 2	0.997 3	0.997 4
2.8	0.997 4	0.997 5	0.997 6	0.997 7	0.997 7	0.997 8	0.997 9	0.997 9	0.998 0	0.998 1
2.9	0.998 1	0.998 2	0.998 2	0.998 3	0.998 4	0.998 4	0.998 5	0.998 5	0.998 6	0.998 6
3.0	0.998 7	0.999 0	0.999 3	0.999 5	0.999 7	0.999 8	0.999 8	0.999 9	0.999 9	1.000 0

表 A.3 t 分布表

$$f(x) = \frac{\text{Gam}\left(\dfrac{n+1}{2}\right)}{\sqrt{n\pi}\,\text{Gam}\left(\dfrac{n}{2}\right)}\left(1+\frac{x^2}{n}\right)^{-\frac{n+1}{2}} \quad P\{t(n) > t_\alpha(n)\} = \alpha$$

n	α					
	0.250	0.100	0.050	0.025	0.010	0.005
1	1.000 0	3.077 7	6.313 8	12.706 2	31.820 5	63.656 7
2	0.816 5	1.885 6	2.920 0	4.302 7	6.964 6	9.924 8
3	0.764 9	1.637 7	2.353 4	3.182 4	4.540 7	5.840 9
4	0.740 7	1.533 2	2.131 8	2.776 4	3.746 9	4.604 1
5	0.726 7	1.475 9	2.015 0	2.570 6	3.364 9	4.032 1
6	0.717 6	1.439 8	1.943 2	2.446 9	3.142 7	3.707 4
7	0.711 1	1.414 9	1.894 6	2.364 6	2.998 0	3.499 5
8	0.706 4	1.396 8	1.859 5	2.306 0	2.896 5	3.355 4
9	0.702 7	1.383 0	1.833 1	2.262 2	2.821 4	3.249 8
10	0.699 8	1.372 2	1.812 5	2.228 1	2.763 8	3.169 3
11	0.697 4	1.363 4	1.795 9	2.201 0	2.718 1	3.105 8
12	0.695 5	1.356 2	1.782 3	2.178 8	2.681 0	3.054 5
13	0.693 8	1.350 2	1.770 9	2.160 4	2.650 3	3.012 3
14	0.692 4	1.345 0	1.761 3	2.144 8	2.624 5	2.976 8
15	0.691 2	1.340 6	1.753 1	2.131 4	2.602 5	2.946 7
16	0.690 1	1.336 8	1.745 9	2.119 9	2.583 5	2.920 8
17	0.689 2	1.333 4	1.739 6	2.109 8	2.566 9	2.898 2
18	0.688 4	1.330 4	1.734 1	2.100 9	2.552 4	2.878 4
19	0.687 6	1.327 7	1.729 1	2.093 0	2.539 5	2.860 9
20	0.687 0	1.325 3	1.724 7	2.086 0	2.528 0	2.845 3
21	0.686 4	1.323 2	1.720 7	2.079 6	2.517 6	2.831 4
22	0.685 8	1.321 2	1.717 1	2.073 9	2.508 3	2.818 8
23	0.685 3	1.319 5	1.713 9	2.068 7	2.499 9	2.807 3
24	0.684 8	1.317 8	1.710 9	2.063 9	2.492 2	2.796 9
25	0.684 4	1.316 3	1.708 1	2.059 5	2.485 1	2.787 4
26	0.684 0	1.315 0	1.705 6	2.055 5	2.478 6	2.778 7
27	0.683 7	1.313 7	1.703 3	2.051 8	2.472 7	2.770 7
28	0.683 4	1.312 5	1.701 1	2.048 4	2.467 1	2.763 3
29	0.683 0	1.311 4	1.699 1	2.045 2	2.462 0	2.756 4
30	0.682 8	1.310 4	1.697 3	2.042 3	2.457 3	2.750 0
31	0.682 5	1.309 5	1.695 5	2.039 5	2.452 8	2.744 0
32	0.682 2	1.308 6	1.693 9	2.036 9	2.448 7	2.738 5
33	0.682 0	1.307 7	1.692 4	2.034 5	2.444 8	2.733 3
34	0.681 8	1.307 0	1.690 9	2.032 2	2.441 1	2.728 4
35	0.681 6	1.306 2	1.689 6	2.030 1	2.437 7	2.723 8
36	0.681 4	1.305 5	1.688 3	2.028 1	2.434 5	2.719 5
37	0.681 2	1.304 9	1.687 1	2.026 2	2.431 4	2.715 4

n	α					
	0.250	0.100	0.050	0.025	0.010	0.005
38	0.681 0	1.304 2	1.686 0	2.024 4	2.428 6	2.711 6
39	0.680 8	1.303 6	1.684 9	2.022 7	2.425 8	2.707 9
40	0.680 7	1.303 1	1.683 9	2.021 1	2.423 3	2.704 5
41	0.680 5	1.302 5	1.682 9	2.019 5	2.420 8	2.701 2
42	0.680 4	1.302 0	1.682 0	2.018 1	2.418 5	2.698 1
43	0.680 2	1.301 6	1.681 1	2.016 7	2.416 3	2.695 1
44	0.680 1	1.301 1	1.680 2	2.015 4	2.414 1	2.692 3
45	0.680 0	1.300 6	1.679 4	2.014 1	2.412 1	2.689 6
46	0.679 9	1.300 2	1.678 7	2.012 9	2.410 2	2.687 0
47	0.679 7	1.299 8	1.677 9	2.011 7	2.408 3	2.684 6
48	0.679 6	1.299 4	1.677 2	2.010 6	2.406 6	2.682 2
49	0.679 5	1.299 1	1.676 6	2.009 6	2.404 9	2.680 0
50	0.679 4	1.298 7	1.675 9	2.008 6	2.403 3	2.677 8
51	0.679 3	1.298 4	1.675 3	2.007 6	2.401 7	2.675 7
52	0.679 2	1.298 0	1.674 7	2.006 6	2.400 2	2.673 7
53	0.679 1	1.297 7	1.674 1	2.005 7	2.398 8	2.671 8
54	0.679 1	1.297 4	1.673 6	2.004 9	2.397 4	2.670 0
55	0.679 0	1.297 1	1.673 0	2.004 0	2.396 1	2.668 2
56	0.678 9	1.296 9	1.672 5	2.003 2	2.394 8	2.666 5
57	0.678 8	1.296 6	1.672 0	2.002 5	2.393 6	2.664 9
58	0.678 7	1.296 3	1.671 6	2.001 7	2.392 4	2.663 3
59	0.678 7	1.296 1	1.671 1	2.001 0	2.391 2	2.661 8
60	0.678 6	1.295 8	1.670 6	2.000 3	2.390 1	2.660 3
61	0.678 5	1.295 6	1.670 2	1.999 6	2.389 0	2.658 9
62	0.678 5	1.295 4	1.669 8	1.999 0	2.388 0	2.657 5
63	0.678 4	1.295 1	1.669 4	1.998 3	2.387 0	2.656 1
64	0.678 3	1.294 9	1.669 0	1.997 7	2.386 0	2.654 9
65	0.678 3	1.294 7	1.668 6	1.997 1	2.385 1	2.653 6
66	0.678 2	1.294 5	1.668 3	1.996 6	2.384 2	2.652 4
67	0.678 2	1.294 3	1.667 9	1.996 0	2.383 3	2.651 2
68	0.678 1	1.294 1	1.667 6	1.995 5	2.382 4	2.650 1
69	0.678 1	1.293 9	1.667 2	1.994 9	2.381 6	2.649 0
70	0.678 0	1.293 8	1.666 9	1.994 4	2.380 8	2.647 9
71	0.678 0	1.293 6	1.666 6	1.993 9	2.380 0	2.646 9
72	0.677 9	1.293 4	1.666 3	1.993 5	2.379 3	2.645 9
73	0.677 9	1.293 3	1.666 0	1.993 0	2.378 5	2.644 9
74	0.677 8	1.293 1	1.665 7	1.992 5	2.377 8	2.643 9
75	0.677 8	1.292 9	1.665 4	1.992 1	2.377 1	2.643 0
76	0.677 7	1.292 8	1.665 2	1.991 7	2.376 4	2.642 1
77	0.677 7	1.292 6	1.664 9	1.991 3	2.375 8	2.641 2
78	0.677 6	1.292 5	1.664 6	1.990 8	2.375 1	2.640 3
79	0.677 6	1.292 4	1.664 4	1.990 5	2.374 5	2.639 5

（续表）

n	α					
	0.250	0.100	0.050	0.025	0.010	0.005
80	0.677 6	1.292 2	1.664 1	1.990 1	2.373 9	2.638 7
81	0.677 5	1.292 1	1.663 9	1.989 7	2.373 3	2.637 9
82	0.677 5	1.292 0	1.663 6	1.989 3	2.372 7	2.637 1
83	0.677 5	1.291 8	1.663 4	1.989 0	2.372 1	2.636 4
84	0.677 4	1.291 7	1.663 2	1.988 6	2.371 6	2.635 6
85	0.677 4	1.291 6	1.663 0	1.988 3	2.371 0	2.634 9
86	0.677 4	1.291 5	1.662 8	1.987 9	2.370 5	2.634 2
87	0.677 3	1.291 4	1.662 6	1.987 6	2.370 0	2.633 5
88	0.677 3	1.291 2	1.662 4	1.987 3	2.369 5	2.632 9
89	0.677 3	1.291 1	1.662 2	1.987 0	2.369 0	2.632 2
90	0.677 2	1.291 0	1.662 0	1.986 7	2.368 5	2.631 6
91	0.677 2	1.290 9	1.661 8	1.986 4	2.368 0	2.630 9
92	0.677 2	1.290 8	1.661 6	1.986 1	2.367 6	2.630 3
93	0.677 1	1.290 7	1.661 4	1.985 8	2.367 1	2.629 7
94	0.677 1	1.290 6	1.661 2	1.985 5	2.366 7	2.629 1
95	0.677 1	1.290 5	1.661 1	1.985 3	2.366 2	2.628 6
96	0.677 1	1.290 4	1.660 9	1.985 0	2.365 8	2.628 0
97	0.677 0	1.290 3	1.660 7	1.984 7	2.365 4	2.627 5
98	0.677 0	1.290 2	1.660 6	1.984 5	2.365 0	2.626 9
99	0.677 0	1.290 2	1.660 4	1.984 2	2.364 6	2.626 4
100	0.677 0	1.290 1	1.660 2	1.984 0	2.364 2	2.625 9

表 A.4　F 分布表

$$P\{F(n_1,\ n_2)> F_\alpha(n_1,\ n_2)\}=\alpha$$

$$\alpha=0.10$$

n_2 \ n_1	1	2	3	4	5	6	7	8	9
1	39.86	49.50	53.59	55.33	57.24	58.20	58.91	59.44	59.86
2	8.53	9.00	9.16	9.24	6.29	9.33	9.35	9.37	9.38
3	5.54	5.46	5.39	5.34	5.31	5.28	5.27	5.25	5.24
4	4.54	4.32	4.19	4.11	4.05	4.01	3.98	3.95	3.94
5	4.06	3.78	3.62	3.52	3.45	3.40	3.37	3.34	3.32
6	3.78	3.46	3.29	3.18	3.11	3.05	3.01	2.98	2.96
7	3.59	3.26	3.07	2.96	2.88	2.83	2.78	2.75	2.72
8	3.46	3.11	2.92	2.81	2.73	2.67	2.62	2.59	2.56
9	3.36	3.01	2.81	2.69	2.61	2.55	2.51	2.47	2.44
10	3.20	2.92	2.73	2.61	2.52	2.46	2.41	2.38	2.35
11	3.22	2.86	2.66	2.54	2.45	2.39	2.34	2.30	2.27
12	3.18	2.81	2.61	2.48	2.39	2.33	2.28	2.24	2.21
13	3.14	2.76	2.56	2.43	2.35	2.28	2.23	2.20	2.16
14	3.10	2.73	2.52	2.39	2.31	2.24	2.19	2.15	2.12
15	3.07	2.70	2.49	2.36	2.27	2.21	2.16	2.12	2.09
16	3.05	2.67	2.46	2.33	2.24	2.18	2.13	2.09	2.06
17	3.03	2.64	2.44	2.31	2.22	2.15	2.10	2.06	2.03
18	3.01	2.62	2.42	2.29	2.20	2.13	2.08	2.04	2.00
19	2.99	2.61	2.40	2.27	2.18	2.11	2.06	2.02	1.98
20	2.97	2.50	2.38	2.25	2.16	2.09	2.04	2.00	1.96
21	2.96	2.57	2.36	2.23	2.14	2.08	2.02	1.98	1.95
22	2.95	2.56	2.35	2.22	2.13	2.06	2.01	1.97	1.93
23	2.94	2.55	2.34	2.21	2.11	2.05	1.99	1.95	1.92
24	2.93	2.54	2.33	2.19	2.10	2.04	1.98	1.94	1.91
25	2.92	2.53	2.32	2.18	2.09	2.02	1.97	1.93	1.89
26	2.91	2.52	2.31	2.17	2.08	2.01	1.96	1.92	1.88
27	2.90	2.51	2.30	2.17	2.07	2.00	1.95	1.91	1.87
28	2.89	2.50	2.98	2.16	2.06	2.00	1.93	1.90	1.87
29	2.89	2.50	2.88	2.15	2.06	1.99	1.93	1.89	1.86
30	2.88	2.49	2.22	2.14	2.05	1.98	1.93	1.88	1.85
40	2.84	2.41	2.23	2.00	2.00	1.93	1.87	1.83	1.79
60	2.79	2.39	2.18	2.04	1.95	1.87	1.82	1.77	1.74
120	2.75	2.35	2.13	1.99	1.90	1.82	1.77	1.72	1.68
∞	2.71	2.30	2.08	1.94	1.85	1.77	1.72	1.67	1.63

（续表）

n_2 \ n_1	10	12	15	20	24	30	40	60	120	∞
1	60.19	60.71	61.22	61.74	62.06	62.26	62.53	62.79	63.06	63.33
2	9.39	9.41	9.42	9.44	9.45	9.46	9.47	9.47	9.48	9.49
3	5.23	5.22	5.20	5.18	5.18	5.17	5.16	5.15	5.14	5.13
4	3.92	3.90	3.87	3.84	3.83	3.82	3.80	3.79	3.78	3.76
5	3.30	3.27	3.24	3.21	3.19	3.17	3.16	3.14	3.12	3.10
6	2.94	2.90	2.87	2.84	2.82	2.80	2.78	2.76	2.74	2.72
7	2.70	2.67	2.63	2.59	2.58	2.56	2.54	2.51	2.49	2.47
8	2.54	2.50	2.46	2.42	2.40	2.38	2.36	2.34	2.32	2.29
9	2.42	2.38	2.34	2.30	2.28	2.25	2.23	2.21	2.18	2.16
10	2.32	2.28	2.24	2.20	2.18	2.16	2.13	2.11	2.08	2.06
11	2.25	2.21	2.17	2.12	2.10	2.08	2.05	2.03	2.00	1.97
12	2.19	2.15	2.10	2.06	2.04	2.01	1.99	1.96	1.93	1.90
13	2.14	2.10	2.05	2.01	1.98	1.96	1.93	1.90	1.88	1.85
14	2.10	2.05	2.01	1.96	1.94	1.91	1.89	1.82	1.83	1.80
15	2.06	2.02	1.97	1.92	1.90	1.87	1.85	1.82	1.79	1.76
16	2.03	1.99	1.94	1.89	1.87	1.84	1.81	1.78	1.75	1.72
17	2.00	1.96	1.91	1.86	1.84	1.81	1.78	1.75	1.72	1.69
18	1.98	1.93	1.89	1.84	1.81	1.78	1.75	1.72	1.69	1.66
19	1.96	1.91	1.86	1.81	1.79	1.76	1.73	1.70	1.67	1.63
20	1.94	1.89	1.84	1.79	1.77	1.74	1.71	1.68	1.64	1.61
21	1.92	1.87	1.83	1.78	1.75	1.72	1.69	1.66	1.62	1.59
22	1.90	1.86	1.81	1.76	1.73	1.70	1.69	1.64	1.60	1.57
23	1.89	1.84	1.80	1.74	1.72	1.69	1.66	1.62	1.59	1.55
24	1.88	1.83	1.78	1.73	1.70	1.67	1.64	1.60	1.57	1.53
25	1.87	1.82	1.77	1.72	1.69	1.66	1.63	1.59	1.56	1.52
26	1.86	1.81	1.76	1.71	1.68	1.65	1.61	1.58	1.54	1.50
27	1.85	1.80	1.75	1.70	1.67	1.64	1.60	1.57	1.53	1.49
28	1.84	1.79	1.74	1.69	1.66	1.63	1.59	1.56	1.52	1.48
29	1.83	1.78	1.73	1.68	1.65	1.62	1.58	1.55	1.51	1.47
30	1.82	1.77	1.72	1.67	1.64	1.61	1.57	1.54	1.50	1.46
40	1.76	1.71	1.71	1.61	1.57	1.54	1.51	1.47	1.42	1.38
60	1.71	1.66	1.66	1.54	1.51	1.48	1.44	1.40	1.35	1.29
120	1.65	1.60	1.60	1.48	1.45	1.41	1.37	1.32	1.36	1.19
∞	1.60	1.55	1.55	1.42	1.38	1.34	1.30	1.24	1.17	1.00

$\alpha=0.05$ （续表）

n_2＼n_1	1	2	3	4	5	6	7	8	9
1	161.4	199.5	215.7	224.6	230.2	234.0	236.8	238.9	240.5
2	18.51	19.00	19.25	19.25	19.30	19.33	19.35	19.37	19.38
3	10.13	9.55	9.12	9.12	9.90	8.94	8.89	8.85	8.81
4	7.71	6.94	6.39	6.39	6.26	6.16	6.09	6.04	6.00
5	6.61	5.79	5.41	5.19	5.05	4.95	4.88	4.82	4.77
6	5.99	5.14	4.76	4.53	4.39	4.28	4.21	1.15	4.10
7	5.59	4.74	4.35	4.12	3.97	3.87	3.79	3.73	3.68
8	5.32	4.46	4.07	3.84	3.69	3.58	3.50	3.44	3.69
9	5.12	4.26	3.86	3.63	3.48	3.37	3.29	3.23	3.18
10	4.96	4.10	3.71	3.48	3.33	3.22	3.14	3.07	3.02
11	4.84	3.98	3.59	3.36	3.20	3.09	3.01	2.95	2.90
12	4.75	3.89	3.49	3.26	3.11	3.00	2.91	2.85	2.80
13	4.67	3.81	3.41	3.18	3.03	2.92	2.83	2.77	2.71
14	4.60	3.74	3.34	3.11	2.96	2.85	2.76	2.70	2.65
15	4.54	3.68	3.29	3.06	2.90	2.79	2.71	2.64	2.59
16	4.49	3.63	3.24	3.01	2.85	2.74	2.66	2.59	2.54
17	4.45	3.59	3.20	2.96	2.81	2.70	2.61	2.55	2.49
18	4.41	3.55	3.16	2.93	2.77	2.66	2.58	2.51	2.46
19	4.38	3.52	3.13	2.90	2.74	2.63	2.54	2.48	2.42
20	4.35	3.49	3.10	2.87	2.71	2.60	2.51	2.45	2.39
21	4.32	3.47	3.07	2.84	2.68	2.57	2.49	2.42	2.37
22	4.30	3.44	3.05	2.82	2.66	2.55	2.46	2.40	2.34
23	4.28	3.42	3.03	2.80	2.64	2.53	2.44	2.37	2.32
24	4.26	3.40	3.01	2.78	2.62	2.51	2.42	2.36	2.30
25	4.24	3.39	2.99	2.76	2.60	2.49	2.40	2.34	2.28
26	4.23	3.37	2.98	2.74	2.59	2.47	2.39	2.32	2.27
27	4.21	3.35	2.96	2.73	2.57	2.46	2.37	2.31	2.25
28	4.20	3.34	2.95	2.71	2.56	2.45	2.36	2.29	2.24
29	4.18	3.33	2.93	2.70	2.55	2.43	2.35	2.28	2.22
30	4.17	3.32	2.92	2.69	2.53	2.42	2.33	2.27	2.21
40	4.08	3.23	2.84	2.61	2.45	2.34	2.25	2.18	2.12
60	4.00	3.15	2.76	2.53	2.37	2.25	2.17	2.10	2.04
120	3.92	3.07	2.68	2.45	2.29	2.17	2.09	2.02	2.96
∞	3.84	3.00	2.60	2.37	2.21	2.10	2.01	1.94	1.88

（续表）

n_1 n_2	10	12	15	20	24	30	40	60	120	∞
1	241.9	243.9	245.9	248.0	249.1	250.1	251.1	252.2	253.3	254.3
2	19.40	19.41	19.43	19.45	19.45	19.46	19.47	19.48	19.49	19.50
3	8.79	8.74	8.70	8.66	8.64	8.62	8.59	8.57	8.55	8.53
4	5.96	5.91	5.86	5.80	5.77	5.75	5.72	5.69	5.66	5.63
5	4.74	4.68	4.62	4.56	4.53	4.50	4.46	4.43	4.40	4.36
6	4.06	4.00	3.94	3.87	3.84	3.81	3.77	3.74	3.70	3.67
7	3.64	3.57	3.51	3.44	3.41	3.38	3.34	3.30	3.27	3.23
8	3.35	3.28	3.22	3.15	3.12	3.08	3.04	3.01	2.97	2.93
9	3.14	3.07	3.01	2.94	2.90	2.86	2.83	2.79	2.95	2.71
10	2.98	2.91	2.85	2.77	2.74	2.70	2.66	2.62	2.58	2.54
11	2.85	2.79	2.72	2.65	2.61	2.57	2.53	2.49	2.45	2.40
12	2.75	2.69	2.62	2.54	2.51	2.47	2.43	2.38	2.34	2.30
13	2.67	2.60	2.53	2.46	2.42	2.38	2.34	2.30	2.25	2.21
14	2.60	2.53	2.46	2.39	2.35	2.31	2.27	2.22	2.18	2.13
15	2.54	2.48	2.40	2.33	2.29	2.25	2.20	2.16	2.11	2.07
16	2.49	2.42	2.35	2.28	2.24	2.19	2.15	2.11	2.06	2.01
17	2.45	2.38	2.31	2.23	2.19	2.15	2.10	2.06	2.01	1.96
18	2.41	2.34	2.27	2.19	2.15	2.11	2.06	2.02	1.97	1.92
19	2.38	2.31	2.23	2.16	2.11	2.07	2.03	1.98	1.93	1.88
20	2.35	2.28	2.20	2.12	2.08	2.04	1.99	1.95	1.90	1.84
21	2.32	2.25	2.18	2.10	2.05	2.01	1.96	1.92	1.87	1.81
22	2.30	2.23	2.15	2.07	2.03	1.98	1.94	1.89	1.84	1.78
23	2.27	2.20	2.13	2.05	2.01	1.96	1.91	1.86	1.81	1.76
24	2.25	2.18	2.11	2.03	1.98	1.94	1.89	1.84	1.79	1.73
25	2.24	2.16	2.09	2.01	1.96	1.92	1.87	1.82	1.77	1.71
26	2.22	2.15	1.07	1.99	1.95	1.90	1.85	1.80	1.75	1.69
27	2.20	2.13	1.06	1.97	1.93	1.88	1.84	1.79	1.73	1.67
28	2.19	2.12	1.04	1.96	1.91	1.87	1.82	1.77	1.71	1.65
29	2.18	2.10	1.03	1.94	1.90	1.85	1.81	1.75	1.70	1.64
30	2.16	2.09	2.01	1.93	1.89	1.84	1.79	1.74	1.68	1.62
40	2.08	2.00	1.92	1.84	1.79	1.74	1.69	1.64	1.58	1.51
60	1.99	1.92	1.84	1.75	1.70	1.65	1.59	1.53	1.47	1.39
120	1.91	1.83	1.75	1.66	1.61	1.55	1.50	1.43	1.35	1.25
∞	1.83	1.75	1.67	1.57	1.52	1.46	1.39	1.32	1.22	1.00

α=0.01　　　　　（续表）

n_1 \ n_2	1	2	3	4	5	6	7	8	9
1	4052	4999.5	5403	5626	5764	5859	5928	5982	6062
2	98.50	99.00	99.17	99.25	99.30	99.33	99.36	99.37	99.39
3	34.12	30.82	29.46	28.71	28.24	27.91	27.67	27.49	27.35
4	21.20	18.00	16.69	15.98	15.52	15.21	14.98	14.80	14.66
5	16.26	13.27	12.06	11.39	10.97	10.67	10.46	10.29	10.16
6	13.75	10.92	9.78	9.15	8.75	8.47	8.46	8.10	7.98
7	12.25	9.55	8.45	7.85	7.46	7.19	6.99	6.84	6.72
8	11.26	8.65	7.59	7.01	6.63	6.37	6.18	6.03	5.91
9	10.56	8.02	6.99	6.42	6.06	5.80	5.61	5.47	5.35
10	10.04	7.56	6.55	5.99	5.64	5.39	5.20	5.06	4.94
11	9.65	7.21	6.22	5.67	5.32	5.07	4.49	4.74	4.63
12	9.33	6.93	5.95	5.41	5.06	4.82	4.64	4.50	4.39
13	9.07	6.70	5.74	5.21	4.86	4.62	4.44	4.30	4.19
14	8.86	6.51	5.56	5.04	4.69	4.46	4.28	4.14	4.03
15	8.68	6.36	5.42	4.89	4.56	4.32	4.14	4.00	3.89
16	8.53	6.23	5.29	4.77	4.44	4.20	4.03	3.39	3.78
17	8.40	6.11	5.18	4.67	4.34	4.10	3.93	3.79	3.68
18	8.29	6.01	5.09	4.58	4.25	4.01	3.84	3.71	3.60
19	8.18	5.93	5.01	4.50	4.17	3.94	3.77	3.63	3.52
20	8.10	5.85	4.94	4.43	4.10	3.87	3.70	3.56	3.46
21	8.02	5.78	4.87	4.37	4.04	3.81	3.64	3.51	3.40
22	7.95	5.72	4.82	4.31	3.99	3.76	3.59	3.45	3.35
23	7.88	5.66	4.76	4.26	3.94	3.71	3.54	3.41	3.30
24	7.82	5.61	4.72	4.22	3.90	3.67	3.50	3.36	3.26
25	7.77	5.57	4.68	4.18	3.85	3.63	3.46	3.32	3.22
26	7.72	5.53	4.64	4.14	3.82	3.59	3.42	3.29	3.18
27	7.68	5.49	4.60	4.11	3.78	3.56	3.39	3.26	3.15
28	7.64	5.45	4.57	4.07	3.75	3.53	3.36	3.23	3.12
29	7.60	5.42	4.54	4.04	3.73	3.50	3.33	3.20	3.09
30	7.56	5.39	4.51	4.02	3.70	3.47	3.31	3.17	3.07
40	7.31	5.18	4.31	3.83	3.51	3.29	3.12	2.99	2.89
60	7.08	4.98	4.13	3.65	3.34	3.12	3.95	2.82	2.72
120	6.85	4.79	3.95	3.48	3.17	2.96	2.79	2.96	2.56
∞	6.63	4.61	3.78	3.32	3.02	2.80	2.64	2.51	2.41

（续表）

n_2＼n_1	10	12	15	20	24	30	40	60	120	∞
1	6 056	6 106	6 157	6 209	6 235	6 261	6 287	6 313	6 339	6 366
2	99.40	99.42	99.43	99.45	99.46	99.47	99.47	99.48	99.49	99.50
3	27.33	27.05	26.87	26.69	26.60	26.50	26.41	26.32	26.22	26.13
4	14.55	14.37	14.20	14.02	13.93	13.84	13.75	13.65	13.56	13.46
5	10.05	9.29	9.72	9.55	9.47	9.38	9.29	9.20	9.11	9.02
6	7.87	7.72	7.56	7.40	7.31	7.23	7.14.01	7.06	6.97	6.88
7	6.62	6.47	6.31	6.16	6.07	5.99	5.91	5.82	5.74	5.65
8	5.81	5.67	5.52	5.36	5.28	5.20	5.12	5.03	4.95	4.86
9	5.26	5.11	4.96	4.81	4.73	4.65	4.57	4.48	4.40	4.31
10	4.85	4.71	4.56	4.41	4.33	4.25	4.17	4.08	4.00	3.91
11	4.54	4.40	4.25	4.10	4.02	3.95	3.86	3.78	3.69	3.60
12	4.30	4.16	4.01	3.86	3.78	3.70	3.62	3.54	3.45	3.36
13	4.10	3.96	3.82	3.66	3.59	3.51	3.43	3.34	3.25	3.17
14	3.94	3.80	3.66	3.51	3.43	3.35	4.27	3.18	3.09	3.00
15	3.80	3.67	3.52	3.37	3.29	3.21	3.13	3.05	2.96	2.87
16	3.69	3.55	3.41	3.26	3.18	3.10	3.02	2.93	2.84	2.74
17	3.59	3.46	3.31	3.16	308	3.00	2.92	2.83	2.75	2.65
18	3.51	3.37	3.23	3.08	3.00	2.92	2.84	2.75	2.66	2.57
19	3.34	3.30	3.15	3.00	2.92	2.84	2.76	2.67	2.58	2.49
20	3.37	3.23	3.09	2.94	2.86	2.78	2.69	2.61	2.52	2.42
21	3.31	3.17	3.03	2.88	2.80	2.72	2.64	2.55	2.46	2.36
22	3.26	3.12	2.98	2.83	2.75	2.67	2.58	2.50	2.40	2.31
23	3.21	3.07	2.93	2.78	2.70	2.62	2.54	2.45	2.35	2.26
24	3.17	3.03	2.89	2.74	2.66	2.58	2.49	2.40	2.31	2.21
25	3.13	2.99	2.85	2.70	2.62	2.54	2.45	2.36	2.27	2.17
26	3.09	2.96	2.81	2.66	2.58	2.50	2.42	2.33	2.23	2.13
27	3.06	2.93	2.78	2.63	2.55	2.47	2.38	2.29	2.20	2.10
28	3.03	2.90	2.75	2.60	2.52	2.44	2.35	2.26	2.17	2.06
29	3.00	2.87	2.73	2.57	2.49	2.41	2.33	2.23	2.14	2.03
30	2.98	2.84	2.70	2.55	2.47	2.39	2.30	2.21	2.11	2.01
40	2.80	2.66	2.52	2.37	2.29	2.20	2.11	2.02	1.92	1.80
60	2.63	2.50	2.35	2.20	2.12	2.03	1.94	1.84	1.78	1.60
120	2.47	2.34	2.19	2.03	1.95	1.86	1.76	1.66	1.53	1.38
∞	2.32	2.18	2.04	1.88	1.79	1.70	1.59	1.47	1.32	1.00

表 A.5　卡方分布表

$$f_k(x) = \frac{(1/2)^{k/2}}{\Gamma(k/2)} x^{k/2-1} \mathrm{e}^{-x/2} \quad 其中\ x \geqslant 0,\ 当\ x \leqslant 0\ 时\ f_k(x) = 0$$

n	a											
	0.995	0.990	0.975	0.950	0.900	0.750	0.250	0.100	0.050	0.025	0.010	0.005
1	0.000	0.000	0.001	0.004	0.016	0.102	1.323	2.706	3.841	5.024	6.635	7.879
2	0.010	0.020	0.051	0.103	0.211	0.575	2.773	4.605	5.991	7.378	9.210	10.597
3	0.072	0.115	0.216	0.352	0.584	1.213	4.108	6.251	7.815	9.348	11.345	12.838
4	0.207	0.297	0.484	0.711	1.064	1.923	5.385	7.779	9.488	11.143	13.277	14.860
5	0.412	0.554	0.831	1.145	1.610	2.675	6.626	9.236	11.070	12.833	15.086	16.750
6	0.676	0.872	1.237	1.635	2.204	3.455	7.841	10.645	12.592	14.449	16.812	18.548
7	0.989	1.239	1.690	2.167	2.833	4.255	9.037	12.017	14.067	16.013	18.475	20.278
8	1.344	1.646	2.180	2.733	3.490	5.071	10.219	13.362	15.507	17.535	20.090	21.955
9	1.735	2.088	2.700	3.325	4.168	5.899	11.389	14.684	16.919	19.023	21.666	23.589
10	2.156	2.558	3.247	3.940	4.865	6.737	12.549	15.987	18.307	20.483	23.209	25.188
11	2.603	3.053	3.816	4.575	5.578	7.584	13.701	17.275	19.675	21.920	24.725	26.757
12	3.074	3.571	4.404	5.226	6.304	8.438	14.845	18.549	21.026	23.337	26.217	28.300
13	3.565	4.107	5.009	5.892	7.042	9.299	15.984	19.812	22.362	24.736	27.688	29.819
14	4.075	4.660	5.629	6.571	7.790	10.165	17.117	21.064	23.685	26.119	29.141	31.319
15	4.601	5.229	6.262	7.261	8.547	11.037	18.245	22.307	24.996	27.488	30.578	32.801
16	5.142	5.812	6.908	7.962	9.312	11.912	19.369	23.542	26.296	28.845	32.000	34.267
17	5.697	6.408	7.564	8.672	10.085	12.792	20.489	24.769	27.587	30.191	33.409	35.718
18	6.265	7.015	8.231	9.390	10.865	13.675	21.605	25.989	28.869	31.526	34.805	37.156
19	6.844	7.633	8.907	10.117	11.651	14.562	22.718	27.204	30.144	32.852	36.191	38.582
20	7.434	8.260	9.591	10.851	12.443	15.452	23.828	28.412	31.410	34.170	37.566	39.997
21	8.034	8.897	10.283	11.591	13.240	16.344	24.935	29.615	32.671	35.479	38.932	41.401
22	8.643	9.542	10.982	12.338	14.041	17.240	26.039	30.813	33.924	36.781	40.289	42.796
23	9.260	10.196	11.689	13.091	14.848	18.137	27.141	32.007	35.172	38.076	41.638	44.181
24	9.886	10.856	12.401	13.848	15.659	19.037	28.241	33.196	36.415	39.364	42.980	45.559
25	10.520	11.524	13.120	14.611	16.473	19.939	29.339	34.382	37.652	40.646	44.314	46.928
26	11.160	12.198	13.844	15.379	17.292	20.843	30.435	35.563	38.885	41.923	45.642	48.290
27	11.808	12.879	14.573	16.151	18.114	21.749	31.528	36.741	40.113	43.195	46.963	49.645
28	12.461	13.565	15.308	16.928	18.939	22.657	32.620	37.916	41.337	44.461	48.278	50.993
29	13.121	14.256	16.047	17.708	19.768	23.567	33.711	39.087	42.557	45.722	49.588	52.336
30	13.787	14.953	16.791	18.493	20.599	24.478	34.800	40.256	43.773	46.979	50.892	53.672
31	14.458	15.655	17.539	19.281	21.434	25.390	35.887	41.422	44.985	48.232	52.191	55.003
32	15.134	16.362	18.291	20.072	22.271	26.304	36.973	42.585	46.194	49.480	53.486	56.328
33	15.815	17.074	19.047	20.867	23.110	27.219	38.058	43.745	47.400	50.725	54.776	57.648
34	16.501	17.789	19.806	21.664	23.952	28.136	39.141	44.903	48.602	51.966	56.061	58.964
35	17.192	18.509	20.569	22.465	24.797	29.054	40.223	46.059	49.802	53.203	57.342	60.275
36	17.887	19.233	21.336	23.269	25.643	29.973	41.304	47.212	50.998	54.437	58.619	61.581
37	18.586	19.960	22.106	24.075	26.492	30.893	42.383	48.363	52.192	55.668	59.893	62.883
38	19.289	20.691	22.878	24.884	27.343	31.815	43.462	49.513	53.384	56.896	61.162	64.181
39	19.996	21.426	23.654	25.695	28.196	32.737	44.539	50.660	54.572	58.120	62.428	65.476
40	20.707	22.164	24.433	26.509	29.051	33.660	45.616	51.805	55.758	59.342	63.691	66.766

（续表）

n	a											
	0.995	0.990	0.975	0.950	0.900	0.750	0.250	0.100	0.050	0.025	0.010	0.005
41	21.421	22.906	25.215	27.326	29.907	34.585	46.692	52.949	56.942	60.561	64.950	68.053
42	22.138	23.650	25.999	28.144	30.765	35.510	47.766	54.090	58.124	61.777	66.206	69.336
43	22.859	24.398	26.785	28.965	31.625	36.436	48.840	55.230	59.304	62.990	67.459	70.616
44	23.584	25.148	27.575	29.787	32.487	37.363	49.913	56.369	60.481	64.201	68.710	71.893
45	24.311	25.901	28.366	30.612	33.350	38.291	50.985	57.505	61.656	65.410	69.957	73.166
46	25.041	26.657	29.160	31.439	34.215	39.220	52.056	58.641	62.830	66.617	71.201	74.437
47	25.775	27.416	29.956	32.268	35.081	40.149	53.127	59.774	64.001	67.821	72.443	75.704
48	26.511	28.177	30.755	33.098	35.949	41.079	54.196	60.907	65.171	69.023	73.683	76.969
49	27.249	28.941	31.555	33.930	36.818	42.010	55.265	62.038	66.339	70.222	74.919	78.231
50	27.991	29.707	32.357	34.764	37.689	42.942	56.334	63.167	67.505	71.420	76.154	79.490
51	28.735	30.475	33.162	35.600	38.560	43.874	57.401	64.295	68.669	72.616	77.386	80.747
52	29.481	31.246	33.968	36.437	39.433	44.808	58.468	65.422	69.832	73.810	78.616	82.001
53	30.230	32.018	34.776	37.276	40.308	45.741	59.534	66.548	70.993	75.002	79.843	83.253
54	30.981	32.793	35.586	38.116	41.183	46.676	60.600	67.673	72.153	76.192	81.069	84.502
55	31.735	33.570	36.398	38.958	42.060	47.610	61.665	68.796	73.311	77.380	82.292	85.749
56	32.490	34.350	37.212	39.801	42.937	48.546	62.729	69.919	74.468	78.567	83.513	86.994
57	33.248	35.131	38.027	40.646	43.816	49.482	63.793	71.040	75.624	79.752	84.733	88.236
58	34.008	35.913	38.844	41.492	44.696	50.419	64.857	72.160	76.778	80.936	85.950	89.477
59	34.770	36.698	39.662	42.339	45.577	51.356	65.919	73.279	77.931	82.117	87.166	90.715
60	35.534	37.485	40.482	43.188	46.459	52.294	66.981	74.397	79.082	83.298	88.379	91.952
61	36.301	38.273	41.303	44.038	47.342	53.232	68.043	75.514	80.232	84.476	89.591	93.186
62	37.068	39.063	42.126	44.889	48.226	54.171	69.104	76.630	81.381	85.654	90.802	94.419
63	37.838	39.855	42.950	45.741	49.111	55.110	70.165	77.745	82.529	86.830	92.010	95.649
64	38.610	40.649	43.776	46.595	49.996	56.050	71.225	78.860	83.675	88.004	93.217	96.878
65	39.383	41.444	44.603	47.450	50.883	56.990	72.285	79.973	84.821	89.177	94.422	98.105
66	40.158	42.240	45.431	48.305	51.770	57.931	73.344	81.085	85.965	90.349	95.626	99.330
67	40.935	43.038	46.261	49.162	52.659	58.872	74.403	82.197	87.108	91.519	96.828	100.554
68	41.713	43.838	47.092	50.020	53.548	59.814	75.461	83.308	88.250	92.689	98.028	101.776
69	42.494	44.639	47.924	50.879	54.438	60.756	76.519	84.418	89.391	93.856	99.228	102.996
70	43.275	45.442	48.758	51.739	55.329	61.698	77.577	85.527	90.531	95.023	100.425	104.215
71	44.058	46.246	49.592	52.600	56.221	62.641	78.634	86.635	91.670	96.189	101.621	105.432
72	44.843	47.051	50.428	53.462	57.113	63.585	79.690	87.743	92.808	97.353	102.816	106.648
73	45.629	47.858	51.265	54.325	58.006	64.528	80.747	88.850	93.945	98.516	104.010	107.862
74	46.417	48.666	52.103	55.189	58.900	65.472	81.803	89.956	95.081	99.678	105.202	109.074
75	47.206	49.475	52.942	56.054	59.795	66.417	82.858	91.061	96.217	100.839	106.393	110.286
76	47.997	50.286	53.782	56.920	60.690	67.362	83.913	92.166	97.351	101.999	107.583	111.495
77	48.788	51.097	54.623	57.786	61.586	68.307	84.968	93.270	98.484	103.158	108.771	112.704
78	49.582	51.910	55.466	58.654	62.483	69.252	86.022	94.374	99.617	104.316	109.958	113.911
79	50.376	52.725	56.309	59.522	63.380	70.198	87.077	95.476	100.749	105.473	111.144	115.117
80	51.172	53.540	57.153	60.391	64.278	71.145	88.130	96.578	101.879	106.629	112.329	116.321
81	51.969	54.357	57.998	61.261	65.176	72.091	89.184	97.680	103.010	107.783	113.512	117.524
82	52.767	55.174	58.845	62.132	66.076	73.038	90.237	98.780	104.139	108.937	114.695	118.726

（续表）

n	a											
	0.995	0.990	0.975	0.950	0.900	0.750	0.250	0.100	0.050	0.025	0.010	0.005
83	53.567	55.993	59.692	63.004	66.976	73.985	91.289	99.880	105.267	110.090	115.876	119.927
84	54.368	56.813	60.540	63.876	67.876	74.933	92.342	100.980	106.395	111.242	117.057	121.126
85	55.170	57.634	61.389	64.749	68.777	75.881	93.394	102.079	107.522	112.393	118.236	122.325
86	55.973	58.456	62.239	65.623	69.679	76.829	94.446	103.177	108.648	113.544	119.414	123.522
87	56.777	59.279	63.089	66.498	70.581	77.777	95.497	104.275	109.773	114.693	120.591	124.718
88	57.582	60.103	63.941	67.373	71.484	78.726	96.548	105.372	110.898	115.841	121.767	125.913
89	58.389	60.928	64.793	68.249	72.387	79.675	97.599	106.469	112.022	116.989	122.942	127.106
90	59.196	61.754	65.647	69.126	73.291	80.625	98.650	107.565	113.145	118.136	124.116	128.299
91	60.005	62.581	66.501	70.003	74.196	81.574	99.700	108.661	114.268	119.282	125.289	129.491
92	60.815	63.409	67.356	70.882	75.100	82.524	100.750	109.756	115.390	120.427	126.462	130.681
93	61.625	64.238	68.211	71.760	76.006	83.474	101.800	110.850	116.511	121.571	127.633	131.871
94	62.437	65.068	69.068	72.640	76.912	84.425	102.850	111.944	117.632	122.715	128.803	133.059
95	63.250	65.898	69.925	73.520	77.818	85.376	103.899	113.038	118.752	123.858	129.973	134.247
96	64.063	66.730	70.783	74.401	78.725	86.327	104.948	114.131	119.871	125.000	131.141	135.433
97	64.878	67.562	71.642	75.282	79.633	87.278	105.997	115.223	120.990	126.141	132.309	136.619
98	65.694	68.396	72.501	76.164	80.541	88.229	107.045	116.315	122.108	127.282	133.476	137.803
99	66.510	69.230	73.361	77.046	81.449	89.181	108.093	117.407	123.225	128.422	134.642	138.987
100	67.328	70.065	74.222	77.929	82.358	90.133	109.141	118.498	124.342	129.561	135.807	140.169

参 考 文 献

[1]C.R.劳. 统计与真理——怎样运用偶然性. 陈希孺，译. 北京：科学出版社，2004.

[2]戴维·S·穆尔. 统计学的世界（第5版）. 郑惟厚，译. 北京：中信出版社，2003.

[3]J.L.福尔克斯. 统计思想. 魏宗舒，吕乃刚，译. 上海：上海翻译出版公司，1987.

[4]达莱尔·哈夫. 统计数字会撒谎. 廖颖林，译. 北京：中国城市出版社，2009.

[5]Gudmund R. Iversen，Mary Gergen. 统计学——基本概念和方法. 吴喜之，陈博，等译. 北京：高等教育出版社，2000.

[6]戴维·R·安德森，丹尼斯·J·斯威尼，等. 商务与经济统计（第8版）. 王峰，卿前锋，等译. 北京：机械工业出版社，2003.

[7]袁卫，曾五一. 统计学（第二版）. 北京：中信出版社，2013.

[8]查尔斯·惠伦. 赤裸裸的统计学. 曹彬，译. 北京：中信出版社，2013.

[9]达莱尔·哈夫. 统计陷阱. 廖颖林，译. 上海：上海财经大学出版社，2002.

[10]维克托·迈尔-舍恩伯格，肯尼思·库克耶. 大数据时代——生活、工作与思维的大变革. 盛杨燕，周涛，译. 杭州：浙江人民出版社，2013.

[11]涂子沛. 数据之巅：大数据革命，历史、现实与未来. 北京：中信出版社，2014.

[12]涂子沛. 大数据：正在到来的数据革命. 南宁：广西师范大学出版社，2012.

[13]贾俊平，何晓群，金勇进. 统计学（第四版）. 北京：中国人民大学出版社，2009.

[14]李子奈. 计量经济学（第3版）. 北京：高等教育出版社，2010.

[15]曾五一. 统计学概论. 北京：首都经济贸易大学出版社，2003.